健美操运动教程

Aerobics

《健美操运动教程》编写组 编

北京体育大学出版社

策划编辑：佟　晖
责任编辑：佟　晖
责任校对：未　茗
版式设计：李沙沙

图书在版编目（CIP）数据

健美操运动教程 / 《健美操运动教程》编写组编. -- 北京 ：北京体育大学出版社，2013.8（2025.1 重印）
高等教育体育学精品教材
ISBN 978-7-5644-1396-5

Ⅰ. ①健… Ⅱ. ①健… Ⅲ. ①健美操－教材 Ⅳ. ①G831.3

中国版本图书馆CIP数据核字(2013)第189606号

健美操运动教程　　《健美操运动教程》编写组　编
JIANMEICAO YUNDONG JIAOCHENG

出版发行：北京体育大学出版社
地　　址：北京市海淀区农大南路1号院2号楼2层办公B-212
邮　　编：100084
网　　址：http：//cbs.bsu.edu.cn
发 行 部：010-62989320
邮 购 部：北京体育大学出版社读者服务部 010-62989432
印　　刷：北京瑞禾彩色印刷有限公司
开　　本：787mm × 1092mm　　1/16
成品尺寸：185mm × 260mm
印　　张：19.75
字　　数：501千字
版　　次：2013年8月第1版
印　　次：2025年1月第9次印刷
定　　价：60.00元

序

人才培养是高等学校的根本任务，对处于学校工作中心地位的教学工作来说，其质量建设是高等学校的永恒主题。作为传授知识、掌握技能、提高素质的载体，教材在人才培养过程中起着非常重要的作用，是高等学校提高教学质量、促进内涵发展的有力抓手。

一本好的教材，不仅要充分体现教材应有的基础性、示范性和权威性，还要正确把握教学内容和课程体系的改革和创新方向，充分反映学科的教育思想观念、人才培养模式以及教学科研的最新成果，集中展现教材体系的创新，教材内容的更新和教学方法、手段的革新，善于处理好理论与实践、继承与创新、广度与深度、知识与技能、利学与利教的关系，成为开拓学生视野、引导学生探索、鼓励学生奋进的学业与人生兼备的“工具书”。

从中央体育学院到北京体育学院再到北京体育大学，这 60 年的办学历程，是继承发展的 60 年，是改革创新的 60 年，也是教材建设硕果累累的 60 年。学校不断探索教材建设的内在规律，引领高等体育教育教材建设的创新之路，发展了具有自身特色的教材体系，形成了特色鲜明的 3 个发展阶段。第一阶段是在 20 世纪 50 年代至 60 年代，我校教师在苏联专家的指导下，制定和编写了各专业的教育计划、大纲和主要教材。这批教师在主持和参与 1961 年国家体委组织的体育院校 18 门课程教材编著工作中发挥了重要作用；而这批教材也成为我国独立编写的、对苏联教材模式有所突破的第一批体育院校教材；第二阶段是 20 世纪 70 年代末至 90 年代，我校教师在大量承担第二次重编体育院校教材牵头组织工作的同时，针对学校“三结合”的办学目标和人才培养模式，开始了多学科、多专业的自编教材建设；第三阶段是进入 21 世纪以后，特别是国家体育总局于 2002 年下拨教材建设专款 480 万元之后，我校教材建设在数量和质量上都取得了重大突破。至 2010 年共立项建设了涵盖我校各专业课程的 187 项教材，其中有 4 项教材获得“国家级优秀（精品）教材”称号，14 项教材获得“北京市精品教材”称号。可以说上述 3 个阶段的发展，使我校教材建设水平达到了一个空前的高度，为高等体育人才的培养发挥了重要的作用。

为全面提高高等体育教育质量，深化高等体育教育教学改革，继续加强体育学精品教材建设，2012 年初，在北京体育大学教学指导与教材建设委员会的具体指导下，我们启动了高等教育体育学精品教材建设工程。学校遴选教育部新颁布的体育学类所属的体育教育、运动训练、社会体育指导与管理、武术与民族传统体育、休闲体育、运动康复、运动人体科学 7 个本科专业的部分基础课程和主干课程开展精品教材建设。我们整合了全校的优质资源，组织专家、教授全程参与教材的规划、编写、初审、终审等过程。按照一本好教材的要求，以优秀的教学团队编写优质的教材，出精品、出人才为建设思路，编委会优选学术水平与教学水平兼备、具有创新精神的专家教授担任教材主编，组织优秀教学团队成员参与教材编写；精确定位教材适用对象，准确把握专业知识结构、能力结构和综合素质要求，深刻领会课程内涵，简洁洗练地表达知识点、能力点和素质点；融入最新的教改成果和科研成果，吸收国外优秀教材的先进理念和成果，创新利于学生自学和教师讲授的教材体例；学校还投入专项资金，对教材进行一体规划、一体设计、一体编审，并采用多色印刷技术增加教材的可读性；为全力保证教材编写质量，北京体育大学出版社资深编辑深度介入教材编写的所有环节。当这批教材展现在读者面前时，我们充满了期待。

岁月如流，薪火相传。60 年的教材建设成绩斐然，推动着体育学教材建设步入新的起点、站在新的高度。展望未来，一批批体育学精品教材将随世界一流体育大学的建设进程应运而生，不仅在学校内涵式发展的改革进程中发挥重要作用，而且在全国高等体育院校人才培养中做出积极贡献，在高等教育教材建设中留下浓墨重彩的一笔。

北京体育大学校长 杨桦

校教学指导与教材建设委员会主任

2013 年 9 月

北京体育大学高等教育体育学精品教材编委会

教材编写组

组　长：马鸿韬

副组长：张晓莹

成　员（以姓氏笔画为序）：

刘小静　吕诗蒙　成盼攀　孟宪君

张　平　严　松　吴梦晗　曹　森

前　言

健美操是一项深受广大群众喜爱的、普及性极强，集体操、舞蹈、音乐、健身、娱乐于一体的体育项目，现已成为我国高等学校体育教育专业的主干课程，并日益受到相关教育部门的重视。为了适应21世纪社会发展的需要，针对高等学校体育教育专业培养目标的特点，遵循科学性、实用性、创新性、发展性的原则编写了本教材。本教材内容丰富，形式多样，具有较大的选择性，在为高等体育院校健美操专项课程服务的同时，也为普通高等院校本、专科、中等职业学校及成人教育的体育选修教学与课外健美操锻炼和训练活动提供参考。

本教材分别从健美操的发展概述、健美操术语、基本动作、教学、创编、训练、竞赛组织与裁判、教学示范套路等方面作出了基本阐释。在教材编写的过程中，我们将理论与实践相结合，以拓展学生知识面，提高学生整体素养为目标，注重教材内容的全面性与教学形式的创新性，使本书的使用性更加广泛。

本教材由北京体育大学体育艺术系主任马鸿韬教授担任编写组长，北京体育大学健美操教研室主任张晓莹教授担任副组长。参加编写的成员有：第一章，成盼攀；第二章，张晓莹；第三章，张平；第四章，张晓莹；第五章，孟宪君、马鸿韬、吴梦晗、吕诗蒙；第六章，严松；第七章，曹森；第八章，张晓莹、刘小静、曹森、张平、吕诗蒙；统稿定稿，马鸿韬、张晓莹。参加部分编写、资料收集、资料整理的成员有（按姓氏笔画排列）：刘杨、吴梦晗、张旭。动作示范模特有（按姓氏笔画排列）：王思靖、乌兰图娅、刘曦、吕诗蒙、李瑞棠、梁婧、焦美村。

本教材在编写过程中，参考、引用了书后所有参考文献研究成果及有关资料，在此表示衷心的感谢！同时感谢在资料收集过程中各界人士所给予的大力支持！由于编写人员水平有限，不妥之处敬请指正。

《健美操运动教程》编写组

2013年8月

目录 CONTENTS

第五章　健美操的创编

第六章　竞技健美操训练法

第七章　健美操竞赛组织与裁判

第八章　健美操教学示范套路

第一章
健美操运动概述

章前导言

1. 通过本章学习，认识并了解健美操运动，正确理解健身健美操和竞技健美操的概念、特点及功能。

2. 了解健美操的起源，在国内外的发展简况、发展趋势以及各类重大赛事和活动。

3. 对健美操项目有一个初步了解，为健美操学习打下良好的基础。

第一节　健美操运动的起源与发展

一、国际健美操运动的起源与发展

（一）健美操运动的起源与发展

健美操起源于1968年，最早出现在美国太空总署，是医学博士库伯尔（Cooper）为太空人所设计的体能训练内容。后来加入音乐伴奏、特殊的器材等，使这种训练带有娱乐性并简单易学，后来逐渐形成了具有独特体系的运动。

健美操作为一项独立的体育运动始于20世纪70年代末，其标志就是“简·方达健美操”的出现。作为现代健美操运动的发起人之一，简·方达根据自己的亲身体会——以健美操运动来保持身体健康和体态苗条的成功现身说法，编写了《简·方达健美操》一书及录像带，自1981年首次在美国出版以来一直畅销不衰，被译成20多种文字在世界30多个国家销售。此后，简·方达又创造性地推出一种利用专门器材进行健美操锻炼的方法，称之为“踏板健美操”。“踏板健美操”是在徒手健美操的基础上发展起来的，是利用一块专门特制的踏板(共三层，可通过调整高度来增减练习强度)，做一些踏上、踏下的练习，通过克服自身体重来达到加强腿部力量、提高身体控制能力与增强心肺功能的目的。此种练习的优点是：提高踏板高度即可增加运动强度，不必改变原有的节奏；在加快运动节奏和频率时，可依据个人情况减少或保持踏板的高度，能有效地防止运动性损伤。简·方达对健美操运动在世界范围内的流行与发展起了巨大的推动作用，也使简·方达成为20世纪80年代风靡世界的健美操杰出代表人物。

健美操运动自20世纪70年代末、80年代初兴起以来，以强大的生命力迅速在全世界流行起来。到目前为止，健美操不仅在欧美等发达国家蓬勃开展，在一些发展中国家和地区也得到不同程度的开展。各种健美操俱乐部、健美操中心和健美操培训班如雨后春笋般地涌现，许许多多的人选择健美操作为自己主要的健身方式，形成了世界范围的“健美操热”。

随着健美操在世界范围的广泛开展，人们逐渐认识到健美操是一项具有强大生命力和潜在商业价值的运动。一些热衷于健美操运动的有识之士分别发起并成立了各类健美操社团，并组织各种形式的比赛，使健美操成为一项有组织的体育运动。

首届国际健美操比赛是由国际健美操联合会于1983年在日本举办的，该协会现在每年仍举办健美操世界杯赛。比较著名的比赛还有由国际健美操冠军联合会每年举办一次的国际健美操冠军赛，国际体操联合会从1995年开始举办的健美操世界锦标赛。这些比赛的竞赛项目均由男子单人操、女子单人操、混合双人操、三人操（性别任意搭配）4个项目组成。此外，各个健美操国际组织或单独或联合举办各种世界健美操巡回赛或大奖赛，且许多比赛都增设少儿项目以扩大健美操运动在世界范围的影响。

2001年国际体操联合会决定世界健美操锦标赛每两年举办一次并增加六人操（性别任意

搭配）的比赛项目。2005—2008 年周期的健美操规则在艺术指南方面变化比较大，对完成分和难度动作的分值做了调整。2009—2012 年周期的健美操规则在艺术裁判评分的具体化使得对成套动作的艺术性要求更高，突出创新性和多样性；在完成裁判评分中，对错误的减分力度加大的同时细化了评分内容；难度动作类别的调整、数量和系数的变化使运动员选择高难度、高级别动作的余地加大。这种变化令健美操评分规则更加完善和细化，更有利于此项目的全面发展。

现在各种健美操国际比赛的参赛人数均呈逐年增多的趋势。随着自身的发展，这项观赏性很高的运动得到了世界各国越来越多的重视，国际体操联合会正在积极争取使健美操成为 2016 年的奥运会项目。

（二）健美操国际组织及活动介绍

目前在国际上健美操的组织和机构较多，均致力于健美操运动的发展及在全世界的普及，为扩大健美操在世界范围的影响，提高健美操的运动技术水平做出了重要贡献。其中大部分健美操组织和机构的活动是以经营健身市场、开展课程培训和举办展览会为主。培训内容有健身俱乐部中所开设的各种课程。展览会通常被称为国际健身大会，如在中国举行的由国家体育总局体操运动管理中心、中国健美操协会主办的“中国国际健身大会”（Fitness China），内容包括课程推广、健身产品展示及健身产业论坛三部分。主办国将邀请国际顶级健身专家参与授课、组织健身俱乐部展示表演、组织新产品发布会、邀请和组织健身业高层人士参加的健身产业论坛、开设健身专场人才招聘会等。其主要目的是更广泛地宣传健美操项目及健身产业，吸引更多专业人士参加培训、了解行业最前沿信息；扩大健身俱乐部投资人和经理人的交流范围，促进俱乐部之间更好地交流与发展；吸引更多健身器材厂商及产品的参展，同时组织新产品发布会；加大在体育专业媒体和公共媒体的宣传力度，加强国际间的交流。

1978 年 10 月中国体操协会加入了国际体操联合会（International Gymnastics Federation，简称国际体联，FIG），成为其会员国。国际体操联合会是世界上历史最悠久、规模最大的国际单项体育组织之一，成立于 1881 年 7 月，总部设在瑞士，原有体操、艺术体操等项目。1994 年接受健美操为其正式的比赛项目，并颁布首部《竞技健美操竞赛规则》，且每 4 年修改颁布一次。从 1995 年开始每年举办 FIG “健美操世界锦标赛”，每届均有 40 多个国家、百名以上的运动员参赛。随着规则的修订，从 2000 年起每逢双数年举办世界锦标赛。中国健美操协会只参加国际体操联合会健美操委员会组织的国际性的健美操比赛。

健美操组织国际健美操联合会（LAF），成立于 1983 年，总部设在日本，目前有会员国 20 多个，每年举办健美操世界杯赛；国际健美操与健身联合会（FISAF），成立于 20 世纪 80 年代中期，总部设在澳大利亚，有会员国 40 多个，除每年举办健美操专业比赛外，还组织各种健美操培训班，并颁发国际健身指导员证书；国际健美操冠军联合会（ANAC），成立于 1990 年，总部设在美国，每年举办 ANAC 世界健美操冠军赛。

二、我国健美操运动的发展简况

（一）我国健身健美操运动的发展

1. 产生期——认识阶段

健美操运动于20世纪80年代传入我国，当时人们对健美操运动的健身、娱乐功能还没有足够的认识。1981年1月4日的《中国青年报》发表了作者为陆保钟、牛乾元的特约稿《人体美的追求》。1982年2月中国青年出版社出版的《美，怎样才算美》一书，内容包括了陈德星编制的“女青年健美操”和牛乾元编制的“男青年哑铃健美操”。追求人体健与美的“健美操”一词迅速被广大体育工作者所采用。1983年人民体育出版社《健与美》杂志创刊；中央电视台播放了《减肥体操》，并在北京体育学院师生中传授。我国报刊、电视台对人体健与美和健美操的一系列宣传，强化了人们对健美操运动的认识，就此拉开了我国健美操运动发展的序幕。

2. 摸索期——研究阶段

1984年北京体育学院成立了健美操研究组。1985年由北京体育学院创编并推广的“青年韵律操”等6套健美操，在全国各大院校受到广大学生的喜爱。1986年北京体育学院编写的我国第一部《健美操》（试用教材）出版，并正式在北京体育学院本科生中开设了健美操选修课。此后，全国许多高等院校将健美操列入教学大纲，使健美操运动在青年人汇集的高校得到广泛地开展，由此扩大了健美操运动的社会影响，并使这一新兴运动项目的开展向社会延伸。

1987年我国第一家健美操健身中心“利生健康城”成立。健身健美操新颖的锻炼方式、良好的健身效果很快被人们所接受，吸引了大批健身爱好者。随后，在北京、广州、上海等大城市开办了许多健美操俱乐部。

与此同时，以增进健康为主要目的的健身健美操比赛活动的开展，对健身健美操的普及起到了积极的推动作用。1986年7月，北京康华健美康复研究所主办了全国首届“康康杯”儿童健美操友好邀请赛。1987年1月由北京体育学院和北京团市委联合举办了“北京市首届青年韵律操比赛”；1987年5月，上海市举办了“达尔美杯”群众自编健美操电视比赛。1988年10月国家体委群体司和国家教委体卫司联合委托中国儿童少年活动中心举办了有22个省市参加的“少年儿童韵律体操邀请赛”。1988年10月，由中华全国体育总会群体部、中国老年人体育协会、中国体育报社等单位联合举办了“全国中老年迪斯科健身操（舞）电视大奖赛”。这一系列活动将健身健美操的发展推向新的高峰。

3. 成长期——发展阶段

1992年经民政部注册“中国健美操协会”正式成立，随之全国多数行业系统也先后成立了有关的组织并举办健美操的活动。中华全国总工会也与国家体委的有关部门合作组织开展健美操的活动。随后，各个省市也相继成立了地区性的健美操组织，使我国对健美操的项目管理呈现更加规范化的趋势。1997年健美操项目归属体操运动管理中心管理，各省市体育局也明确了各自健美操项目的管理部门。1998年9月中国健美操协会推出《健美操指导员专业技术等级制度》（试行）、《全国健美操大众锻炼标准（试行）办法》和《全国健美操大众锻炼标准（第一套）》。1999 年中国健美操协会设立了大众健身委员会，对我国健身健美操项目的管理更加具体。每年组织多次健美操指导员培训班，为健美操俱乐部和学校培养了大量的健美操教练。自 2003 年每年举办一次健美操导师培训班，为各地健美操的发展培养了大批人才。2000 年 8 月又推出了《中国健美操协会会员管理办法》。2001 年 8 月经劳动部和社会保障部批准，颁布了《社会体育指导员国家职业标准》，使健身健美操指导真正成为一种职业。为了更好地普及和提高健身健美操，从 2002 年起中国健美操协会每年举办一次“全国万人健美操大众锻炼标准大赛”，并陆续举办了“2003 年全国健美操形象大使比赛”“2005 年两岸三地健美操领操员大赛”“2006 年旋舞中华健美操明星大赛”等。自 2003 年每年与中央电视台共同举办了“全国街舞电视大赛”。2004 年又推出《全国健美操大众锻炼标准（第二套）》。为了使健身健美操更好更快地发展，增进与国际间交流，中国健美操协会自 2003 年起每年夏季举办一次中国国际健身大会。这些举措对我国健身健美操的普及与提高都具有重大的意义，最终目标向着多元化与时代感紧密结合的方向不断迈进。

（二）我国竞技健美操运动的发展

1. 探索期——基础阶段

随着健美操运动的蓬勃开展和广泛普及，将健美操运动纳入体育竞赛机制已成为健美操运动发展的客观要求。竞技健美操以它所特有的动作美、难度大、节奏快、完成质量高、编排新的特点适应了新形势的要求，为现代健美操运动的发展注入了巨大的活力。

1984 年 4 月，在广州举行了首届“全国女子健美操邀请赛”，共有 8 个省、市的 9 支代表队参加，比赛只有单人和六人两个项目。比赛套路风格各异，百花齐放，引起了观众浓厚的兴趣。1986 年 12 月，由北京体育学院和北京康华健美康复研究所共同举办了首期“健美操教练员培训班”。来自全国 20 多个省、市的 200 多名学员参加了培训，培养了一批健美操骨干力量，为竞技健美操在我国的开展打下了基础。

1987 年，由国家体委主办，北京体育学院、北京康华健美康复研究所、中央电视台等单位承办，于北京举行了全国首届“长城杯健美、健美操邀请赛”，共有来自全国各地的 30 多支代表队、200 多名运动员参赛。比赛采用的规则是由北京体育学院健美操研究组制定的竞技健美操比赛规则，进行了男子单人操、女子单人操、混合双人操、男子三人操、女子三人操和六人操（三男、三女）6 个项目的比赛。其后每年举行一届“全国健美操邀请赛”，使用由国家体委审定的《竞技健美操竞赛规则》，竞赛项目设置为男子单人操、女子单人操、混合双人操、三人操（性别任意搭配）、六人操（三男、三女）5 个项目。1991 年 10 月，在北京举办了全国首次“大学生健美操、艺术体操大奖赛”，首次使用了适用于我国大学生健美操运动开展的全新竞赛规则。

2. 规范期——发展阶段

1992 年 9 月，中国健美操协会成立后根据我国健美操的实际开展情况，以 1992 年《国际健美操联合会竞赛规则》为蓝本，对规则进行了较大的修改，采用大分值评分法；同年开始举行“全国健美操锦标赛”，并举办了首届“全国健美操冠军赛”。从 1992 年至今，我国每年举办一届“全国健美操锦标赛”，并不定期举办“全国健美操冠军赛”。1995 年 12 月推出了《健美操运动员技术等级制度》。1996 年 1 月，参照国际体操联合会、国际健美操联合会、国际健美操冠军联合会 3 部国际竞赛规则，并结合我国的具体情况对竞技健美操竞赛规则又一次进行了修改。

为了进一步健全中国健美操协会的组织建设，1995 年和 1996 年分别成立了“健美操裁判委员会”和“教练员技术委员会”。两个专业委员会的成立，有力地加强了健美操项目的专业化管理，调动了各地骨干的积极性。1997 年健美操项目归属体操中心，同年举行了“全国健美操锦标赛暨全国健美操运动会”。1999 年全国健美操锦标赛上首次采用了国际体联 1998—2000 年版《国际健美操竞赛规则》。纵观我国竞技健美操竞赛项目的设置，1998—2000 年我国竞技健美操相对国际比赛保留了六人操项目，2001 年后竞赛项目与国际体操联合会完全一致。

为更多地获取国外健美操发展的信息，在国内全面普及竞技健美操的同时，我国竞技健美操的国际交往也在逐步增加。1987 年代表我国竞技健美操发展最高水平的北京体育学院健美操队，首次访问了日本四大城市并进行健美操交流活动。1988 年，我国举办了有中国、日本、中国香港、中国台湾等国家和地区运动员参加的“长城杯健美操友好邀请赛”。1995 年 12 月，我国首次派出 3 名运动员参加了由国际体操联合会举办的、在法国巴黎举行的首届世界健美操锦标赛。1997 年 5 月，我国派出了 2 名裁判员参加了国际裁判培训班，并全部通过考核获得国际裁判资格。1999 年、2001 年中国健美操协会聘请日本专家来华进行“国际健美操规则”的讲学，使我们进一步加深了对国际规则的理解。

为了加快与国际接轨的步伐，提高教练员、裁判员的水平，中国健美操协会多次派人参加国际体操联合会组织的国际裁判员、教练员培训班，并在每个比赛周期派出裁判员参加世界锦标赛的裁判工作。1998 年至今，每届国际体操联合会组织的“世界健美操锦标赛”我国均派出队伍参加。通过健美操国际交流活动锻炼了队伍，促进了我国竞技健美操运动技术水平的提高，同时也开阔了视野，了解了国际发展动态。

3. 成熟期——飞越阶段

如今，我国的竞技健美操已取得可喜的成绩并获得良好的发展机遇。2002 年世界健美操锦标赛上，团体和单项跻身于世界前 8 名，实现了初步突破；2004 年 5~6 月在保加利亚的索非亚举行第 8 届世界竞技健美操锦标赛，中国首次实现奖牌零的突破——获得成人组六人操第 3 名。2005 年 7 月 24 日在德国杜伊兹堡举行的第 7 届世界运动会中，中国队六人操项目取得了 20.350 分的好成绩，以 0.050 分的微弱优势险胜罗马尼亚队，勇夺金牌。这是中国竞技健美操队在世界大赛中夺得的第一枚金牌，是中国竞技健美操运动历史性的突破。2006 年 5 月在法国举行的健美操世界杯赛中，中国健美操队六人操又获得了第 1 名，并首次在国际大赛中男单、混双、三人均获季军。2006 年 6 月第 9 届世界健美操锦标赛在我国江苏省南京市举行，中国队获得了男子单人操第 1 名、女子单人操第 2 名、三人操第 2 名、团体操第 2 名的最好成绩。

2007 年 4 月，中国健美操队赴日本参加“铃木杯”世界健美操邀请赛，自 1998 年参加此项赛事后时隔 9 年再次出征，我国选手获得了两金一银一铜的好成绩。2007 年 5 月第 3 届世界杯总决赛在法国南部山城小镇罗德兹举行。中国健美操队获得两金、一银、一铜总分第一的佳绩，男单蝉联世界冠军，六人操实现竞技健美操项目的大满贯，混双在国际大赛中首次获得奖牌，成为所有参赛国家中唯一获得两枚金牌的国家，金牌数最多，奖牌数最多。2009 年，中国队赴中国台湾参加第 8 届世界运动会再创辉煌，夺得了一金、一银、两铜的好成绩。2008 年 4 月，第 10 届世界锦标赛在德国斯图加特举行，中国队取得团体赛亚军、六人操冠军、三人操亚军、男单季军、女单第 5 名的优异成绩。2010 年，在法国举行的第 11 届世界健美操锦标赛中，中国队取得了三人操冠军和六人操亚军的好成绩，充分体现了我国竞技健美操在世界上的地位，但与前两届世锦赛相比，我国在这次比赛中总体水平有所下滑，特别在单人和混双项目上与外国队还有一定差距。2012 年，在保加利亚首都索菲亚举行的第 12 届世界健美操锦标赛中，中国队获得了（7 个项目）4 金（有氧舞蹈、有氧踏板、三人操、六人操）、2 铜（团体、男子单人）的辉煌战绩。六人操创出集体项目有史以来的 4 个最高分：完成分 8.95 分、艺术分 9.0 分、难度分 5.05 分并以总分 23 分的优异成绩夺冠，这也是中国六人操第 6 次获得世界冠军。有氧舞蹈、有氧踏板 2 个项目，是首次列入健美操世锦赛的正式比赛项目。中国队继“2011 年世界大学生运动会健美操比赛”夺得该项目金牌后，又一次以自己的能力证明了在该项目上的优势。此次比赛共 7 个项目中国队全额拿到了参加 2013 年在哥伦比亚举行的世界运动会健美操比赛的资格。（表 1–1）

表 1 –1　我国在历届世界健美操锦标赛中比赛成绩一览表

届	时间	地点	我国比赛成绩
第 1 届	1995 年	法国巴黎	参加
第 2 届	1996 年	荷兰海牙	未参加
第 3 届	1997 年	澳大利亚悉尼	—
第 4 届	1998 年	意大利卡塔尼亚	三人操第 15 名
第 5 届	1999 年	德国汉诺威	参加
第 6 届	2000 年	法国	—
第 7 届	2002 年	立陶宛卡拉潘达	三人操第 7 名、团体操第 7 名
第 8 届	2004 年	保加利亚索菲亚	六人操第 3 名
第 9 届	2006 年	中国南京	六人操冠军、男单冠军、女单亚军、三人操亚军、混双第 5 名和第 8 名
第 10 届	2008 年	德国斯图加特	团体亚军、六人操冠军、三人操亚军、男单第 3 名、女单第 5 名
第 11 届	2010 年	法国	三人操冠军、六人操亚军
第 12 届	2012 年	保加利亚索菲亚	4 金（有氧舞蹈、有氧踏板、三人操、六人操）2 铜（团体、男单）

第二节　健美操运动的分类与特点

一、健美操运动的分类

健美操运动与其他众多体育项目一样，由大众健身、娱乐开始兴起，逐步引入表演和竞赛。根据当今世界和我国健美操运动的发展状况和未来的发展趋势，按照不同的目的和任务，健美操运动可分为健身健美操、竞技健美操和表演健美操 3 大类。

（一）健身健美操

健身健美操（通常称为大众健美操）练习的主要目的是“锻炼身体、保持健康”，是集健身、健心、娱乐和防病为一体的群众性、普及性健身运动，通常适用于健身房的健身课程。健身健美操的动作简单，实用性强，音乐速度可控制，且为了保证一定的运动负荷和锻炼的全面性，动作多有重复并均以对称的形式出现，可根据练习者的需求提供内容多样、形式多变的成套练习。健身健美操在练习时可以根据个体情况而及时变化，严格遵循“健康、安全”的原则，防止运动损伤的出现，在保证安全的基础上，达到锻炼身体、娱乐身心、保持健康的目的。

健身健美操依据练习形式、练习的目的任务、性别、年龄、人体解剖结构以及动作特点等进行分类，具体如下：

依据练习形式，健身健美操可分为徒手健美操、器械健美操和特殊场地健美操 3 大类。（表 1-2）

表 1－2　健身健美操的分类

徒手健美操	器械健美操	特殊场地健美操
有氧健美操	有氧踏板操	功率自行车/动感单车
拉丁健美操	有氧哑铃操	水中健美操
搏击健美操	轻型杠铃操	固定器械健美操
健身街舞	健身球操	
有氧舞蹈	橡皮筋操	
身体平衡术		

徒手健美操包括传统的有氧健美操（Aerobics）和为满足不同人群兴趣和需求的各种不同风格的健美操。传统健美操目前仍很受欢迎，有比较广泛的群众基础，其主要练习目的是提高心肺功能和人体的有氧代谢能力。但随着社会的发展和生活水平的提高，人们健身的需求越来越多样化，因此近年来出现了多种新的徒手健美操练习形式，如正在国内外流行的搏

击健美操（Tabo），其主要练习目的是增强肌肉的力量、弹性与身体的柔韧性、灵活性，对腰、腹锻炼有特殊的效果。身体平衡术是一个将传统瑜伽、太极和普拉提融合在一起的身心训练项目，对身体各主要肌肉群进行伸展和拉伸，感觉修长、强健、集中和平和，是调心减压的一剂良方。

器械健美操是利用轻器械、以力量练习为主的一种有氧健美操。力量练习的主要目的是使练习者发展和保持良好的肌肉外形、增强肌肉力量和防止肌肉退化，从而延缓衰老，使人更强健。器械健美操利用各种可移动的轻器械进行练习，既增强了健身的效果，也使健美操的练习形式更加多样化，增添了锻炼的情趣。踏板健美操（Step）通过增加踏板的高度来加大腿部的运动负荷，增加了运动量，同时也使动作的编排更加多样化；而利用哑铃操、健身球操、橡皮筋操等可锻炼到全身的许多肌肉群，有效地提高肌肉力量，尤其是针对深层肌肉、小肌肉群以及力量较弱的肌肉，弥补了徒手健美操的不足。

特殊场地健美操以其特殊的功效目前在国外发展很快，但在国内还开展较少。动感单车被称为："脂肪燃烧弹"，是一种无任何冲击的，适应不同健身水平但对有氧系统要求很高的健身运动项目。练习者结合不同风格与节奏的音乐，运用不同的骑行姿势，可以自行控制运动的力度和强度，在同伴的支持下，向体能挑战。水中健美操是目前国外非常流行的一种独特的健美操练习形式，它可以减轻运动中地面对膝踝关节的冲击力，有效减轻关节的负荷，并利用水的阻力以及水传导热能快的原理提高练习效果，达到锻炼身体和减肥的目的，因此深受中老年人、康复病人和减肥者的喜爱。固定器械健美操，可以固定在某一处（地面或水中任何地方），学员可根据自己的需要进行练习，达到锻炼身体的目的。

依据练习的目的任务，分为减肥健美操、热身健美操、韵律健美操、形体健美操等；依据性别，分为女子健美操和男子健美操；依据年龄，分为少儿健美操、青年健美操、中年健美操、老年健美操等；依据人体解剖结构，分为头颈部健美操、肩部健美操、腹部健美操、髋部健美操、腿部健美操等；依据人名、动作特点，分为简·方达健美操、瑜伽健美操、拉丁健美操、搏击健美操等。

随着人们健身需求科学性和多样性的不断发展，促使健身健美操运动向着更加国际化、科学化的方向迈进，使不同需求的人都能找到适合自己的锻炼形式，坚持练习可锻炼身体的协调性、韵律感及节奏感，达到健身、健美、娱乐的目的，从而吸引更多的人加入到健身行列中来，促进了健身健美操运动的最终发展与繁荣。

（二）竞技健美操

竞技健美操是运动员在音乐伴奏下，通过难度动作的完美完成，以展示运动员连续表演复杂和高强度动作的能力。竞技健美操起源于传统的健美操，是在传统健美操的基础上发展起来的。竞技健美操以成套动作为表现形式，必须展示连续的动作组合、柔韧性、力量与7种基本步伐（踏步、后踢腿跑、吸腿跳、踢腿跳、开合跳、弓步跳、弹踢腿）的综合使用，并结合难度动作的完美完成。竞技健美操的主要目的就是"竞赛、取胜"，因此在动作的设计上更加多样化，并严格避免重复动作和对称性动作。

竞技健美操可按比赛的规模、项目、参赛年龄进行不同的分类。

1. 按比赛的规模分类

(1) 国际比赛

目前国际上规模较大的竞技健美操比赛有国际体操联合会（FIG）组织的“健美操世界锦标赛”；国际健美操冠军联合会（ANAC）组织的“国际健美操冠军赛”；国际健美操联合会（IAF）组织的“健美操世界杯赛”。

(2) 国内比赛

我国正式的竞技健美操比赛有“全国健美操锦标赛”“全国健美操冠军赛”“全国大学生健美操比赛”“全国体育大会健美操比赛”以及非正式的通级赛和各省市的比赛。

2. 按比赛项目分类

竞技健美操比赛的项目有：男子单人操、女子单人操、混合双人操、三人操（性别任意搭配）、五人操传统共5个项目。

3. 按参赛年龄分类

竞技健美操按参赛年龄分为成年组和少年组2个级别。运动员年满18周岁可参加成年组比赛，少年组比赛包括：少年甲组（15~17岁）、少年乙组（12~14岁）、少年丙组（9~11岁），各组比赛在成套难度动作的选择上有所限制。

（三）表演健美操

表演健美操是根据所参加的表演的目的预先设计、编创和排练好的成套健美操，人数不限，时间不等。表演健美操注重表演的效果，能够满足人们展示和表现自我的需要，所以对音乐效果、动作设计、队形变化、表演者的动作质量及表现力等要求较高。通常表演健美操的动作较健身健美操动作难度大，而比竞技健美操动作难度小，更强调动作风格及表现与音乐风格的协调统一，因此音乐往往重新制作或进行修改制作以达到表演要求。为了保证一定的表演效果，可在成套中加入更多的队形变化和集体配合的动作。表演者可以利用轻器械，如花环、旗子等，还可采用一些风格化的舞蹈动作，如爵士舞、拉丁舞等。在表演健美操中，以上的一切元素都必须通过表演者的身体语言、表情及眼神表现出来，所以表演健美操中更强调表演者的表现力。表现力是表演者将编者思想、刚柔相济的肢体语言、音乐的情绪、节奏和同伴之间的默契配合的一种综合运用能力，这种综合的表现能力可达到烘托气氛、感染观众、增强表演效果的目的。

二、健美操运动的特点

（一）健身健美操的特点

1. 健身的安全科学性

健身健美操的锻炼目的在健身基础上把形体美、姿态美、动作美和精神美有机结合起来，所设计的运动负荷与运动节奏，都充分考虑了由此而产生的一系列刺激结果的可行性，使之适合于一般人的体质、甚至体质较弱的人都能承受的有氧范围。人们在平坦的地面上，在欢快的音乐声中，跟随快慢有序的节奏科学地进行运动，快乐、安全而且有效。

2. 保持有氧代谢

健身健美操的动作及套路设计，都是以保证健身者在运动过程中能够最大限度地摄入氧气并充分燃烧体内脂肪作为能量供给为前提的，以此实现加快体内新陈代谢，重新建立人体更高机能水平的目的。在有氧运动中，呼吸系统、心血管系统及神经系统都得到了良好的锻炼，对于消除体内多余脂肪，保持健康，增强体质具有良好的作用。

3. 锻炼的广泛适宜性

健身健美操练习的形式多样，参加的人数可多可少，时间可长可短，运动量可大可小，易于控制，可以在室外、室内、广场、大厅、娱乐场所、健身房，甚至在家庭的居室中进行。因此各个年龄阶段、不同性别、不同身体素质、不同技术水平的人都能从健身健美操练习中找到适合自己的方式，都能从健身健美操练习中得到乐趣。如中、老年人可选择低强度的水中健美操，青少年可选择动感强劲的街舞等，都能达到锻炼身体、娱乐身心、保持健康的目的。

4. 注重个体差异

健身健美操以其生动活泼、轻松自如、随心所欲的运动形式早已被大众所接受。健身健美操的动作套路形式多样化，节奏有快有慢，套路有长有短，动作有难有易，运动量和运动强度大小可任意调节，适合于不同阶层、不同行业、不同年龄、不同体质的人们进行锻炼，在实际运用中能够根据个人特点与要求各取所需。

5. 编排的独特针对性

健身健美操的编排是以对象的性别、年龄、职业、身体状况等具体情况为依据，以人体生理学、人体解剖学、营养学、心理学、体育美学、艺术表演学等多学科科学理论为指导进行的。动作的结构、数量、顺序、时间，所涉及的身体各关节、肌肉的作用、心率、有氧代谢、形体等诸多因素，都经过科学的测定与分析，因此有明确的针对性和独特性。

（二）竞技健美操的特点

1. 以传统健美操为基础

竞技健美操保留了传统健美操的基本特性。如动作的弹性与控制、传统健美操中常用的7种基本步伐、落地缓冲技术以及体现肌肉力量的动作。不同于传统健美操的是竞技健美操的动作幅度更大、力度更强、速度更快，是有氧与无氧代谢运动的结合，给观众的视觉感受更深刻、更有刺激性。因此，竞技健美操是以传统健美操为基础，是在普及的基础上求发展，从比赛中求提高。

2. 高度的艺术性

竞技健美操是属于难、美项群的竞赛项目，竞技健美操的艺术性主要体现在其“健、力、美”的项目特征上。竞技健美操运动员必须要具备高质量、优美的、自信的和充满活力的完成动作的能力。运动员在比赛中所表现出的健美的体魄、高超的技术、流畅的编排和充沛的体力等，充分显示出热情、活力、魅力、情感以及非凡的气质，无不给观众留下深刻的印象，充分体现健美操运动的“健、力、美”特征和高度的艺术性。

3. 强烈的节奏性

竞技健美操强烈的节奏性通过音乐充分地表现出来，竞技健美操音乐的特点是节奏强劲有力、旋律优美，具有烘托气氛、激发人们热情的效果。竞技健美操音乐具有自己特有的形式，其主要作用是用来烘托成套动作的效果与气氛。运动员可以将音乐的风格用肢体语言和面部表情表演出来，同时音乐主体的选择、节奏速度、高低音和后期动效的制作可使运动员的表演得到升华，与观众达成共鸣。音乐的选择和制作质量好，与运动员的特点、动作风格相吻合能激发观众的情绪，使竞技健美操比赛更具有感染力与观赏性。

4. 独特的创新性

竞技健美操强调编排的合理性、流畅性，富于艺术感染力，因此在动作设计上更加多样化，并严格避免重复动作和对称动作。健美操不仅有自身特征的动作，而且从相关的运动项目和艺术门类中吸收了诸多动作，如街舞、爵士舞、拉丁舞等。它们不仅可增加身体各关节肌群的活动能力，而且可以变换动作组合形式，不断创新，形成丰富多彩的创新动作。随着健美操运动的发展，不断创编出独特新颖的具有显著特征的健美操动作，是健美操运动长盛不衰的显著特点，也是它本身的魅力所在。

5. 高难度、高体能

竞技健美操是在音乐的伴奏下，完成连续复杂和高强度动作的能力，是以成套动作为表现形式，必须展示连续的动作组合、柔韧性、力量与 7 种基本步伐的综合使用，并结合难度动作的完美完成。规则对成套的编排、动作的完成、难度动作的数量等也都有严格的规定。因此，运动员如要完美完成高难度的成套动作，操化动作刚劲有力，难度动作轻松驾驭，并且表现出欢快、愉悦的状态，必须具备高体能、高素质，才能在比赛中表现出潇洒、自信、高超的技术，最终实现“健、力、美”的统一。

（三）表演健美操的特点

1. 较强观赏性

表演健美操，是一种以表演形式为主的健美操，主要供人们观赏。它融入了多种改编的舞蹈动作、伴有强而有力的音乐衬托，给人们赏心悦目的全新感受。表演健美操在难度和表演内容上不受规则的限制，使编排者可以根据表演者的自身特点和观众的要求编排动作、自由发挥，达到吸引眼球的效果。观众在观看表演健美操时，不仅对表演者那优美的肢体、线条留下深刻印象，那节奏鲜明的音乐也会使他们蠢蠢欲动、振奋人心，就像自己安身于其中，给人以美的情感体验。

2. 独特艺术性

表演健美操独特新颖的编排、与众不同的音乐选配、充满活力、动感、趣味的外在表现，都充分体现了人们对“美”的认识与升华，具有特殊的艺术感染力。表演性健美操具有动作美、路线美、韵律美、音乐美、服饰美、环境美等特点。它是建筑艺术，具有立体感；它是舞蹈艺术，是人体动作的精华；它是绘画艺术，直观性、具体性很强；它是音乐艺术，凭借声音来塑造形象；它更是运动艺术，最大限度地克服心理障碍，挖掘身体潜能。表演健美操是各种艺术并存，是美的荟萃，使人们得到美的享受，也使人们追求美的天性得以满足。

3. 广泛社交性

从体育社会学分析，健美操是体育文化的重要内容之一，是一种特殊的社会文化活动。而对于表演健美操而言，人们在一起表演或是观看表演，相互学习与交流，被健美操运动的

“健、力、美”所感染，进行情感的沟通、心灵的融合。在促进身心健康、广交好友、扩大社交圈的同时，推动了健美操运动的发展，提高其普及程度，从而更好地促进了体育文化的传播与发展。

第三节　健美操运动的功能与价值

一、健美操运动的功能

（一）增进健康美功能

“健康美”是一种积极的健康观念和现代意识，是机体最有效发挥其机能的状态。

一个具有“健康美”的人应具备的身体素质是良好的心肺耐力、肌肉力量、平衡性、灵敏性、协调性和柔韧性。心肺耐力的发展使心脏与循环系统有效运作，将机体所需的营养物质、氧气及生物活性物质运送到肌肉和各组织器官，并把代谢产物运走，在有机体的生命活动中发挥重要作用。肌肉力量的发展不仅塑造强健的体魄，亦具备强大的活动能力。身体柔韧性和灵敏性的发展可增大肌肉与关节的活动能力，减缓肌肉与附着组织的退化和衰老过程，使身体动作机敏、灵活、富有朝气。身体平衡性与协调性的发展使机体运动与工作的能力更加轻松自如，沉着应对，增进健康，从容自信。

（二）塑造形体美功能

“形体”分为姿态和体形。姿态是我们平时的一举一动表现出来的行为习惯，受后天因素的影响较大。而体形则是我们身体的外形，虽然体育锻炼可适当改善体形外貌，但相对来说遗传因素起着决定性的作用。

良好的身体姿态是形成一个人气质风度的重要因素。进行健美操练习的姿态要求与我们日常生活中良好姿态的要求基本一致。因此，经过长期的健美操练习有益于肌肉、骨骼、关节的匀称和谐发展，有利于矫正和改善不良的身体姿态，形成优美的体姿，从而在日常生活中表现出一种良好的气质、风度与修养，给人以朝气蓬勃、健康向上的感觉。

参加健美操锻炼还可以消除体内和体表多余的脂肪，塑造健美的体形。如通过集体力量练习，可使骨骼粗壮、肌肉围度增大，从而弥补先天的体形缺陷，使人变得匀称健美。

（三）缓解精神压力，娱乐身心功能

随着时代的发展和社会的进步，人们在享受科学技术所带来的舒适生活和各种便利的同时，受到了来自方方面面的精神压力。研究证明，长期的精神压力不仅会引起各种心理疾患，而且许多躯体疾病也与精神压力有关，如高血压、心脏病、癌症等。科学研究表明，体育运动可缓解精神压力，预防各种疾病的产生。而健美操作为一项体育运动，以其动作优美、协调、全面锻炼身体，同时有旋律优美的音乐伴奏而见长，是缓解精神压力的一剂良

方。在轻松活跃的健美操锻炼中，练习者的注意力从烦恼的事情上转移，忘掉了失意与压抑，尽情享受着健美操运动所带来的欢乐，得到内心的安宁，使人具有更强的活力和最佳的心态。

另外，健美操锻炼增强了人们的社会交往。目前无论国内还是国外，人们参加健美操锻炼的主要方式是去健身房，在健美操指导员的带领和指导下集体练习。参与健美操锻炼的人来自社会的各阶层，这种形式扩大了人们的社会交往面，把人们从工作和家庭的单一环境中解脱出来，可接触和认识更多的人，眼界也更开阔，从而为生活开辟了另一片天地。大家一起跳、一起锻炼，共同欢乐、互相鼓励，有些人因此成为终身的朋友。因此，健美操锻炼不仅能强身健体，同时还具有娱乐功能，可使人在锻炼中得到一种精神享受，培养乐观进取的精神，陶冶美的情操。

（四）医疗保健功能

健美操作为一项有氧运动，其特点是强度低、密度大，运动量可大可小，容易控制，因此除对健康的人具有良好的健身效果外，对一些病人、残疾人和老年人也是一种医疗保健的理想手段。如对下肢瘫痪的病人来说，可练习地上健美操和水中健美操，以保持上体机能并促进下肢功能的恢复。只要科学有效地控制好运动范围和运动量，健美操练习就能在预防损伤的基础上，达到医疗保健的目的。

二、健美操运动的价值

（一）健美操是一项全面促进身体健康的运动

健美操作为身体操练的体育项目之一，它不同于田径——以人类生存和生活的技能走、跑、跳为主体进行活动，也不同于球类——有鲜明的游戏对抗性，更不像有些运动必须在水上、冰上、空中等特定的环境下进行活动。健美操具有“人为性”特点，它的运动形式是人们根据需要而人为地创造动作去进行练习，针对肢体各个部位、关节、肌肉和器官的锻炼。为了达到增强体质的目的，可以科学地通过改变身体姿势、动作方向、动作路线、动作频率、动作速度和动作的节奏，以创编适合于不同人群或个体需要的练习。

健美操作为一项有氧运动，其健身功效已达成共识。有研究显示，经常参加健美操锻炼的人，促进了心血管系统机能的提高，心脏总体积指数显著大于没有参加锻炼者，且吸氧量明显增加，有助于向脑细胞及机体供氧供能，改善新陈代谢，减少脂肪沉积，延缓血管硬化。有氧运动能发展人的心肺功能，增强心肌，增加肺活量，减少心肺呼吸系统疾病。改善消化系统的机能水平，运动加强了肠胃的蠕动，增强了消化机能，有助于营养的吸收和利用。健美操不仅具备有氧运动的功效，且兼有发展身体柔韧性、平衡性、协调性和灵敏性的作用。健美操是一项轻松、优美的体育运动，在健身的同时带给人们艺术享受，使人心情愉快，陶醉于锻炼的乐趣中，减轻了心理压力，促进心理健康发展，从而增强了健身的效果，使人体达到最佳机能状态。

（二）健美操运动市场广阔

随着人民生活水平的迅速提高，健身、休闲、娱乐逐渐成为人们的日常需要，尤其是从1995 年我国政府全面推行“全民健身计划纲要”以及 2008 年北京成功举办第 29 届奥林匹克运动会以来，通过广泛的宣传和教育，广大人民群众进一步加深了对体育运动重要性的认识，体育锻炼不再像以前一样是一种行政手段，而变成了人们自觉的行动，成为一种时尚。人们转变了思想、更新了观念，自觉自愿地为健康投资，因此，越来越多的人积极参与到体育运动中，掀起了全民健身的热潮。

健美操作为一项发展迅速的体育运动，以其独特的魅力受到人们的喜爱。健美操所特有的健身、健美、保健、医疗、娱乐的实用价值，尤其是对于控制体重、减肥、改善形体、提高协调性和韵律感所具有的良好效果越来越受到人们的重视，吸引了不同年龄的爱好者参与，形成了一定规模的消费群体。长期坚持健美操锻炼，使少年儿童健康成长，青年的身体日臻完美、更有魅力，中老年人风采奕奕，焕发青春，使躯体臃肿者重新焕发活力，使人形成良好的气质和风度。目前在社会上不仅以健美操为主要内容的各种健身中心遍布我国大中型城市，而且在大、中、小学校健美操也被列入教学大纲，作为正规的教学内容教授。另外，各种以健美操为主要内容的电视节目的播出也促进了健美操运动的普及与开展，使更多的人认识了健美操并加入到健美操锻炼中来。因此，健美操是一项具有广阔市场前景的运动。

（三）健美操表演与比赛有利于丰富群众的业余文化生活

体育是人类社会文化生活的一个重要组成部分，人们经常通过在业余时间参与体育运动来达到强身健体、娱乐身心、促进交流的目的。

随着健美操运动在世界范围的蓬勃开展，在我国的快速普及与发展，各类健美操比赛名目繁多。目前不仅有世界锦标赛、世界杯赛、全国锦标赛，各省市、甚至单位、学校内部也举办各种各样的比赛。近年来健美操还经常作为表演项目出现在各种场合。为准备比赛或表演，运动员与表演者需要付出一定的时间和精力；而比赛或表演本身也满足了人们自我表现的欲望，达到了娱乐身心的目的。对观众来说，观看比赛或表演就是一种娱乐放松行为，在欣赏过程中得到“美”的享受，体验一场视觉盛宴，起到振奋精神、激动人心的作用，丰富了群众的业余文化生活。

第四节　健美操运动的发展趋势

一、健身健美操的发展趋势

（一）人们健康意识的增强将使健身健美操的市场前景更加美好

随着社会的不断发展和人民生活水平的稳步提高，休闲娱乐时间增多的同时压力与疲劳也并存。因此，健身健美操成为人们把握健康、释放压力、追求时尚的首选运动方式，花钱运动买健康的观念意识不断增强，并且热衷于此，乐此不彼。健身俱乐部是以健身服务盈利为最终目的，为大众提供商业性活动场地与健身设施，依靠市场机制和利益机制运转的服务性行业。在诸多体育运动项目进军体育健身娱乐市场的竞争中，健美操也被市场化华丽地打造与包装，进行了广泛详细的宣传与传播，同时受到国内外一些时尚全新的健身形式的冲击，使其群众普及度与受欢迎程度不断提高，从而有着广阔的前景和持续发展的强大动力。

（二）健身健美操的种类和练习形式将更加多样化

近年来，随着健身运动的不断发展，人们对健身的理解进一步加深，知识水平和健身的科学化程度不断提高，对健身的需求也更加多样化和个性化，因此出现了多种全新的健身形式，如近年来兴起的水中健美操和利用移动器械，如健身球、橡皮带、轻型杠铃等集体力量练习，以及在特殊场地进行的固定器械的有氧练习等，还有一些正在流行的特殊风格的健美操，如拳击健美操、拉丁健美操、街舞等。这些令人耳目一新的健身形式使健美操运动的内容更加丰富，适合的人群更加广泛，健身的效果更加突出，同时降低了损伤的发生率。健美操运动在此大环境下得到了迅速地发展，呈现出更加多样化和科学化的发展趋势。

根据最新资料显示，目前在世界范围内最受欢迎和发展最快的健身健美操项目是利用轻器械的集体力量练习和大脑——身体综合练习。

（三）健身健美操练习的科学性程度将不断提高

首先，科学性是保证健身健美操练习效果的关键。如对不同人群体质的测定和不同年龄段人群锻炼的最佳心率范围的研究可提供科学有效的运动处方。不科学的练习方法不仅导致锻炼没有效果，而且还可能引起运动损伤。因此，只有不断提高科学性，才能使参加健美操练习的人真正达到有效地锻炼身体的目的。对传统健身健美操来说，编排简单的低冲击力和高低冲击力混合的练习仍是世界各国健身中心的常规项目，而单纯高冲击力的练习由于容易引起关节的损伤已不再流行。

其次，科学性也是健身健美操运动自身发展的需要。随着科学素质的不断提高，人们不再满足于只是活动一下，出一身汗的锻炼形式，而是寻求更加科学的健身方式。是否科学、是否能真正达到锻炼身体的目的是人们选择健身项目的一个非常重要的考虑因素，只有科学的锻炼才能得到人们的认可。因此，只有不断提高科学程度，健身健美操项目才有发展，才能有市场。目前，一些健美操从业人士已经认识到这一点，正在不断地探索健身健美操科学性的方法和途径。

二、竞技健美操的发展趋势

（一）更加注重艺术性创编

竞技健美操是一项艺术性极高并要求不断创新的运动项目。在国际体操联合会 2013—2016 年版《竞技健美操竞赛规则》中，艺术评分标准由音乐和乐感、操化内容、主体内容、空间运用和艺术表现力 5 部分组成，各项内容所占分值比例相同，均为最高 2 分。混双、三人和集体五人项目托举减少至 2 次。这一系列变化要求教练员拥有更广博的知识，充分体现编排的多样化，巧妙地抓住竞技健美操项目的本质特征与动作精髓。同时要求运动员具有扎实的基本功和能力表现教练的编排意图及思想，演绎音乐和动作的流畅性、风格化。艺术性创编将是竞技健美操未来发展极其重要的部分，运动成绩的高低将很大程度上取决于此。

（二）动作技术的完成将更加完美

国际体操联合会 2013—2016 年版《竞技健美操竞赛规则》对动作的技术完成质量提出了更高的要求，进行了更加详细和清晰的描述，要求以完美的技术高度准确地展现成套动作的能力，包括难度动作、动作编排和一致性 3 个部分。同时，对成套动作中出现的任何一个不同程度的细小失误的累积减分，对动作完成质量的扣分更加严格。因此，动作的完美完成将是运动员的技术和竞技水平的具体体现，是取得优异成绩的根本。可以预料，未来竞技健美操比赛动作技术完成质量将是评价运动员竞技水平的关键因素。

（三）难度动作向多样化方向发展

国际体操联合会 2013—2016 年版《竞技健美操竞赛规则》对部分难度动作的分值进行了调整，修订了三人和集体项目中的难度分系数，审核了动作最低要求。分类基本保持上一赛季的 4 大分类，但所有项目成套时间 1 分 30 秒，包含 10 个难度。难度动作数量的变化以及新类型难度动作的增加，尤其是分值为 0.6 以上的难度动作，这意味着难度动作的选择将向着更加多样化、高要求的方向发展。同时，所有项目的场地空间进行了较大的调整，均在 10 米×10 米的场地中进行，空间的加大无疑对运动员的体能、技能等整体素质提出了更高的要求。

推荐网站

1. 中国健美操联盟网 http：//www.61tt.com/
2. 中国健美操竞赛网 http：//www.caa-gym.org/land.aspx
3. 中国健美操协会官方网站 http：//www.caa.net.cn/

思考题

1. 健美操的概念是什么？竞技健美操和健身健美操的区别在哪里?
2. 中国的健美操机构有哪些？举出 3 个全国性的健美操赛事？
3. 健身健美操和竞技健美操的起源与发展？你认为今后健美操的发展方向是什么？

第二章　健美操术语

章前导言

1. 本章以健美操术语的概述、健美操基本术语和专门术语以及健美操术语的运用 4 个方面为主要内容，对健美操术语进行详细的阐述。

2. 要求学生熟悉并掌握健美操的基本术语和专门术语，重点理解健身健美操基本步伐术语和竞技健美操难度动作术语。

3. 学会正确、熟练地使用健美操术语，并贯穿于教学、训练、竞赛及科研实践中，提高学生的专业素养。

第一节 健美操术语的概述

术语是各门学科的专门用语，是表达或限定专业概念的约定性语言符号。术语在科技发展、文化传承和社会进步中起着关键作用，可以说“没有术语就没有知识”。

一、健美操术语概念

健美操术语是指描述健美操动作的专门用语。它是以简明扼要的专有词汇，准确地反映出健美操的动作名称、动作形式和技术过程的语言表述，是进行健美操教学、训练、竞赛、科研等工作必不可少的交流工具。例如，交叉步、弓步跳、垂地劈腿、直角支撑等。

二、健美操术语的特征

健美操术语是专业理论与实践活动的统一技术用语，便于书写、学习、交流、运用和推广。因此，健美操术语具有以下 3 个特征：

（一）统一性

统一性是指健美操术语必须正规、一致。健美操术语作为知识交流和信息传递的重要工具，无论是讲解动作技术要领、编写教学训练文件，还是制定规则、赛事评判、撰写教材、科学研究等，都需要使用术语。因此，健美操术语必须是统一、规范的。

（二）科学性

科学性是指健美操术语必须准确、严谨。健美操术语能够反映动作的外在基本形态和内在技术特征，在运用时只有一种含义。正确的术语有利于加深对动作技术的理解，促进动作技能的形成。因此，健美操术语必须具有逻辑性和科学性。

（三）实践性

实践性是指健美操术语必须通俗达意、简洁清晰。健美操术语是开展教学、训练、竞赛、交流等实践活动的有力保证，其使用人群不仅包括广大的教师和学生、教练员和运动员，还包括众多的健身健美操爱好者。因此，健美操术语的表达必须形象、易懂。

三、健美操术语确立的基本要求

健美操术语是与健美操运动同步发展起来的，同时也从各相关项目中借鉴、引申和发展而来，反映了健美操技术动作的特点和规律，在确立时要做到以下基本要求。

(一) 准　确

健美操术语的用词力求严谨、形象，能准确地反映动作的本质特征。

(二) 简　练

所形成术语的词句在准确的基础上应简短、精练。

(三) 易　懂

健美操术语要求通俗易懂，便于理解、记忆和记录，易为人们所接受。

(四) 组　合

健美操术语要求按照规定的形式和顺序进行组合，形成各种动作的术语名称。

(五) 适　用

健美操术语应与国际体联健美操技术委员会颁布的术语相一致，适用于各个国家。

四、健美操动作名称术语的构成

健美操术语经过二十多年的发展，形成了比较完善和规范的术语称谓系统。其动作术语除学名术语外，还有按发音翻译、外形描述、直接翻译、特殊命名等术语。

(一) 学名术语

由动作基本术语所组成的健美操动作名称术语，一般由动作开始姿势、动作部位、身体形态、动作方向、动作做法、动作数量、动作相互关系和结束姿势位置等部分构成。例如，并步（Step Touch）、开合跳（Jumping Jack）、锐角支撑（High V-Support）、单足转体720°（2/1 Turn）等。

(二) 音译术语

仿拟英语词汇的读音直接翻译为合适的汉语对应词，保留自身的语音和书写形式的健美操动作术语。例如，恰恰步（Cha Cha）、桑巴步（Samba）、给纳（Gainer）、依柳辛（Illusion）等。

(三) 命名术语

国际体操联合会依照创造该动作并在世界健美操大赛中使用的国家、地区、民族和运动员的名称而命名的健美操动作术语。例如，文森俯卧撑（Wenson）、塔玛诺（Tamaro）、托马斯（Flair）等是用运动员的名字来命名的术语；科萨克跳（Cossack jump）则是以科萨克族名来命名的术语。

（四）符号术语

运用统一规定的图形符号来描述健美操动作的术语。这类术语是裁判和科研工作的重要工具，是记录动作客观表现的简便方法。例如，“”表示双向托马斯，“”表示转体540°屈体跳。

（五）形意术语

根据动作外在表现的形状（形象、形意）来描述健美操动作的术语。该术语形象生动、简明易记，很容易被人们所接受。例如，十字步（Cross Step）、钟摆跳（Swing）、直升飞机（Helicopter）、剪式变身跳（Scissors Leap）等。

（六）俗称术语

目前广泛流行并基本定型或大众通用的名称，包括由其他项目借鉴而来的名称，具有简短、通俗、易理解的特点。例如，旋子、双飞燕均是由中国舞借鉴而来的术语。

五、健美操术语的发展历程

健美操术语是伴随着健美操的不断改革与创新而逐渐丰富和发展起来的。正如恩格斯所说：“一门科学提出的每一种新见解，都包含着这门科学的术语的革命。”健美操术语是健美操理论与技术技能的媒介，具有其独特的形成与发展历程。

（一）健美操术语在《竞技健美操竞赛规则》中的初步形成和修正

健美操术语的发展与国际体操联合会健美操技术委员会颁布《竞技健美操竞赛规则》的规范密不可分，可以说没有国际规则就没有健美操术语的规范和普及。20世纪80年代，健美操作为一项新兴的运动，只有简单的规定难度动作和不完善的竞赛规则，健美操术语还处于初步形成阶段，全面性存在较大欠缺。1996年1月我国参照国际体操联合会、国际健美操联合会、国际健美操冠军联合会的3本规则制定了我国健美操竞赛规则，形成了健美操术语的雏形。1999年与国际接轨后，鉴于国际竞赛规则周期性的制定，中国健美操协会选派裁判员参加国际体操联合会组织的国际裁判员培训班，并多次选派国际级裁判员参加世界性大赛的裁判工作，密切保持与国际体操联合会的交流，不断规范和完善了我国健美操术语的发展。

（二）健美操术语在国内外比赛中的创新与发展

竞赛是将运动项目推向发展高峰最直接有效的方式，是健美操专业术语创新的途径之一。自1983年日本举办的首届国际健美操比赛以来，健美操项目在世界范围内迅速推广，并于1994年正式加入国际体操联合会，在国际体操联合会的领导下定期举办世界健美操锦标赛。世界最高水平的竞技健美操赛事推动了国际健美操整体技术水平的提升，新的难度动作不断涌现，新的动作术语也应运而生，并在国内外比赛中不断得到扩充和规范。我国1995

年参加了首届世界健美操锦标赛，在经历了学习、探索、钻研的发展历程后，于 2005 年首次登上了世界最高点，推动了我国竞技健美操术语的发展。与竞技健美操项目的发展遥相呼应，我国大众健美操赛事也迅速发展起来，开展了“浩沙杯”全国万人健美操大众锻炼标准大赛和全国全民健身操大赛的系列赛和总决赛，随着健身活动的推广，不断吸纳新的动作，促进了健身性健美操术语的丰富和完善。

（三）健美操术语在各种交流活动中的更新与推广

健美操术语是健美操信息交流的媒介，在健美操项目发展中起着不可或缺的作用。为了加快与国际接轨的步伐，我国曾多次派人参加国际体操联合会组织的教练员、裁判员培训班及世界性的健身交流大会等相关活动，通过与国际组织进行技术交流和学习，引进了大量健美操最新动作和术语，使我国健美操取得了“全面升级式”的进步。自 2000 年以来，我国相继推出了《竞技健美操运动员技术等级规定动作》《全国健美操大众锻炼标准》和《全民健身操等级推广规定动作》，促进了健美操专业术语的不断普及和完善。与此同时，如雨后春笋般的健美操赛事每年吸引了数万名健身爱好者，在参赛过程中，教练员、运动员运用专门术语对动作技术、训练方法进行交流与沟通，加深动作技术的理解，带动了健美操术语的更新。

（四）健美操术语在教材中的逐步规范和完善

健美操是舶来的运动，相对于其他运动项目起步较晚，但并没有影响健美操的推广和普及。学校作为新兴项目普及和发展的摇篮，起到了无可替代的作用。1986 年北京体育学院编写的我国第一部《健美操》（试用教材）出版，揭开了健美操进入高校的序幕。此后，全国许多高校将健美操列入教学大纲，并相继出版了不同的健美操教材。健美操术语作为连接理论与实践的“桥梁”跃然纸上，使得我国健美操的技术理论在历年编写的教材中得到了规范和普及，并逐步趋于科学化，如 2004 年出版的《健美操》（人民教育出版社），2007 年出版的《健美操运动教程》（北京体育大学出版社）以及 2011 年出版的《健美操》（高等教育出版社）等。

（五）健美操术语在数字化时代的科学发展

现代数字化电视广播传媒的发展为健美操术语的普及提供了平台。20 世纪 70 年代末，由简·方达编写的《简·方达健美操》一书及健美操录像带掀起“健美操热”，使健美操在世界范围内得到流行和发展。健身理念逐步深入人们的日常生活中，这为健美操的推广做了坚实的铺垫，健美操术语也逐步进入了人们的听觉范围。网络的普及对健美操术语科学化起到了极大的促进作用，更有助于与国际发展保持同步，网络的多元化让人们更加便捷地获取各种相关的健美操资料。例如，通过国际体操联合会官方网站或中国健美操官方网站，可在第一时间了解健美操的前沿动态，获得最新信息，在数字生活化的今天，健美操术语正朝着科学、规范的方向发展。

六、健美操术语的意义

健美操术语的准确运用，对教学、训练的进行，技术、技能的提高，竞赛、科研活动的开展以及知识理论的丰富和完善都具有举足轻重的意义。

（一）提高教学与训练效果

健美操课的特点是以动作练习为主，讲解时间越多，练习时间就相对减少，而运用健美操术语可规范教师（教练员）课堂语言的使用，有利于学生（运动员）准确地理解和掌握动作要领，形成和提高动作技能，从而更好地与教师（教练员）进行交流和学习，促使健美操教与学活动的顺利开展，提高教学与训练的效果。

（二）确保竞赛活动顺利开展

在记写动作时使用术语，可以清晰地反映每个动作的特征，把相似动作准确地区别开来，有助于运动技能的形成和表达。在健美操竞赛中，裁判员经常使用符号术语来记录动作。这样统一、规范的术语有助于体现竞技运动的公平性，使各种竞赛活动得以顺利进行。

（三）推动项目不断发展

使用书面用语最基本的要求是准确性，编写教案、教材及专业书籍的用语必须精准和专业，因此规范地使用健美操术语，可以丰富健美操学科理论知识，促进科研工作开展。由于术语具有国际性，规范的健美操术语对于国内外的交流以及健美操技术的发展起着桥梁和纽带的作用，不断推动着健美操项目的完善和发展。

第二节　健美操基本术语

健美操基本术语是说明场地方位、动作方向、相互关系、动作方法及动作表现形式的术语，是健美操术语中最基本的内容，也是健美操专门术语的基础。健美操相对于其他难美性项群的项目起步较晚，部分基本术语是通过借鉴体操、武术、艺术体操等项目而来。

一、场地方位术语

为了准确表明运动时身体在场地上所处的方位，借鉴了舞蹈中基本方位的术语，把开始确定的某一面（主席台、裁判席、示范台）定为基本方位的第 1 点，按顺时针方向，每 45°为一个基本方位，将场地分为 8 个基本方位，即 1、2、3、4、5、6、7、8 点。（图 2-1）

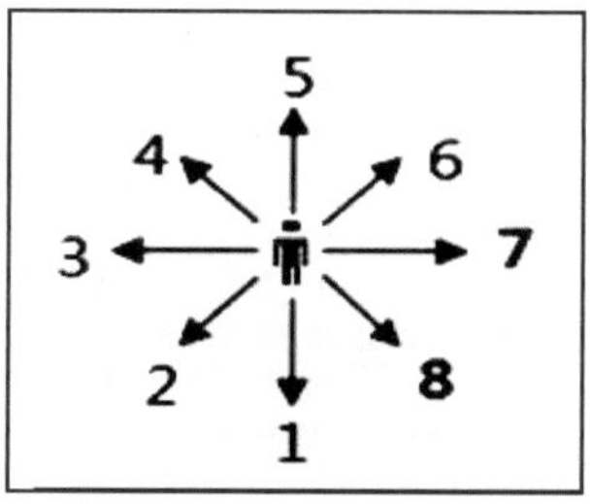

图 2-1　场地基本方向

二、动作方向术语

动作方向是指人体或人体某一部分肢体运动的指向，它以空间位置及相对于人体部位的朝向来确定。

（一）基本方向

基本方向是与人体基本平面平行或者垂直的指向。为了提供人体在场地上或运动时的方向参考，以人体面向场地正前方站立时为基础参考点。例如，上、下、左、右、前、后。(图 2–2)

（二）中间方向和斜方向

1. 中间方向

中间方向是指两个互成 90°的基本方向之间的方向，它与基本方向成 45°角，其名称是由两个基本方向名称组合而成。例如，前上、前下、侧上、侧下。（图 2–2）

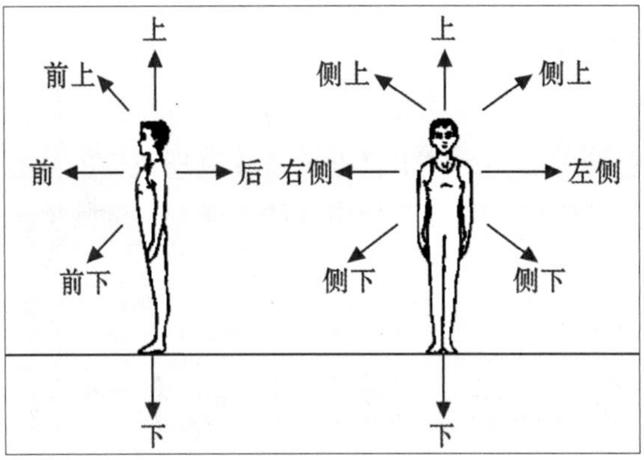

图 2–2　基本方向和中间方向

2. 斜方向

斜方向是指 3 个相互成 90°的基本方位之间的方向，是由 3 个基本方向组合而成。例如，前侧上、前侧下等。

（三）运动方向

运动方向是指身体及身体各部位运动的方向，一般根据人体直立时的基本方位来确定。

向前：做动作时，向胸部所对的方向运动。

向后：做动作时，向背部所对的方向运动。

向上：做动作时，向头顶所对的方向运动。

向下：做动作时，向脚底所对的方向运动。

向侧：做动作时，向身体两侧的方向运动，分为向左侧和向右侧。

前侧：做动作时，向前和向侧的中间 45°的方向运动。前侧包括左前和右前。左前是向前和向左侧的中间 45°方向运动，反之为右前。

后侧：做动作时，向后和向侧的中间 45°的方向运动。后侧包括左后和右后。左后是向后和向左侧的中间 45°方向运动，反之为右后。

顺时针：做动作时，转动过程与时针运动方向相同。

逆时针：做动作时，转动过程与时针运动方向相反。

（四）肢体相对运动方向

肢体运动方向用于表示四肢和身体位置关系。

向内：肢体由两侧向身体正中线的运动。

向外：肢体由身体正中线向两侧的运动。

同向：上肢和下肢向同一方向运动。

反向：上肢和下肢向相反方向运动。

三、相互关系术语

相互关系表示动作之间在时间或空间上的相互联系。

（一）肢体相互关系术语

同侧：同一侧的上肢和下肢动作的配合。例如，出左臂的同时出左腿。

异侧：不同侧的上肢和下肢动作的配合。例如，出左臂的同时出右腿。

同面：上肢动作和下肢动作的运动面一致。例如，身体向前移动，手臂前举。

异面：上肢动作和下肢动作的运动面不一致。例如，身体向后退，手臂向上运动。

对称：上肢或下肢同时或依次做相同的动作，或不同方向的相同动作。例如，右臂侧上举，同时左臂侧上举。

不对称：两臂同时做不同的动作或下肢依次做不同的动作。例如，右臂侧上举，同时左臂侧举。

（二）动作相互关系术语

同时：单个动作中身体不同部位在同一时间做动作。例如，向前曼巴步（Mambo），同时两臂侧上举。

依次：单个动作中身体不同部位先后完成同一动作。例如，侧手翻时两手依次撑地。

交替：不同肢体或不同动作反复进行。例如，两腿交替进行踏步。

由：动作开始时的方位。例如，由上向下。

经：完成指定动作过程中经过的位置。例如，手臂经前至侧上举。

接：两个要求连续完成的单独动作之间的连接。例如，单足转体 360°接垂地劈腿。

至：动作过程中必须达到的某一指定位置。例如，手臂经胸前交叉至侧下举。

成：表示完成动作之后的结束动作。例如，跳转 720°成纵劈腿。

（三）运动轴与面相互关系术语

人体在运动时各关节和环节都包含了轴与面的关系。（图 2–3）

矢状轴：俗称前后轴，是前后贯穿身体，垂直通过额状面的轴。

额状轴：俗称横轴，是横贯身体，垂直通过矢状面的轴。

垂直轴：俗称纵轴，是纵贯身体，垂直通过水平面的轴。

矢状面：又称正中面，是沿身体前、后径所作的与地面垂直的切面。矢状面将人体分为左、右两半。

额状面：又称冠状面，是沿身体左、右径所作的与地面垂直的切面。额状面将人体分为前、后两半。

水平面：又称横切面，是横切直立人体与地面平行的切面。水平面将人体分为上、下两半。

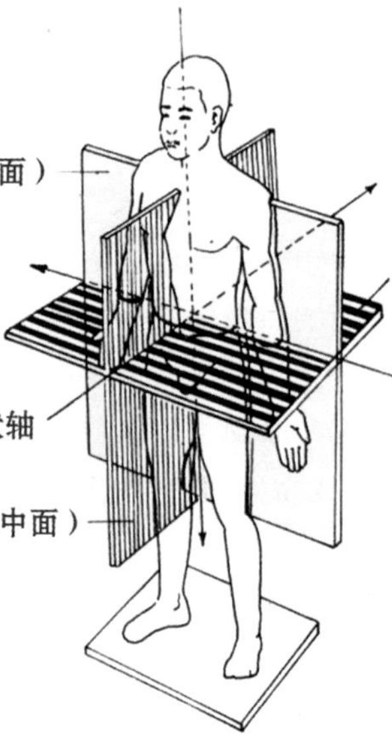

图 2–3　人体运动轴与面的关系

四、动作做法术语

动作做法是指描述动作运动形式或完成技术动作途径的方法。通过基本手型、身体姿势、身体基本动作来完成健美操动作，它可以作为动作的组成部分，也可以将其看成修饰性动作。

（一）基本手型术语

掌：手掌展开。例如，并掌、开掌、立掌、花掌、兰花掌。

拳：手指向掌心弯曲，拇指在外成握拳。例如，实心拳、半握拳。

指：一指、二指或三指伸直，其余手指屈握。例如，一指、剑指、响指、“V”指。

（二）身体基本姿势术语

立：两腿站立的姿势。例如，并腿立、分腿立、提踵立、单腿立、点地立。

跪：以膝和小腿前侧着地的姿势。例如，跪立、单腿跪立、跪坐、跪撑。

蹲：两腿屈膝站立的姿势。例如，半蹲（屈膝大于 90°）、全蹲（屈膝小于 90°）、蹲撑。

撑：手或手和身体其他部位同时着地的姿势。例如，俯撑、仰撑、侧撑、跪撑、蹲撑、坐撑。

坐：以臀部和腿部着地的姿势。例如，并腿坐、分腿坐、屈腿坐。

卧：身体躺在地上的姿势。例如，仰卧、俯卧、侧卧。

弓步：两腿分开约一大步，一腿屈膝，另一腿伸直的站立姿势。例如，前、后、侧弓步之分。

（三）身体基本动作术语

举：臂或腿抬起并固定在某一方位上的姿势，或是臂或腿伸直由低向高举起至某一部位时停止不动的动作。例如，手臂前举、上举。

屈：身体某一关节弯曲成一定角度，在某一方位上停止不动的姿势；或者身体某关节角度缩小的动作。例如，屈臂、屈膝、屈体。

伸：使关节角度扩大与伸直的动作，若屈与伸依次进行则称“屈伸”。例如，俯撑臂屈伸。

挺：一般指胸部或腹部向前展开。例如，挺胸。

含：两肩胛骨外开，胸部内收。例如，含胸。

提：由下向上做运动，例如，提肩。

沉：身体某部位放松向下的动作。例如，沉肩、沉气。

抬：头部以环枕关节为轴做后伸运动。例如，抬头。

振：臂或上体等部位急速地做富有弹性的屈伸或加速摆。例如，振胸、振臂。

收：向身体正中线靠拢或还原到起始位置。例如，收腹、收腿。

踢：一腿站立，另一腿由低向高做加速有力的摆动动作。例如，前、侧、后踢腿。

转：身体做纵轴转动的动作。例如，转体、向右转头。

绕：身体或身体某一部位至180°以上，360°以内的动作。例如，臂后绕至前举。

绕环：身体或身体某一部位至360°或360°以上的动作。例如，臂前绕环。

交叉：两臂或两腿同时向内成重叠交错的姿势。例如，手臂交叉、交叉步。

波浪：指身体某部分邻近的关节按顺序做柔和屈伸的动作。例如，手臂波浪、身体波浪。

摆动：臂或腿在某一平面内，自然地由某一部位匀速运动到另一部位的动作。手臂摆动以肩关节为轴；腿的摆动以髋关节为轴。例如，前后摆动、左右摆动、上下摆动。

弹动：身体某一部位的关节有节奏地连续完成屈和伸的动作。例如，屈膝弹动。

五、动作表现形式术语

在进行健美操训练、表演和竞赛等实践中，用来强调动作效果和注意要点的词汇。

节奏：音乐中交替出现的有规律的强弱、长短的现象，并伴随节奏动作用力强弱交替出现，合乎一定的规律。

力度：动作的用力强弱交替出现，通常以肢体的制动技术来体现力度。

幅度：动作展开的大小，一般指动作经过的运动轨迹越大则幅度越大。

配合：个人或团体的相互配合以及在队形变化中的身体互动。

表情：运动员通过脸部所展现出来的情绪状态及眼神交流来表达感情和感染观众，一般是根据音乐和动作的配合展现为佳。

风格：一套动作所表现的主要艺术特色和思想特点。

激情：充满健美操特点的强烈的、兴奋的情感表现。

表现力：完成一定的运动动作所具有的能力的特点。对于动作的基本要领不仅干净利落、巧妙，而且有细致入微的特色，同时，也要表现一定的思想内容与自信。

一致性：集体运动中，运动员在完成动作时所表现出来的整齐划一的能力。包括相同的动作幅度、完成质量以及动作的开始和结束。

第三节　健美操专门术语

健美操专门术语是说明健美操动作性质类别的术语，包括健美操的基本步伐和难度动作，以及表达健美操相关内容的专有词汇。健美操专门术语分为健身健美操术语和竞技健美操术语。

一、健身健美操专门术语

（一）健身健美操基本概念术语

1. 有氧练习

以人体有氧系统供能的、运用大肌肉群的、持续的和有节奏的练习。有氧健美操是有氧练习的一种。

2. 冲击力

人体运动时对地面产生一定的作用力的同时，地面也给予人体相应的反作用力，即“冲击力”。这种冲击力随着每一个动作自下而上通过人体向上传递并逐渐消失。按冲击力大小划分为以下 3 类：

无冲击动作：两只脚都接触地面的动作或不支撑体重的动作。

低冲击动作：总有一只脚接触地面的动作。

高冲击动作：两只脚都离开地面，即有腾空姿势的动作。

3. 核心部位

位于人体重心所处的腰椎、骨盆和髋关节联合的周围，由贯穿于躯干的不同肌群组成的部位。这些肌群的主要作用是控制人体重心、维持躯干平衡、保障四肢稳定。

（二）健身健美操上肢基本动作术语

推：手掌由肩侧同时或依次推至某位置。例如，胸前推、肩上推。

上提：屈臂或直臂由下举提至胸前或体侧。

下拉：屈臂或直臂由上举或侧上举拉至胸前或体侧。

摆动：以肩关节为轴，屈臂（直臂）在 180°以内同时或依次的运动。

冲拳：屈臂握拳由腰间同时或依次冲至某位置。

（三）健身健美操基本步伐术语

健身健美操在传统有氧健美操的基础上发展为多种风格的健美操。伴随着风格的多样化，健身健美操的步伐术语也逐渐丰富起来，有跆拳道中的侧踹（Kick Side）拉丁舞中的桑巴步（Samba）以及其他流行舞中的一些步伐术语。

健美操的基本步伐术语按其冲击力的大小可分为低冲击、高冲击和无冲击动作术语；按其动作完成形式的不同又可以分为踏步类、迈步类、点地类、抬起类和双腿类 5 类术语。（表 2–1）

表 2 –1 健身健美操基本步伐术语

类别	低冲击动作		高冲击动作		无冲击动作	
	中文	英文	中文	英文	中文	英文
踏步类	踏步 走步 “一”字步 “V”字步 “A”字步 “十”字步 曼巴步 桑巴步 恰恰步	March Walk Easy Walk V – Step A – Step Cross Step Mambo Samba Cha cha	跑步 小马跳	Jog Pony		
迈步类	并步 交叉步 迈步点地 迈步吸腿 迈步后屈腿 迈步踢腿 滑步	Step Touch Grapevine Step Tap Step Knee Step Curl Step Kick Slide	迈步吸腿跳 踏步跳	Step Knee Leap		
点地类	脚尖点地 脚跟点地	Touch, Tap Heel				
抬起类	踢腿 摆腿 吸腿 侧踹	Kick Leg Lift Knee up Side Kick	摆腿跳 钟摆跳	Leg Lift Swing		
双腿类			并腿跳 开合跳 弓步跳	Jump Jumping Jack Lunge Jump	弹动 提踵 半蹲 侧弓步 箭步蹲	Spring Calf Raise Squat Lunge Side Lunge

二、竞技健美操专门术语

（一）竞技健美操基本步伐术语

基本步伐是竞技健美操最为基础的组成部分，是竞技健美操学习的基石。（表 2–2）

表 2 –2　竞技健美操基本步伐术语

名称	动作描述	示范
踏步 （March）	腿屈于体前，髋关节与膝关节保持弹动，落地缓冲时从脚尖过渡到脚跟。	
后踢腿跑 （Jog）	摆动腿最大限度地屈向臀部，髋关节和膝关节在一条直线上，踝关节高于膝关节，落地缓冲时从脚尖过渡到脚跟。	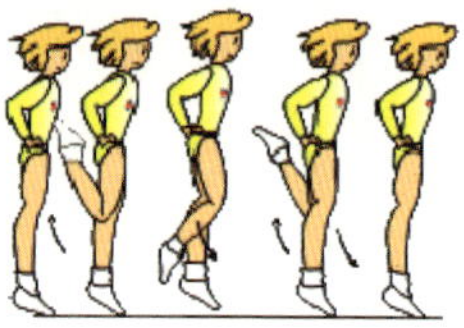
弹踢腿跳 （Skip）	起始动作为髋部伸展的后踢腿跑，膝踝后屈至臀部，然后向前下方踢腿，脚面绷直。	
吸腿跳 （Knee Lift）	摆动腿抬至最高点时，髋关节和膝关节角度均不小于 90°，小腿垂直地面，落地时从脚尖过渡到脚跟，支撑腿伸直。	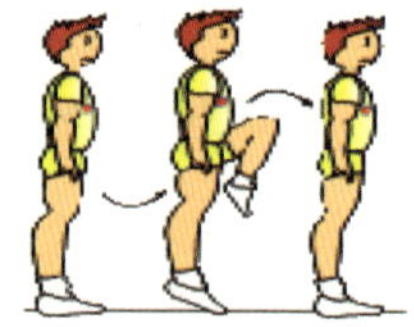
踢腿跳 （Kick）	做高踢腿的动作，一腿向前或向侧踢起，最低达到肩的高度，支撑腿伸直。	
开合跳 （Jack）	双腿跳起落地成开立，两脚分开的距离大于肩关节，两脚尖向外分开，膝关节朝脚尖方向弯曲，并腿时，两脚脚跟并拢，脚尖向前或外开。	
弓步跳 （Lunge）	脚由并拢或分开开始，跳起落地，一腿向后蹬直，一腿弯曲，前后成一直线，髋关节不得外展，重心位于两脚之间。	

（二）竞技健美操动作形态术语

竞技健美操动作形态术语是指在完成动作时身体所保持的一种外形姿态的专门用语。

直体：从肩至踝关节应为一条直线的姿态。例如，空转。

屈体：两腿伸直，上体与髋关节弯曲成90°或更小度数的姿态。例如，屈体分腿跳。

团身：髋关节和膝关节极度弯曲的姿态。例如，团身跳。

分腿：两腿分开大于肩宽的姿态。例如，分腿支撑。

劈腿：两腿分开成一直线的姿态。例如，横劈腿。

科萨克：一腿伸直，一腿屈膝的腿部姿态。例如，科萨克跳。

文森：俯撑，一腿伸展并搭在同侧肱三头肌上端的纵劈腿姿态。例如，文森俯卧撑。

水平：身体保持和地面平行的一种静止姿态。例如，水平肘撑。

（三）竞技健美操动作形式术语

竞技健美操动作形式术语是描述动作运动形式的专门用语。

控：身体或肢体（等）在一定的高度或程度上，并保持一定的时间。例如，控文森、控水平。

倒：以支撑点为轴，身体向前或手臂向后、侧移动的动作。例如，自由倒地、单臂侧倒俯卧撑。

跳：双脚离地，身体腾空并保持一定的姿势。例如，纵劈腿跳、屈体分腿跳。

跃：向前起跳，起跳点与落地点之间形成抛物线轨迹的跳跃动作。例如：交换劈腿跃、屈体分腿跃。

转体：绕身体纵轴转动的动作。例如，单足转体180°、屈体跳转体360°成俯撑。

平衡：用一只脚支撑地面，另一条腿举高，身体保持一定的静止姿势。例如，燕式平衡跳成俯撑、搬腿平衡转体720°。

倒立：在支撑中，头在下脚在上，一种身体倒置的垂直静止动作。例如，托举过程中的倒立动作。

全旋：在支撑中，单腿或双腿做一周及以上的前后连续侧摆越动作。例如，双腿全旋、托马斯全旋。

水平旋：身体向斜前转动的同时绕垂直轴转体的动作。例如，转体360°团身水平旋、转体720°直体水平旋。

滚翻：身体某些部位依次支撑地面并经过头部的滚动翻转动作。例如，前滚翻、后滚翻。

手翻：用手或头推撑地面并经过头部翻转的动作。例如，前手翻、后手翻、侧手翻。

空翻：在腾空中，经过头部翻转的动作。例如，前空翻、后空翻。

（四）竞技健美操动作要领术语

竞技健美操动作要领术语是描述完成动作中关键环节的主要身体部位的专门用语。

梗：下颌内收、颈部伸直的动作，常用于空翻起跳及腾起的动作过程中。例如，梗头。

蹬：腿部由屈髋到伸直的发力过程。例如，蹬地、侧蹬。

推：以手作用于地面或对抗性用力。例如，推起、前推。

夹：由两侧向中间收紧。例如，夹肩、夹肘、夹腿。

倾：上体伸直与地面形成一定角度。例如，前倾、侧倾。

低：头部前屈的动作，常用于滚翻的动作过程中。例如，低头。

抬：头部后屈的动作，常用于倒立的动作过程中。例如，抬头。

压：四肢或上体做向下加力压的动作。例如，压肩、压腿。

顶：手在支撑或推离时，肩胛骨外展或上回旋，以加固提高支撑位置或加大推撑力量的动作。例如，顶肩。

跟：上体前跟，肩部向前加速移动的动作过程。常用于跳转成俯撑类的动作过程中。例如，跟肩。

绷：足的后屈，使脚背向上拱，脚尖向下压。例如，绷脚面。

提：髋关节前屈，使臀部由较低位置上至较高位置。例如，提臀。

翻：髋关节前屈，使臀部随髋、腰的弯曲做向前加速上翻的动作。常用于反切和锐角支撑的动作过程中。例如，翻臀。

送：在前摆加速腿的过程中，使髋部向前做远离支点的动作以加大摆幅，常用于全旋类的动作过程中。例如，送髋。

（五）竞技健美操难度动作术语

在 2013—2016 年版《竞技健美操竞赛规则》中将难度动作分为 4 组：A–动力性动作、B–静力性动作、C–跳与跃、D–平衡与柔韧。其中包括 22 个根命组的共 342 个难度动作名称术语，按照不同根命组和根命名，列举相应的难度动作术语如下：

1. A 组：动力性力量（Dynamic Strength）

表 2-3 A 组动力性力量

难度动作根命组	难度动作根命名	难度动作术语	符号术语
俯卧撑 Push Up	俯卧撑 Push up	侧倒俯卧撑 Lateral Push up	
	文森俯卧撑 Wenson Push up	控腿文森后倒俯卧撑 Lifted Wenson Hinge Push up	
俯卧撑腾起 Explosive Push Up	俯卧撑腾起 Plio Push up	俯卧撑腾空转体 360°成俯撑 Push up 1/1 Twist Airborne to Push up	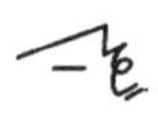
	提臀腾起 A-Frame	提臀腾起成文森 Explosive A-Frame to Wenson	
	分切 Cut	分切成直角支撑 Straddle cut to L-support	
支撑腾起 Explosive Support	锐角支撑反切 High V Support & Reverse Cut	锐角支撑转体 180°成文森 High V-Support 1/2 Twist to Wenson	
旋腿 Leg circle	旋腿 Leg Circle	双腿全旋 Double leg 1/1 Circle	
	托马斯 Flair	双向托马斯 Flair Both Sides	
直升飞机 Helicopter	直升飞机 Helicopter	直升飞机 Helicopter	

2. B 组：静力性力量（Static Strength）

表 2-4 B 组静力性力量

难度动作根命组	难度动作根命名	难度动作术语	符号术语
支撑 Support	分腿支撑 Straddle Support	分腿支撑转体 360° Straddle Support 1/1 Turn	
	直角支撑 L Support	直角支撑转体 360° L-Support 1/1 Turn	
高直角支撑 V Support	高直角支撑 V Support	分腿高直角支撑转体 720° Straddle V-Support 2/1 Turn	
	锐角支撑 High V Support	锐角支撑 High V-Support	
水平支撑 Horizontal Support	肘撑 Lever Support	单臂并腿水平肘撑 1 arm Full Support Lever	
	静力控文森 Lifted Static Wenson	静力控文森 Lifted static Wenson Support	
	水平支撑 Planche	分腿水平俯卧撑 Straddle Planche to Push up	

3. C 组：跳与跃（Jumps & Leaps）

表 2－5　C 组跳与跃

难度动作根命组	难度动作根命名	难度动作术语	符号术语
直体跳 Straight Jump	空转 Air Turn	直体跳转 720° 2/1 Air Turn	
	自由倒地 Free Fall	自由倒地 Free Fall Airborne	
水平跳 Horizontal Jump	给纳 Gainer	给纳 180° Gainer 1/2 TWIST	
	塔玛诺 Tamaro	塔玛诺成劈腿 Tamaro to Split	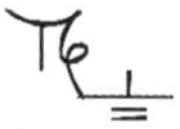
屈腿跳 Bent Leg（s） Jump	团身跳 Tuck Jump	团身跳成俯撑 Tuck Jump to Push up	
	科萨克 Cossack Jump	科萨克跳成劈腿 Cossack Jump to Split	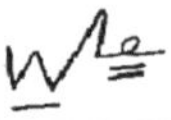
屈体跳 Pike Jump	屈体跳 Pike Jump	屈体跳转体 180° 成俯撑 Pike Jump 1/2 Twist to Push up	
分腿跳 Straddle Jump	屈体分腿跃 Straddle Leap	转体 360° 屈体分腿跃成俯撑 1/1 Turn Straddle Leap to Push up	
	屈体分腿跳 Straddle Jump	转体 180° 屈体分腿跳 1/2 Turn Straddle Jump	
	横劈腿跳 Frontal Split	横劈腿跳转 180°成俯撑 Frontal Split Jump 1/2 Twist to Push up	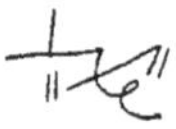
纵劈腿跳 Split Jump	跨跳 Split Leap	跨跳 Split Leap	
	踢劈腿跨跳 Kick Split Leap	转体 180° 踢劈腿跨跳成俯撑 1/2 Turn Kick Split Leap to Push up	
	纵劈腿跳 Split Jump	纵劈腿跳成俯撑 Split Jump to Push up	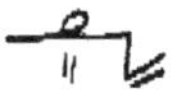
	交换腿跃 Switch Split Leap	交换劈腿跃成俯撑 Switch Split Leap to Push up	
	剪式变身跳 Scissors Leap	剪式变身跳成劈腿 Scissors Leap to Spilt	
踢腿跳 Kick Jump	剪踢 Scissors Kick	剪踢转体 180° 成俯撑 Scissors Kick 1/2 Twist to Push up	
水平旋 Off Axis Jump	水平旋 Off Axis Rotation	转体 900°团身水平旋 2 1/2 Twist Off Axis Tuck Jump	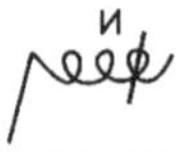
旋子 Butterfly Jump	旋子 Butterfly	旋子转体 360° Butterfly 1/1 Twist	

4. D 组：平衡与柔韧（Balance & Flexibility）

表 2－6　D 组平衡与柔韧

难度动作根命组	难度动作根命名	难度动作术语	符号术语
劈腿 Split	劈腿 Split	横劈腿前穿 Split Through	
	垂地劈腿转体 Vertical Split with Turn	无支撑垂地劈腿转体 360° Free Vertical Split With 1/1 Turn	
转体 Turn	转体 Turn	单足转体 720° 2/1 Turn	
	水平控腿立转 Turn with Leg at Horizontal	水平控腿立转 360° 1/1 Turn with Leg at Horizontal	
平衡转体 Balance	搬腿转体 Balance Turn	搬腿转体 360° Balance 1/1 Turn	
依柳辛 Illusion	依柳辛 Illusion	双依柳辛 Double Illusion	
踢腿 Kick	高踢腿 High Leg Kicks	4 次连续垂地高踢腿 Four (4) Consecutive Sagital High Leg Kicks Vatical	

第四节　健美操术语的运用

健美操术语是进行健美操教学、训练、竞赛、科研等工作必不可少的交流载体。正确地运用健美操术语，对提高教学效果、掌握运动技能、开展竞赛活动、促进科学研究等都具有重要的实际意义。

一、健美操术语的记写

（一）记写要求

在运用健美操术语描述动作时，通常包括开始姿势、动作部位、动作形态、动作方向、动作做法、动作数量、动作相互关系和结束姿势 8 个要素。

1. 开始姿势

做动作时最初的姿势位置（预备姿势），如站立、半蹲、俯撑等。在描述组合动作或成套时，要指明开始姿势，对其他动作的开始姿势，则不必指明，因为前一个动作的结束姿势就是后一个动作的开始姿势。

2. 动作部位

参与运动的身体主要部位以及各部位的具体动作，如臂、腿、躯干等。操化动作记写时，通常按照“先下肢后上肢”的部位顺序来记写，即下肢–上肢–躯干–头部。

3. 动作形态

完成动作时身体所保持的外形姿态，如直体、团身、劈腿等。在描述动作时，要明确指出身体形态，但最常见的姿势（如直腿、直臂等）则可以省略不记。

4. 动作方向

身体和身体各部位运动的方向，用于说明动作经过的路线或空间位置，如前、后、向上、向下等。通常情况下动作方向的描述不能省略，但在不强调动作方向或可以向任意一个方向完成动作时则可以省略，如难度动作中的转体动作等。

5. 动作做法

完成动作的方法，如绕、踢、滚翻等。动作做法是构成学名术语的主要因素，一般不能省略。记写时，若上、下肢所经过的路线最短，可省略路线的术语。反之，则应注明上、下肢所经过的路线，如两臂经体前交叉至侧上举。

记写组合动作时，应按照动作的节拍顺序依次记写每个动作的做法。如果后面的动作与前面的动作完全相同，记写时可以省略，但要注明动作相同；若方向相反时应注明动作相同，但方向相反。

6. 动作数量

完成动作的次数或转体的度数，如迈步吸腿两次、并腿高直角支撑转体 360°等。当有转体动作或动作次数超过一次时，要清楚地说明转体度数或动作次数。操化动作记写中，转体度数一般用于动作方向之后，如向右转体 180°。

7. 动作相互关系

表达动作间联系的用词，如由、经、依次等。在记写动作时，成、至用于结束动作姿势术语之前；由、经一般用于描述动作方向术语之前；接、同时用于两个动作之间；依次、交替多用于动作部位之后。

8. 结束姿势

动作结束时的姿势位置，如跪立、分腿坐、弓步等。在描述完整动作名称时，结束姿势通常不能省略，但在两个动作紧密进行连接时，第一个动作的结束姿势不做描述。

（二）记写方法

1. 文字记写

根据术语记写的要求，用书面语言和专业术语将单个动作、组合动作或成套动作以文字的形式详细地记录下来，包括开始姿势、动作部位、动作形式、动作方向、动作做法、动作数量、动作相互关系、结束姿势及动作要求等。文字记写法较为复杂，但准确性高，通常用于竞赛规则、规定动作、统编教材等专业技术书籍中。

示例：1×8 拍一字步转体 180°两次

第 1 拍：由站立开始右脚向前迈一步稍屈膝，同时右臂胸前平屈，手握拳。

第 2 拍：动作同 1 拍，但方向相反。

第 3 拍：右腿向后同时身体向右转体 180°，两手胸前击掌。

第 4 拍：左腿向右腿并拢，两手胸前击掌。

第 5–8 拍：动作同 1–4 拍。

2. 简化记写

用中文或英文记写健美操基本步伐术语。这种方法简便实用，但无法准确描述具体的动作过程细节，一般用于快速记录、设计草案、编写教案和训练计划等。

示例：4×8 拍健美操动作组合

1×8 拍：4 并步（4 Step Touch R.L.L）。

2×8 拍：2 一字步（2 Easy Walk R.L.L）。

3×8 拍：侧交叉步+曼巴步（Grapevine+Mambo R.L.L）。

4×8 拍：4 后屈腿（4 leg Curl L.L.L）。

注：每一行代表一个 8 拍，动作名称之前的数字表示动作重复次数，R.L.L 表示右脚领先，L.L.L 表示左脚领先。

3. 图像记写

根据术语记写要求，需要直观连续动作图解说明动作时，一般采用图像记写。图像记写可分为绘图和数字图像。

(1) 绘　图

绘图可以勾画出动作的外部形态、动作结构及过程，能较直观地描绘出动作的细节。

绘图可分为单线条绘图和双线条绘图。单线条绘图（图 2–4）是用简单的直线、曲线、弧线、半圆或椭圆形勾画出人体形态和动作方法，这种形式直观、方便、快捷，多用于记写动作和编写教案中。双线条绘图（图 2–5）能像照片一样清晰、立体地勾画出人体外部形态和动作做法。但这种形式要求绘图者具备一定的专业美术基础，因此不被普及，只有在专业教材中使用。

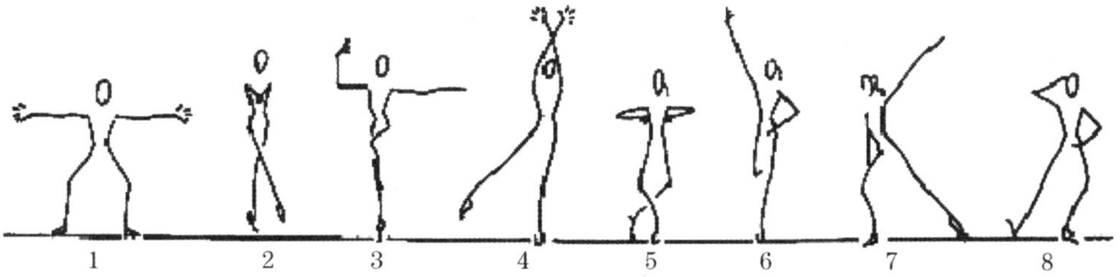

图 2–4　单线条绘图示例

图 2–5　双线条绘图示例

(2) 数字图像

随着科学技术的发展和应用，多媒体技术已广泛渗透到各个领域。运用数码相机与软件处理图像技术获得的数字图像，可以使学生更直观地观察到动作形式和运动轨迹。数字图像法相较于其他方法更加方便、快捷，能够帮助学生更准确地掌握动作要领。一般用于讲述课件时内容的展示以及教案、书籍的列举动作。（图 2–6，图 2–7）

图 2–6　数字图像示例 1

图 2–7　数字图像示例 2

4. 表格记写

表格记写是采用表格的形式分别对动作的步伐、手臂、手型、方向等进行记写的方法，常用于等级规定动作的记写中。（表 2–7）

表 2–7　表格记写法示例

照片	 1	 2	 3	 4	 5	 6	 7	 8
步伐	右腿 弓步跳	右腿后 踢腿跳	左腿 吸腿跳	右腿后 踢腿跑	右腿向左 前踢腿跳	右腿 锁步	左腿 踢腿跳	并腿 站立
手臂	左臂侧上举 右臂侧举	左臂胸 前平屈 右臂前举	左臂肩 前屈 右臂上举	双臂胸 前交叉	左臂侧下举 右臂侧上举	双臂头 后屈	侧下举	两手左胸 前击掌
手型	并掌	并掌	花掌	握拳	一指	开掌	握拳	击掌
身体面向	1 点	7 点	3 点	1 点	8 点	1 点	1 点	1 点
头的面向	1 点	7 点	1 点	1 点	8 点	1 点	1 点	1 点

5. 符号表示

运用国际体操联合会统一的记写符号来表示动作的记写形式，这种方法简洁形象、省时省力，常用于专业竞赛、测验等裁判工作以及成套动作内容记写中。（表 2–8，图 2–8）

表 2－8　成套动作内容常用符号

名称	操化动作	难度动作	动力性配合	托举	过渡		连接
					过渡上	过渡下	
符号	A	E	P	△	↗	↘	→

注：记写难度动作用 E 或难度符号表示。

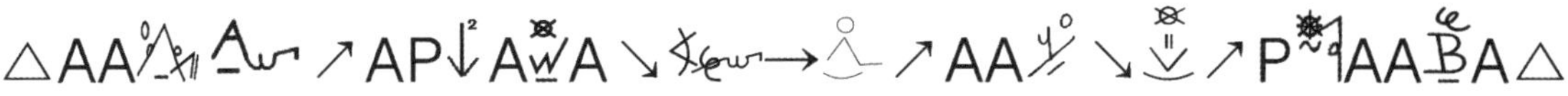

图 2-8　成套动作内容记写示例

二、运用健美操术语的注意事项

（一）规范完整

健美操术语作为制定规则、出版专著、撰写论文、编写教材、制定教学大纲等的基础工具，其规范的运用直接关系到健美操知识的传播与交流，对健美操术语的进一步丰富和完善起到至关重要的作用。因此，在使用时要确保其完整性和统一性。在记写动作时不能使用俗称或少部分人自拟的动作名称，避免传递错误知识，造成误解，如“交换劈腿跃”不能记写为“撕叉跳”，“单臂单腿俯卧撑”不能记写为“两点俯卧撑”等；在描述难度动作的做法时，必须严格按照文字记写的要求，使用规范的术语进行完整描述，如“提臀腾起转体180°成文森”的动作做法为：“俯撑开始，俯卧撑推起后空中提臀屈体，腾空时转体180°，屈体姿态要求双腿垂直于地面，胸贴近膝盖，以文森姿态结束。”

（二）简明清晰

在编写教学进度、教案或训练计划的过程中，教师、教练员在保证内容完整、描述清晰、格式规范的基础上，通常会省略繁复冗长的描述，只记录步伐动作和难度符号，或是采用手绘草图、插入图片的方式，使记写更为简洁明了、省时省力。

健美操术语作为专业领域的基础语言，在各种交流与培训活动中必不可少。为了让术语的使用更加通俗达意，在交流中可以使用命名术语或惯用的简称术语来代替统一规定的学名术语。例如，“直角分腿组合支撑转体 720°”的命名术语为“默多万 720°”、“屈体分腿跳成附撑”的命名术语为“舒舒诺娃”、“剪式变身跳”简称为“剪式”、“转体 360°科萨克跳成纵劈腿”简称为“科萨克 360°成叉”。

（三）方便快捷

在健美操竞赛或记写成套动作内容时，应按照健美操规则规定的难度符号记录运动员的成套动作，以达到简便、快捷的作用。例如，竞技健美操比赛中，难度裁判员会使用难度符号记录运动员成套动作中的难度动作，给出难度得分；完成裁判会使用难度与技巧符号，根据成套动作的完成情况进行减分，给出完成得分；艺术裁判则会运用成套动作内容的评判符号，如操化“A”、难度“E”、配合“P”、连接“→”等，从成套动作创编的复杂性和原创性、运动员表现的艺术性等方面予以综合评定，给出艺术得分。

（四）形象易懂

教师和教练员不仅要做出正确的示范动作，同时要运用术语准确地描述动作结构和技术要领，使学生和运动员快速理解并掌握所学内容。因此，在教学训练的实践环节，术语的使用应直观形象、易于理解。例如，在学习难度动作“直体跳转360°”时，教师或教练员可使用俗称术语“冰棍跳360°”来表示动作，用“直体”要求运动员收腹立腰，保持身体形态，用“夹肘、带臂”要求运动员在空中全身收紧，体会转体时动作的发力感觉。这样通过形象的描述使运动员初步建立动作映像，运用动作形态术语和动作方法术语强调动作要领，帮助学生和运动员快速掌握动作技术。

在全国等级规定动作的图解中，对动作的描述除了要使用规范、完整的文字外，还需要配备更为直观的图片、录像等，使每个动作能够生动、清晰地展现出来，弥补文字记录不详尽的地方，便于学习者更快、更好地理解动作形式和技术要领。

（五）灵活变通

由于健美操术语自身的统一性、科学性和实践性使得术语的运用具有一定的制约性、交叉性和可选性，因此，在教学训练的不同环节，术语的使用既要遵循标准，又要善于变通。动作学习的初期，教师要使用规范的术语，帮助学生建立正确的动作概念。例如，在教授动作“V”字步时，首先要说明动作的学名名称“V”字步或“V-Step”，然后再按照术语的完整表述，对动作的技术要领和完成方法进行具体的讲解。经过反复练习，动作熟练之后，教师可直接用口令“V”或手势“V”来提示动作，也可加入“屈膝、移重心”等身体基本动作术语来提示动作要领。通过言简意赅的表述，使学生在听、看、想、练等方面有机结合，提高感知能力和学习效果。

推荐网站

1. 中国健美操官方网站 http：//www.caa.net.cn/
2. 国际体操联合会 http：//www.fig-gymnastics.com
3. 中国健美操竞赛网 http：//www.caa-gym.org/

思考题

1. 如何理解健美操术语、健美操基本术语及专门术语？
2. 健美操动作名称术语的构成有哪些？请举例说明。
3. 如何区分“中间方向和斜方向”及“绕和绕环”？
4. 分别阐述竞技健美操动作形态术语、动作形式术语和动作要领术语的定义，并举例说明。
5. 用中英文写出竞技健美操难度动作的根命组及根命名。
6. 构成健美操术语记写的动作要素有哪些？试用文字记写 4 个 8 拍操化动作。

参考文献

[1] 马鸿韬. 健美操运动教程 [M]. 北京：北京体育大学出版社，2007.
[2] 肖光来. 健美操 [M]. 北京：人民体育出版社，2009.
[3] 匡晓红. 健美操 [M]. 北京：高等教育出版社，2011.
[4] 张予南，高留红. 体操初级教程 [M].北京：北京体育大学出版社，2011.
[5] 国际体操联合会. 2013—2016 竞技健美操竞赛规则 [S]. 中国健美操协会，2013.

第三章
健美操基本动作

章前导言

1. 通过基本动作特点及分类，了解基本动作结构与类别之间的关系。

2. 通过讲述基本动作的规格及做法，使学生正确掌握基本动作技术，为深入学习健美操技术打下良好的基础。

3. 通过学习基本动作组合，可帮助学生从感性到理性认识从而掌握健美操基本动作。

第一节　健美操基本动作的特点及作用

一、健美操基本动作的特点

1. 健美操基本动作是健美操动作中最小运动单元

健美操基本动作是健美操动作组成的基础，是最小的健美操运动单元，它代表一类动作中最典型、最核心的部分，所有这一类复杂的动作或组合都是在基本动作的基础上发展和变化起来的。

2. 健美操基本动作基本技术较单纯

健美操基本动作比较简单，因此基本技术往往较单纯，运动方向和参与运动的肌肉较少，更易于练习者的理解和掌握。

3. 健美操基本动作是保持健美操运动风格的主要要素

健美操基本动作必须保持健美操运动特有的风格，因此在基本动作的基础上无论如何变化、重组都能透出健美操的项目特点。

二、健美操基本动作的作用

1. 通过练习健美操基本动作，有助于练习者掌握此类动作的核心技术，从而帮助练习者更快地掌握此类动作，拥有良好的基本技术是健美操练习者扎实功底的表现。

2. 通过健美操基本动作的练习，使健美操练习者学会正确的肌肉用力顺序和肢体的控制能力，达到更好的练习效果。

3. 掌握健美操基本动作，可以使健美操练习者更快、更好地掌握较复杂的组合动作。

4. 通过健美操基本动作练习，掌握正确动作的技术要领，避免因不正确技术导致的运动损伤的发生。

第二节　健美操基本动作分类及技术要领

人体运动时主要由上肢动作、下肢动作和躯干动作组成。根据健美操技术特点我们将健美操基本动作分为基本身体姿态、基本步伐、基本力量练习、伸展练习和竞技健美操步伐5部分介绍。

一、健美操基本身体姿态

（一）常用身体姿势

1. 立

并腿站立、分腿站立。（图 3–1，图 3–2）

动作要领：双膝伸直，并腿站立时双脚平行站立，小腿、大腿及臀部肌肉向里夹紧；分腿站立时，脚尖稍向外，双腿及臀部肌肉保持收紧。

2. 半　蹲

并腿半蹲、分腿半蹲。（图 3–3，图 3–4）

动作要领：半蹲时大小腿夹角小于 90°的蹲为半蹲，膝关节向脚尖方向弯曲并且垂直方向不超过脚尖，感觉髋关节指向后 45°方向，腰腹部及背部保持收紧。

图 3–1　并腿站立

图 3–2　分腿站立

图 3–3　并腿半蹲

图 3–4　分腿半蹲

3. 坐

并腿坐、分腿坐、屈腿坐、跪坐、盘坐等。（图 3–5~图 3–9）

动作要领：坐姿时应保持脊柱伸直，如站立时的状态，腰腹收紧、双肩下沉、两肩胛收紧，并腿坐时双腿始终保持夹紧，双膝伸直，尽可能使脚跟离开地面。

图 3–5　并腿坐

图 3–6　分腿坐

图 3–7　屈腿坐

图 3–8　跪坐

图 3–9　盘坐

4. 卧

仰卧、俯卧、侧卧。（图 3–10~图 3–12）

动作要领：卧姿应保持全身肌肉适度紧张，以保持身体姿态，颈部和头保持在脊柱的延长线方向。

图 3-10 仰卧

图 3-11 俯卧

图 3-12 侧卧

5. 跪

单膝跪、双膝跪。（图 3-13，图 3-14）

动作要领：跪姿动作是以膝盖及小腿着地支撑身体重量，保持脊柱如站立时状态。

图 3-13 单膝跪

图 3-14 双膝跪

6. 撑

俯卧撑、仰撑、跪撑。（图 3-15~图 3-17）

动作要领：用脚和手支撑地面，双手在肩的下方，身体与地面保持水平，收紧腰、腹肌肉，保持脊柱如站立时状态，颈部和头保持在脊柱的延长线方向。

图 3-15 俯卧撑

图 3-16 仰撑

图 3-17 跪撑

（二）常用的上肢动作

1. 屈

胸前平屈、胸前竖屈、肩上屈、肩侧屈、腰侧屈。（图 3-18~图 3-22）

动作要领：肱二头肌收缩，使前臂向上臂方向靠拢，并保持某一姿势。

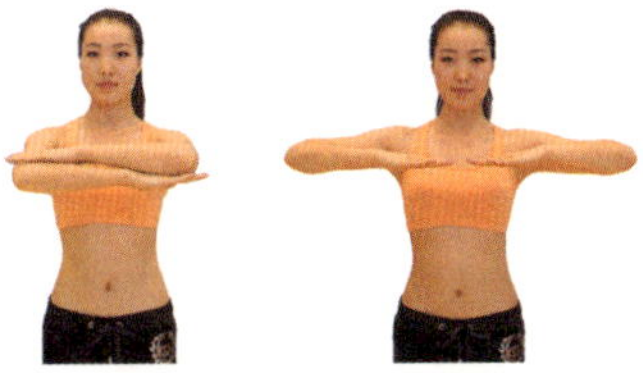

图 3-18 胸前平屈

图 3-19 胸前竖屈

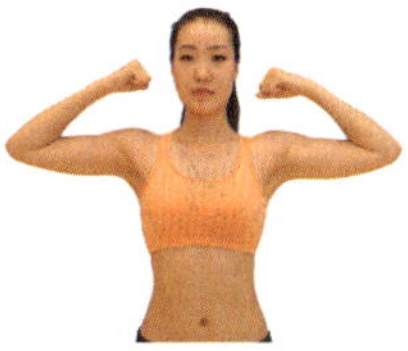

图 3-20 肩上屈

图 3-21　肩侧屈

图 3-22　腰侧屈

2. 臂屈伸

下举臂屈伸、前举臂屈伸、侧举臂屈伸。（图 3-23~图 3-25）

动作要领：前臂保持不动，屈时肱二头肌收缩，使关节角度减小，伸时肱三头肌收缩，使关节角度增大。手臂的屈伸练习可锻炼肱二头肌和肱三头肌。

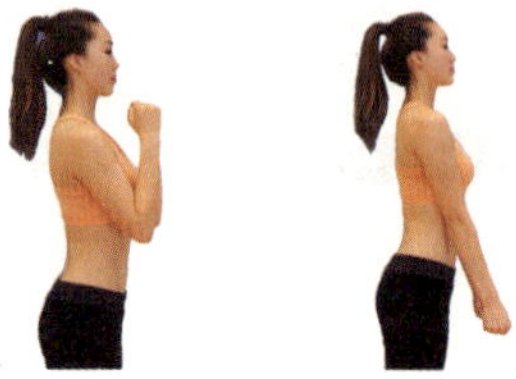

图 3-23　下举臂屈伸

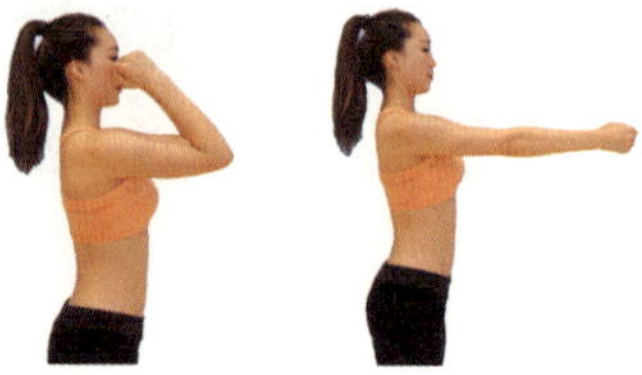

图 3-24　前举臂屈伸

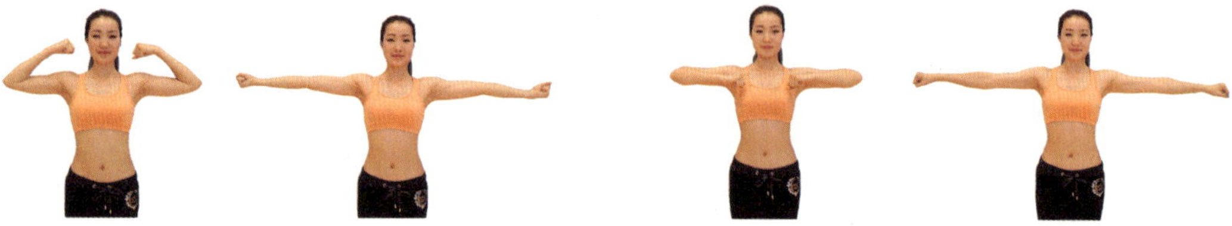

（1）　（2）

图 3-25　侧举臂屈伸

3. 上　提

屈臂提拉、直臂提拉。（图 3-26，图 3-27）

动作要领：屈臂或直臂由下举提至胸前或至体侧。可锻炼三角肌。

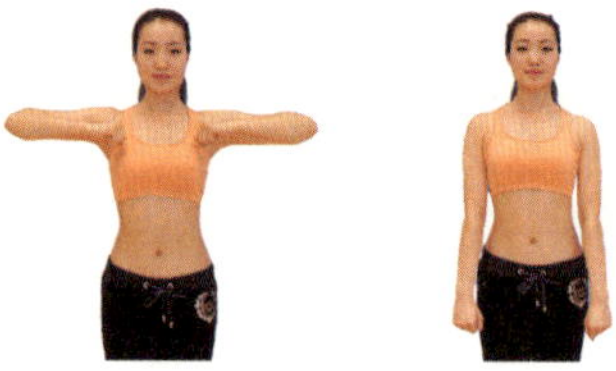

图 3-26　屈臂提拉

（1）　（2）

图 3-27　直臂提拉

4. 下　拉

上举下拉、侧上举下拉。（图 3–28，图 3–29）

动作要领：直臂由上举或侧上举拉至体侧髋部。可锻炼背部的大部分肌肉。

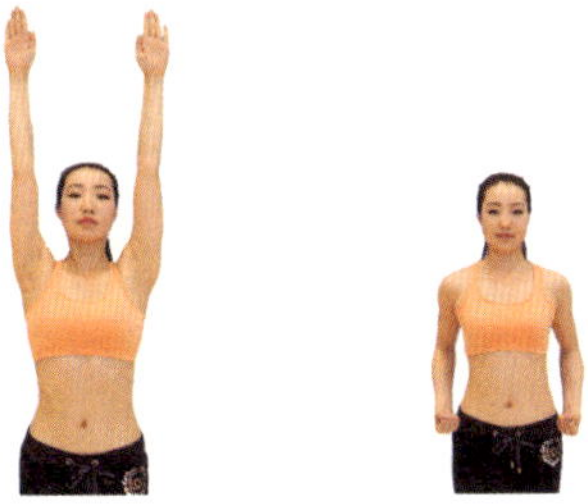

图 3–28　上举下拉

图 3–29　侧上举下拉

5. 推

胸前平推、肩上推。（图 3–30，图 3–31）

动作要领：胸前平推是屈臂于肩前向前用力推出至前举，可锻炼胸大肌和三角肌前部；肩上推是屈臂于肩侧向上用力推出至某上举，可锻炼三角肌中部和背部肌肉。

图 3–30　胸前平推

图 3–31　肩上推

6. 冲　拳

向前冲拳、向上冲拳。（图 3–32，图 3–33）

动作要领：屈臂握拳，由腰间用力向前或向上冲拳。

图 3–32　向前冲拳

图 3–33　向上冲拳

（三）常用的手型

在有氧健身时，并不十分强调手型，主要把注意力放在大肌肉群上。当表演或竞技健美操练习时，对手的要求较高，这里我们列举了健美操常用的手型以供参考。

1. 并掌（图 3-34）

动作要领：五指并拢伸直，指关节不能弯曲。

2. 开掌（图 3-35）

动作要领：五指用力分开。

3. 花掌（又叫西班牙手型）（图 3-36）

动作要领：在分掌的基础上，从小指、无名指及中指依次屈与食指形成一个扇面。

4. 立掌（图 3-37）

动作要领：手腕用力上翘，五指指关节自然弯屈。

5. 一指（图 3-38）

动作要领：在握拳的基础上，食指伸直。

6. 剑指（图 3-39）

动作要领：无名指、小指半屈，拇指压在这两指上，中指与食指并拢伸直。

7. 响指（图 3-40）

动作要领：无名指、小指屈，拇指与中指用力摩擦打响。

8. 拳（图 3-41）

动作要领：四指屈，拇指第一关节扣压在食指与中指的第二关节处。

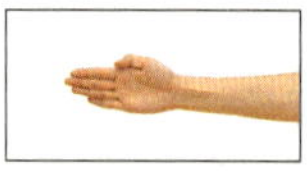
图 3-34　并掌

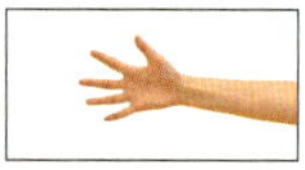
图 3-35　开掌

图 3-36　花掌

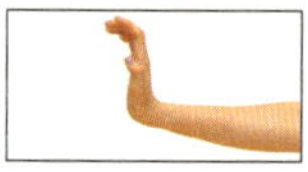
图 3-37　立掌

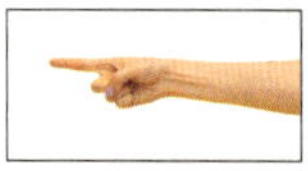
图 3-38　一指

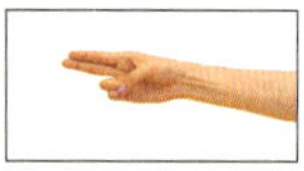
图 3-39　剑指

图 3-40　响指

图 3-41　拳

二、健美操基本步伐

传统的有氧健身操步伐是体现健美操项目特点的主要特征之一。根据动作的完成形式可分为：双脚类动作、交替类动作、迈步类动作、点地类动作及抬起类动作。

（一）双脚类动作

双脚类动作是指双脚同时开始又同时结束的动作。

1. 弹动（Spring）

动作要领：膝关节有弹性地屈伸。弹动是所用健美操动作的基础，是健美操动作的主要技术。

2. 分腿半蹲（Squat）

动作要领：两腿分开，屈膝半蹲时膝盖对准脚尖，髋稍前倾使臀部向后下方运动，腰、腹收紧保持上体姿势。用于提高腿部力量练习时可采用窄距离同肩宽的半蹲，若在有氧健身操中的半蹲可采用宽距离大分腿半蹲。分腿半蹲可使大腿及臀部得到很好的锻炼。

3. 箭步蹲（Lunge）

动作要领：两脚前后分开站立，后脚用前脚掌站立，两脚尖向前、脚跟向后，重心在两脚之间，当屈膝下蹲时，前腿膝盖对准脚尖，后腿膝盖对准地面。箭步蹲可锻炼大腿、臀部及核心稳定肌群。

4. 提踵（Calf Raise）

动作要领：脚跟向上提起，然后还原。始终保持腰腹收紧，可锻炼小腿及核心稳定肌群。

5. 并腿纵跳（Jump）

动作要领：双脚始终保持并拢起跳、落地，每次落地经屈膝缓冲，空中保持身体姿势。

6. 开合跳（Jumping Jack）

动作要领：两腿并拢跳起，落下成分腿，再跳起，落下成并腿，每次落地经屈膝缓冲，空中保持身体姿势。

（二）交替类动作

1. 踏步类（March）

动作要领：两脚在交替抬起和落下，既原地踏步动作。踏步时始终保持膝关节的弹动，前脚掌先落地并过渡至全脚，从踝关节、膝关节、髋关节依次缓冲。

动作变化：走步（Walk）、跑步（Jogging）。

2. 一字步（Easy Walk）

动作要领：两脚依次向前迈一步，再依次退一步，还原。每次落地下肢关节依次顺势缓冲。

动作变化："V"字步（V step）、"A"字步（A step）。

3. 曼步（Mambo）

动作要领：曼步是拉丁舞步中曼巴舞的舞步。以右脚为例，右脚向前迈一步，重心前移，左脚原地踏步；右脚向后迈一步，重心后移，左脚原地踏步。每次落地膝关节都要注意缓冲。

动作变化：小曼巴步（Baby Mambo）、曼步恰恰（Mambo Chachacha）、恰恰曼步（Chachacha Mambo）、莎莎步（Sha Sha）。

（三）迈步类动作

1. 并步（Step Touch）

动作要领：指一脚先迈出一步，同时移重心，另一腿可做点、抬、并、屈、踢等动作。

动作变化：迈步点地（Step Tap）、迈步吸腿（Step Knee）、迈步后屈腿（Step Curl）、迈步踢腿（Step Kick）、并步跳（Step Jump）。

2. 交叉步（Grapevine）

动作要领：一腿向侧迈出，另一腿在其后交叉，稍屈膝，随之再向侧一步，另一脚点地并拢；然后可接反方向。侧交叉步是很好地向侧移动步伐，应尽力增大完成动作的幅度，落地时膝部应顺势向下屈膝缓冲，动作过程保持腰腹的稳定。

动作变化：交叉步吸腿（Grapevine Knee）、交叉步后屈腿（Grapevine Curl）、交叉步跳

(Grapevine Jump)。

3. 小马跳 (Pony)

动作要领：右脚向侧跳一步，紧接着左脚在右脚旁小垫步跳，反方向动作相同。

动作变化：可改变方向或连续向某一方向转圈做。

(四) 点地类动作

1. 脚跟前点地 (Heel Down)

动作要领：一腿稍屈膝站立，另一腿脚跟前点地，然后还原，反方向动作相同。每一次膝关节都有弹动。

动作变化：脚跟点地跳、向前弹踢腿跳。

2. 侧点地 (Tap Side)

动作要领：以右脚为例。左腿稍屈膝站立，右腿脚尖右侧点地，然后还原，反方向动作相同。重心始终在支撑腿上，腰腹保持稳定，动力腿尽量远伸，脚面向前。

动作变化：连续侧点地跳、撤步成侧弓步、向侧弹踢腿跳。

3. 后点地 (Tap Back)

动作要领：一腿稍屈膝站立，另一腿脚尖向后点地，然后还原，反方向动作相同。重心始终在支撑腿上，腰腹保持稳定，动力腿尽量远伸，脚跟向上。

动作变化：撤步成后弓步、向后弹踢腿跳。

(五) 抬起类动作

1. 吸腿 (Knee Lift)

动作要领：一腿支撑地面，另一腿屈膝向上抬起，还原，反方向动作相同。保持支撑腿的弹性缓冲及身体稳定。

动作变化：吸腿跳、踹腿跳。

2. 弹踢腿跳 (Flick Jump)

动作要领：右脚抬起后屈，左脚起跳同时将右膝伸直向前踢出；然后右脚落地同时左腿后屈，接反方向或下一个动作。弹踢腿时大腿先发力，再小腿弹伸，膝关节不要强直，要有控制的向前下方伸。

动作变化：侧弹踢腿跳、后弹踢腿跳。

三、健美操基本力量练习动作

健身健美操中的力量练习和竞技健美操中的难度动作都是健美操运动中反应人体运动能力的重要组成部分，主要包括肩胸部、核心部位及腿部的力量能力。力量练习动作很多，不能一一列举，下面介绍常用的力量练习动作。

（一）上肢力量

1. 俯卧撑（图 3-42）

动作要领：双手在肩下方撑地，双腿并拢，双脚撑地，躯干和腿保持直线，尽可能保持脊柱如同站立位时的姿势，手臂屈时至肘关节呈 90°角，始终保持身体和腿的姿势，头颈始终保持在脊柱的延长线方向，屈臂时吸气，伸臂时呼气。俯卧撑可锻炼胸大肌、肱三头肌及肩带周围的肌肉力量。

图 3-42　俯卧撑

2. 坐姿臂屈伸（图 3-43）

动作要领：屈腿坐，双手放于体后，手指向前，先抬起臀部保持身体稳定后，做臂屈伸，屈臂时吸气，伸臂时呼气。坐姿臂屈伸有针对性地锻炼上臂肱三头肌的力量。

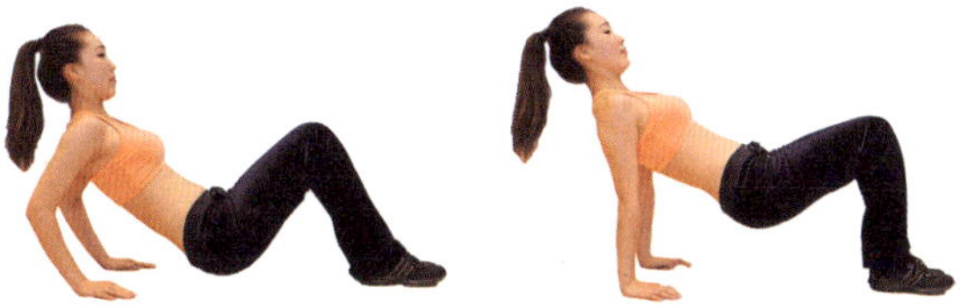

图 3-43　坐姿臂屈伸

（二）核心力量

1. 核心稳定支撑（图 3-44）

动作要领：初级核心稳定支撑动作用前臂和膝支撑，保持脊椎如同站立位时的姿势；中级核心稳定支撑动作用前臂和脚支撑；高级核心稳定支撑动作用双手和单脚，或单手和双脚支撑。不论哪个级别的动作都要保持躯干的中立位。核心肌力量练习可提高身体在运动中的稳定性，提高动作质量和防止运动损伤。

初级

中级

高级

图 3-44　核心稳定支撑

2. 仰卧卷腹（图 3–45）

动作要领：仰卧，屈膝，夹角呈 90°，两脚与肩同宽，腹肌收缩，上体抬起，腰部始终保持与地面接触，可加手臂动作。抬起时呼气，落下时吸气。这个练习可锻炼腹直肌力量，动作起落时的速度越慢，练习效果越好。

图 3–45　仰卧卷腹

3. 仰卧交替蹬伸（图 3–46）

动作要领：仰卧，两手重叠放于脑后，抬起上背部，屈膝抬起，膝关节夹角呈 90°。上体向一侧旋转，肘关节指向异侧膝关节，另一腿伸直，然后上体向另一侧旋转，两腿交替屈伸。这个练习可锻炼腹斜肌力量，加强躯干的稳定性。

4. 俯卧飞鸟（图 3–47）

动作要领：俯卧，两臂前举，慢慢抬起两臂和双腿，不要主动抬头并保持头部在脊柱延长线方向，然后慢慢落下。抬起时呼气、落下时吸气。可单侧的手臂和异侧的腿同时抬起。这个练习可有效地锻炼腰、背、臀及大腿后群的肌肉力量，特别是腰部肌肉。

图 3–46　仰卧交替蹬腿

图 3–47　俯卧飞鸟

四、伸展练习基本动作

下肢伸展动作是指在健美操运动热身和结束时为了缓解肌肉紧张所采取的拉长主要肌肉的动作。主要采用静态伸展方式。主要肌群有股四头肌、腘绳肌、腓肠肌、胸大肌、肱三头肌等。

（一）股四头肌的伸展

1. 股四头肌伸展方法一（图 3–48）

动作要领：单腿站立，另一腿的小腿后屈，用同侧手抓同侧的脚踝，两腿平行并拢，保持背部挺直，髋关节做向后倾动作，则弯曲腿的股四头肌被伸展。

2. 股四头肌伸展方法二（图 3–49）

动作要领：两脚前后平行站立，重心在两脚之间，半蹲，髋关节做向后倾动作，则后腿股四头肌被伸展。

（二）腘绳肌的伸展

1. 腘绳肌伸展方法一（图 3-50）

动作要领：一腿屈膝站立，一腿勾脚前点地，上体前倾，背伸直，则点地的腿后群腘绳肌被伸展。

2. 腘绳肌伸展方法二（图 3-51）

动作要领：仰卧，一腿抬起，双手抱膝后部拉向胸部，则腿后群腘绳肌被伸展。

图 3-48　股四头肌伸展方法一

图 3-49　股四头肌伸展方法二

图 3-50　腘绳肌伸展方法一

图 3-51　腘绳肌伸展方法二

（三）腓肠肌伸展

1. 腓肠肌伸展方法一（图 3-52）

动作要领：弓步站立，两脚前后平行站立，两脚尖向前，后腿伸直，脚跟着地，上体前倾与后腿成一条直线，则后腿小腿腓肠肌被伸展。

2. 腓肠肌伸展方法二（图 3-53）

动作要领：直立，两脚掌站于台阶上，脚跟下压，则双腿小腿腓肠肌被伸展。

（四）胸大肌伸展

胸大肌伸展方法（图 3-54）

动作要领：双手体后互握，伸直肘关节并将手臂尽量向上抬，保持抬头挺胸姿势，则胸大肌被伸展。

（五）肱三头肌伸展

肱三头肌伸展方法（图 3-55）

动作要领：右手臂上举，弯曲小臂，使手掌贴于肩胛，用另一手搬住右肘部向头后方拉伸，保持上体姿势，则右臂肱三头肌被伸展。右臂的前臂和上臂角度越小，肱三头肌伸展的效果越好。

图 3-52　腓肠肌伸展方法一

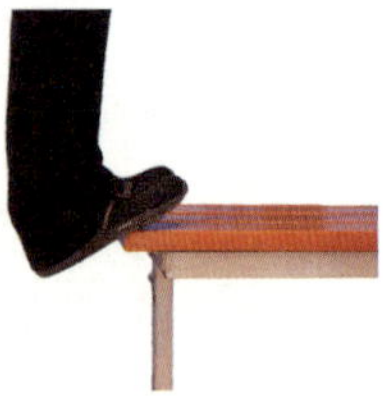

图 3-53　腓肠肌伸展方法二

图 3-54　胸大肌伸展方法

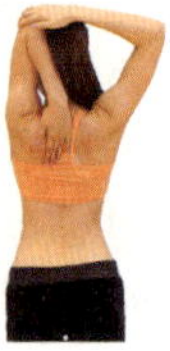

图 3-55　肱三头肌伸展方法

五、竞技性健美操基本步伐

竞技性健美操比赛套路始终保持了传统有氧操的特点，规则规定成套动作必须包括 7 种健美操步伐，但动作规格上稍有别于健身健美操，对关节和四肢的位置要求更高，在完成上强调准确的控制，协调、灵活、流畅的动作变化。下面将 7 种健美操步伐一一列举。

（一）踏步（图 3-56）

动作要领：两腿依次抬起、落下，交替进行。屈腿时膝向前，落地时从脚尖过渡到全脚掌，膝、踝关节放松，上体表现出腰腹的控制力量保持自然的直立，整个过程感觉不沉不坠。

动作变化：包括角度、高度与方向的变化。如“V”字步、转体步等。

（二）后踢腿跑（图 3-57）

动作要领：两腿依次抬起、落下，交替进行。屈腿时膝向前，落地时从脚尖过渡到全脚，膝、踝关节放松，上体表现出腰腹的控制力量保持自然的直立，整个过程感觉不沉不坠。

动作变化：包括各种角度和方向的动作变形。

图 3-56　踏　步

图 3-57　后踢腿跑

（三）吸腿跳（图 3-58）

动作要领：上体保持正直吸腿，摆动腿髋与膝最大程度的弯屈，关节角度不小于 90°，达到最高点时小腿垂直地面，脚尖绷直。

动作变化：包括各个空间、角度、高或低强度的动作变形。

（四）踢腿跳（图 3-59）

动作要领：屈髋做直腿高踢的动作，踢起腿在髋部前或侧运动，踢起腿的高度不低于肩，支撑腿伸直，动作过程中上体自然直立，脚面绷直。

动作变化：包括各个平面、高度、高或低强度与方向的动作变形。如中踢、高踢和垂直踢。

图 3-58　吸腿跳

图 3-59　踢腿跳

（五）开合跳（图 3-60）

动作要领：两腿跳起落地成开立，两脚分开的距离大于肩宽，两脚尖向外分开，膝关节在脚尖方向上弯曲。并腿时，两脚并拢，整个过程上体保持自然直立，起跳动作控制有力，脚尖过渡至全脚缓冲。

动作变化：包括各个角度转动、移动、高低强度的动作变形。

图 3-60　开合跳

（六）弓步跳（图 3-61）

动作要领：跳起后两腿前后分开落地，前腿屈，后腿蹬直，前后成一条直线。低强度动作时，身体微前倾（前腿负重），颈与足跟成一条直线；高强度动作时，双腿前后交替跳动，重心在两脚之间。

动作变化：包括各个角度转动、移动、高或低强度的动作变形。

图 3-61 弓步跳

（七）弹踢腿跳（图 3-62）

动作要领：跳起后两腿前后分开落地，前腿屈，后腿蹬直，前后成一条直线。低强度动作时，身体微前倾（前腿负重），颈与足跟成一条直线；高强度动作时，双腿前后交替跳动，重心在两脚之间。

动作变化：包括各个空间、角度、方向、高或低强度的动作变形。

图 3-62 弹踢腿跳

关于竞技健美操的难度动作在规则中有详细的描述。请参看《竞技健美操竞赛规则》。

第三节 健美操基本动作教学的注意事项

一、科学合理

首先，要在思想上重视基本动作的练习，基本动作是健美操技术动作的基础动作之一，在实践中应狠抓基本动作的练习。其次，练习安排要合理、有计划地进行。动作学习要循序渐进，由单个动作到组合动作，由原地练习到移动并增加方向性的变化，由大肌肉群到小肌肉群。同时还要注意身体的控制技术练习，如提高身体稳定性的练习。最后，动作组合的设计要科学，动作连接要流畅、合理，每个动作要符合运动的变化规律。

二、全面系统

健美操基本动作包括身体各个主要部位和主要肌群的练习，身体的每一部位的动作技术都会影响健美操动作的质量，在实际练习中，要耐心地进行每一部位的基本动作的练习，全面地影响身体。此外，练习的内容要逐步扩展，不断增加难度，同时要加强肌肉力量、肌肉耐力及心肺功能，使练习更加有效。

三、趣味多样

基本动作是健美操动作的基础，练起来缺乏趣味性，因此在练习过程中不仅要注意动作技术本身，还要在组合动作编排、教学方法、组织练习形式等方面巧妙设计，增加动作练习的趣味性，提高练习者练习的积极性和主动性，从而达到尽快掌握基本动作技术的目的。

第四节　健美操基本步伐组合示范

为了更好地学习和掌握健美操基本步伐技术，提高对每类基本动作的认识和了解，针对每一类基本步伐设计了组合练习，希望通过练习帮助练习者更快、更好地掌握健美操基本步伐。

一、双腿类步伐组合（8×8×2）

1-2

3-4

5-6

7-8

节拍分段		动作描述
一	1-8	提踵 2 次，两拍一动。

1-2　　3-4　　5-6　　7-8

节拍分段		动作描述
二	1-4	右脚向前箭步蹲，还原，同时双臂胸前竖屈，还原至握拳叉腰。
	5-8	左腿向前箭步蹲，还原，手臂动作同 1-4 拍动作。

第三、四个 8 拍与第一、二个 8 拍动作相同。

1-2　　3-4　　5-6　　7-8

节拍分段		动作描述
五	1-4	右脚向侧一步成半蹲，还原，同时双臂经胸前交叉打开至侧举，还原至握拳叉腰。
	5-8	双脚向上立踵 1 次。

第六个 8 拍与第五个 8 拍动作相同。

1−2 3−4 5−6 7−8

节拍分段		动作描述
七	1–2	跳成分腿半蹲，同时双手扶膝。
	3–4	跳成并腿站立，同时胸前击掌 2 次。
	5–8	与 1–4 拍动作相同。

1 2 3 4

5 6 7 8

节拍分段		动作描述
八	1–2	开合跳 1 次，双手握拳叉腰。
	3–4	右腿在前的弓步跳 1 次，双手握拳叉腰。
	5–8	与 1–4 拍动作相同，但方向相反。

第九至第十六个 8 拍，与第一至第八个 8 拍动作相同。

二、交替类步伐组合（8×8×2）

节拍分段		动作描述
一	1–8	右脚开始向左前迈步，完成 2 个盒子步，同时双臂握拳自然摆动。

节拍分段		动作描述
二	1–6	右脚开始 6 拍莎莎步，1–3 拍时右臂经侧举至平屈还原，4–6 拍手臂动作同 1–3 拍动作相同，但方向相反。
	5–8	右脚开始踏步 2 次，双臂握拳于体侧。

节拍分段		动作描述
三	1–8	右脚开始“V”字步接“A”字步，同时双臂握拳自然摆动。

第四个 8 拍与第三个 8 拍动作相同。

节拍分段		动作描述
五	1–4	右脚开始向前走 3 步点地，1–3 拍时双臂握拳经前举向下摆动至肩上屈，4 拍时击掌。
	5–8	右脚开始向后退 3 步点地，1–3 拍时双臂握拳经前举向下摆动至肩上屈，8 拍时击掌。

节拍分段		动作描述
六	1–8	右脚开始恰恰步 4 次同时向右弧形转体 360°，同时左臂前平举，右臂侧平举，依次交替。

节拍分段		动作描述
七	1–2	右脚向右做恰恰步，同时两臂打开至侧举。
	3–4	左脚向右前 1/2 做前曼步，同时左臂屈臂握拳至胸前，右臂屈臂握拳至背后。
	5–8	与 1–4 拍动作相同，但方向相反。

节拍分段		动作描述
八	1–4	同七 1–4 拍动作相同。
	5–8	左脚开始走 4 步同时弧形转体 360°。

第九至第十六个 8 拍，与第一至第八个 8 拍动作相同，但方向相反。

三、迈步类步伐组合（8×8×2）

1 2 3 4 5

6 7 8 9 10 11

12 13 14 15 16

节拍分段		动作描述
一二	1–4	右脚向右前方上步吸腿 1 次，还原，同时双臂握拳自然摆动。
	5–10	左腿向左前方上步连续吸腿 2 次，还原，同时双臂握拳自然摆动。
	11–16	右脚向右前方上步连续吸腿 3 次，还原，同时双臂握拳自然摆动。

节拍分段		动作描述
三	1–4	左脚开始并步 2 次，同时双臂握拳前后摆动。
	5–8	左脚开始向侧迈步前点地 2 次，同时双臂屈伸 2 次。

第四个 8 拍与第三个 8 拍动作相同。

节拍分段		动作描述
五	1–8	左腿向侧交叉步接后屈腿 3 次，同时双臂握拳前后摆动。

第六个 8 拍与第五个 8 拍动作相同，但方向相反。

节拍分段		动作描述
七	1–8	左脚开始向前“之”字形并步跳 4 次，双腿落地时胸前击掌。

节拍分段		动作描述
八	1–8	左脚开始向后“之”字形小马跳 4 次，同时小臂以肘关节为轴向前绕环(似摇绳状)。

四、点地类步伐组合（8×8×2）

节拍分段		动作描述
一	1–4	右脚开始向前走 3 步点地，同时双臂握拳自然摆动，第 4 拍击掌。
	5–8	右脚开始脚跟前点地 2 次，同时双臂握拳胸前屈臂提拉 2 次。

节拍分段		动作描述
二	1–4	右脚开始向后退 3 步点地，同时双臂握拳自然摆动，第 4 拍击掌。
	5–8	右脚开始脚尖右侧点地 2 次，同时双臂握拳于体前后臂屈伸 2 次。

第三、四个 8 拍与第一、二个 8 拍动作相同。

节拍分段		动作描述
五	1–4	右脚开始走 3 步，同时向右弧形转体 360°，4 拍左脚点地，双臂握拳侧下举。
	5–8	与 1–4 拍动作相同，但方向相反。

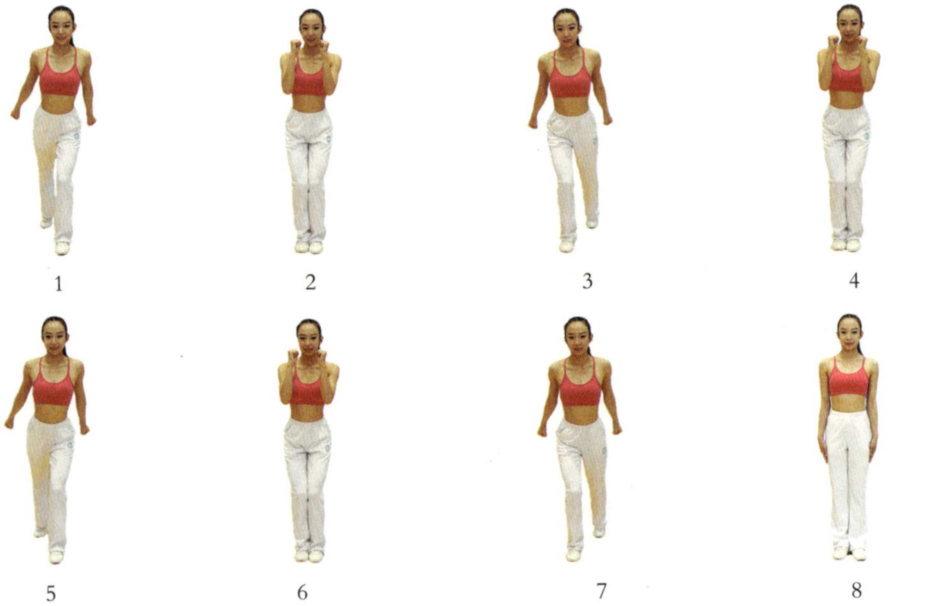

节拍分段		动作描述
六	1–8	右脚开始脚尖向后点地 4 次，同时双臂握拳向后臂屈伸 4 次。

1　2　3　4　5　6　7　8

节拍分段		动作描述
七	1–4	右脚开始走 3 步，同时向右螺旋转体 360°，4 拍左脚点地，双臂握拳侧下举。
	5–8	与 1–4 拍动作相同，但方向相反。

1–2　–　3–4　–　5　–　6　–　7　–　8

节拍分段		动作描述
八	1–4	右脚开始脚尖右侧点地 2 次，同时双臂于体前后臂屈伸 2 次。
	5–8	右脚开始左右交换侧点地跳 3 次，同时双臂于体前后臂屈伸 3 次。

第九至第十六个 8 拍与第一至第八个 8 拍动作相同，但方向相反。

五、抬起类步伐组合（8×8×2）

1-2　3-4　5-6　7-8

节拍分段		动作描述
一	1-8	右脚开始脚跟前点地 4 次，同时双臂握拳胸前屈臂提拉 4 次。

1　2　3　4　5　6　7　8

节拍分段		动作描述
二	1-8	右腿开始向前弹踢腿跳 4 次，同时双臂握拳直臂前摆 4 次。

节拍分段		动作描述
三	1–8	右脚开始脚尖侧点地 4 次，同时双臂于体前后臂屈伸 4 次。

节拍分段		动作描述
四	1–8	右腿开始向侧弹踢腿跳 4 次，同时双臂侧下举。

1 2 3 4 5 6 7 8

节拍分段		动作描述
五	1–8	右脚开始脚尖向后点地 4 次，同时双臂夹肘向后屈伸 4 次。

1 2 3 4 5 6 7 8

节拍分段		动作描述
六	1–8	右腿开始向后弹踢腿跳 4 次，同时双臂夹肘向后屈伸 4 次。

节拍分段		动作描述
七	1–4	向右侧跳 2 次，左腿侧摆，同时右臂握拳摆至侧上举，左手握拳叉腰。
	5–8	右腿开始吸腿跳 2 次，同时双臂侧下举。

节拍分段		动作描述
八	1–4	向左侧跳 2 次，右腿侧摆，同时左臂握拳摆至侧上举，右手握拳叉腰。
	5–8	左腿开始吸腿跳 2 次，同时两臂侧下举。

第九至第十六个 8 拍与第一至第八个 8 拍动作相同，但方向相反。

思考题

1. 健美操基本动作的概念是什么？学习基本动作的目的是什么？
2. 健美操基本动作分为几类？每一类的特点是什么？每类举 3 个例子。
3. 请说出伸展腿部肌肉的 3 种方法？
4. 竞技健美操中使用 7 个基本步伐的目的，与健身健美操中基本步伐有何区别？
5. 核心稳定性动作有哪些？举例说明。

参考文献

[1] 马鸿韬. 健美操运动教程 [M]. 北京：北京体育大学出版社，2007.

[2] 匡晓红. 健美操 [M]. 北京：高等教育出版社，2011.

[3] 亚洲运动体适能学院. 普拉提教练（垫上练习）基础证书课程教材，2006.

[4] 国际体操联合会. 2013—2016 竞技健美操竞赛规则 [S]. 中国健美操协会，2013.

第四章 健美操教学

章前导言

1. 本章主要围绕健美操教学概述、健美操教学原则、健美操教学方法与教学手段、健美操教学文件的制定以及健美操课的设计与评价5个方面，对健美操教学进行详细的介绍。

2. 了解健美操教学的要素、目标、任务及特点等基本知识。

3. 结合实践练习，重点掌握各种健美操教学方法和教学技巧的运用。

4. 熟悉健美操教学文件的制定与教学课的设计，掌握各教学环节的实施过程。

5. 通过本章学习，使学生对健美操教学有一个系统的认识，以便更好地指导今后的教学实践活动。

第一节 健美操教学概述

健美操教学是体育教学的重要内容之一，是在教师的科学指导和学生的积极参与下，按照培养方案和教学大纲要求，由教师向学生系统有效地传授健美操理论知识、技术技巧，增强学生的身体技能水平，提高学生综合素质的教育过程。在这一过程中，学生的身心得到健康发展，审美意识得到提高，有助于培养学生良好的思想品德。因此，在健美操教学中应遵循体育教学的规律和原则，结合健美操教学特点，采用行之有效的教学方法和手段，完善教学过程，实现教学目的。

一、健美操教学基本要素

教学要素是构成教学活动既相互独立又相互联系的基本成分。健美操教学活动作为一个完整的教学过程，从其构成的要素来看，主要包括学生、教师、教学目标、教学内容、教学方法、教学环境和教学评价。

（一）学 生

健美操教学活动是以学生为教学对象，学生是健美操教学活动的根本要素，没有学生的参与就不能构成教学系统。具体表现为学生的身心发展水平、已有的认知结构、个性特点、能力倾向和学习前的准备情况等。

（二）教 师

教师在健美操教学中起核心作用的要素，是实现健美操教学目标的具体操作者，是整个健美操教学活动的组织者和学生学习的引导者。学生各方面的提高和发展，都是在教师有目的、有计划的活动中实现的。具体表现为教师的教学态度、教学能力、个性修养等。

（三）教学目标

任何教学活动的组织和开展都是为了达到一定的目标，教学目标是开展健美操教学工作的出发点和最终归宿，也是评价健美操教学效果的重要依据，教学目标具有诊断、指导、定向、激励、评价等重要作用。具体表现为情感目标、技能目标和认知目标。

（四）教学内容

教学内容是教学的物质条件，教学信息的载体，是教师所要教和学生所要学的对象，也是教学活动中最具实质性的要素，教师和学生之间如果没有教学内容作为中介和对象，他们就不可能相互发生联系和作用。具体表现为健美操培养方案、健美操教学大纲和健美操教材。

（五）教学方法

在教学中，为使学生有效地掌握健美操的理论知识、技术、技能，实现其教学目标必须要依靠一系列的教学方法，它是健美操教学活动中的一个关键要素。具体表现为教师和学生为实现健美操教学目的、完成教学任务而采取的教与学相互作用的活动方式。

（六）教学环境

健美操教学活动是在一定时空条件下进行的，这一特定的时空条件就是教学环境，这些条件包括物质的和精神的、可控制的和不可控制的。具体表现为场馆设备是否齐全、布置是否合理与整洁，师生之间、同学之间的人际关系，课堂气氛等。

（七）教学评价

健美操教学评价是依据教学目标和原则对教学过程及结果进行的价值判断和量评工作。具体表现为教师可以通过各级目标制定各种评价指标，及时对教师的“教”和学生的“学”进行改进，以达到最佳的教学效果。

二、健美操教学目标

健美操教学目标是通过健美操教学活动所要达到的预期结果和标准。依据美国教育心理学家布鲁姆提出的“教育目标分类学”，可将健美操教学目标分为 3 类，即认知、技能和情感的目标。在健美操教学中应将这些目标有机地结合在一起，形成相应的体系或结构，然后再具体落实到教学中的各个环节，产生良好的教学效果。

（一）认知目标

明确健美操的特点、分类及表现形式等基础知识，及时了解健美操的发展动态和趋势，充分认识健美操运动的健身性、竞技性、娱乐性等属性，深刻领会健美操运动对日常学习和生活的重要价值以及在全民健身中的重要意义。

（二）技能目标

通过学习健美操的基本动作与基本技术，改善身体形态，发展身体素质，提高身体机能，促进运动技能水平的提高；通过学习健美操的理论知识，培养学生在教学、训练、竞赛、科研等方面运用知识的技能。

（三）情感目标

充分发挥学生的主体性，增强学生的成就感，提高学习兴趣和表现欲望。形成科学的审美观念和健康的审美情趣，提高鉴赏美、创造美的能力。培养学生勇敢顽强、富于创新、团结合作的精神，完善个性品质，提高道德修养，形成良好的心理素质，增强社会适应能力。

三、健美操教学任务

健美操教学任务是指在教学中为实现教学目标所提出的不同层次的要求，是教学目标的具体体现。它主要包括思想品德的培养、科学知识的传授、技能技巧的获得、身心各种能力的发展、健康的审美情趣以及与社会发展相适应的完满个性的塑造等方面。

（一）掌握与运用知识、技术，发展技能

健美操教学是教师有计划地传授和学生循序渐进地掌握健美操的知识、技术与技能，并能将这些知识加以运用的过程。由于现代科学技术的飞速发展，知识更新速度加快，学科的交叉渗透，教学对学生学习和掌握知识提出了更新、更高的要求。因此，健美操教学不仅要使学生掌握健美操的基本知识、基本技术和基本技能，还要把与健美操相关的知识引入教学中，使学生学会发现、学会创造、学会运用。

（二）发展身体素质，提高身体机能

全面发展身体素质和身体机能提高的过程是相一致的。例如，发展了耐力素质，机体的心血管系统、呼吸系统和肌肉工作的耐久力都会得到相应的发展。因此，在充分了解健美操教学特点的基础上，根据健美操教学目标，结合卫生学、保健学、营养学等方面的知识，进行科学练习，可促进学生身体素质和身体机能的健康发展。

（三）改善体形，塑造良好的身体形态

体形健美、姿态端正，既是身体发育的要求，也是美育的要求。良好的身体形态在某种程度上反映了身体机能的完善，也使得形态美在日常活动中展现出来。健美操教学中，教师应在健康和安全原则的指导下，以全面发展人的身体素质为基础，引导学生正常地、自然地、无畸形变化地塑造良好的体形。

（四）健全个性心理品质

在健美操教学中，教师应注重培养学生勇敢顽强和富于创新的精神，以及遵守纪律、团结合作和朝气蓬勃的体育道德作风；帮助学生形成乐观向上、积极进取、完善发展的个性；提高学生对健美操的认识，养成经常参加健美操锻炼的兴趣和习惯。

（五）提高审美水平

审美教育是指受教育者形成科学的审美观念，较强的审美感和创造美的能力的教育过程。健美操教学具有进行美育教育的广阔空间，因此，应充分利用这一有利条件，培养学生正确的审美观念、健康的审美情趣和较强的审美能力。通过审美教育，不仅可以提高学生的审美修养、促进身心健康发展，而且能使学生以审美的情趣和审美观念指导健美操的学习。

（六）培养社会适应能力

能力是构成素质的重要方面，它是一种无形的、促使人不断发展的一种潜在品质。健美

操教学将传授健美操的理论知识、运动技术技能与发展学生的能力结合起来，使学生在学习、锻炼和竞争中发掘自己的潜能，不断提升和掌握健美操的知识、技术、技能，以更好地运用于未来的工作、学习中，适应社会需要。

四、健美操教学特点

健美操教学与其他学科的教学一样，都是“教”与“学”的双边活动，都是在教师指导下进行的有目的、有计划、有组织的教学和教育活动，这是健美操教学与其他学科教学的相同点。由于每个学科的教学任务不同，因此，健美操教学与其他学科的教学之间也存在着区别，健美操教学的主要特点包括：

（一）内容形式的多样性

健美操教学内容既有徒手练习，也有手持轻器械及借助于固定器械的练习，其教学内容非常丰富。此外，由于健美操是由单个动作组成，而构成和改变动作的要素是多种多样的，任何一个要素的添加和改变都会产生一个新的动作、新的造型、新的组合、新的成套练习，都会使运动负荷发生新的变化。因此，在健美操教学中，既有来自动作本身的大量信息，同时也有来自相关项目的信息，如民族舞手势、拉丁舞步伐等，教学中可接收的信息量大。

（二）身心互动的统一性

健美操教学可以使学生掌握一定的健美操技术、技能和技巧，也可以改善体形，纠正不良身体姿态，强健体魄，增强机体适应能力。同时，在旋律欢快的音乐伴奏下进行个人或集体练习，可以帮助学生释放心理压力，激发学习兴趣，培养团队意识，提高学习效率。因此，健美操教学通过身体练习，使学生获得积极的心理状态，而健康的情绪反过来又提高了身体机能水平，达到修身养性的目的。

（三）教学活动的创新性

健美操之所以有较强的生命力，源于它的不断创新。在健美操教学实践中教师一方面将基本动作和基本技术教给学生；另一方面，在反复的练习中，教师引导学生不断建立新的神经联系，形成新的动作、新的组合、新的成套练习，使学生在反复的实践活动中掌握健美操创新的原理及方法，学会创造性的思维方式。

（四）音乐融合的艺术性

音乐与教学的结合，是健美操教学的魅力所在。音乐风格的合理选用，能够丰富动作的艺术魅力，调动学生的学习积极性，提升教学效果；音乐旋律的变化，有助于激发学生的想象力和表现力，使教学更加富有激情和活力。在音乐的伴奏下进行健美操教学，能够充分体现教学内容的美学价值，使教学过程更具艺术性。

第二节 健美操教学原则

教学原则是长期教学实践经验的总结和概括，是教学客观规律的反映，是进行体育教学工作必须遵循的基本要求，是参与体育教学的师生双方共同遵守的行为准则。随着现代教育的不断发展，教学原则也在不断地补充和完善。因此，健美操教学原则的贯彻和运用既要根据项目的特点，又要符合现代教育发展的要求。

健美操教学中贯彻的原则主要有：主导性与主体性原则、直观与思维相结合的原则、循序渐进原则、巩固提高原则、兴趣性原则、身心全面发展原则。

一、主导性与主体性原则

（一）主导性与主体性原则的内容

主导性与主体性原则是指在健美操教学过程中，教师起主导作用。在自我教育和发展过程中，学生是主体，教师外在的影响和要求只有通过学生个体的内化才能转化为自觉的行动。教师应根据学生主体的需要和特点来安排教学任务、教学内容、教学方法，学生应在教师的指导下积极主动地参与教学活动，充分发挥学生的自觉性、独立性和创造性。

（二）贯彻主导性与主体性原则的基本要求

1. 树立教师主导与学生主体的教学观，建立新型的师生关系

学生和教师要转变观念，树立以教师为主导、以学生为主体的教学观。对教师而言，要做到尊重、关心学生；对学生来说，要做到尊敬、信任教师。双方共同努力，建立起尊师爱生、民主平等、教学相长的新型师生关系。

2. 自觉提高业务水平，充分发挥教师的主导作用

教师要精通业务、不断创新，自觉提高自身的知识技能和职业道德，做到既教书又育人。在调动学生主动性时，教师要根据具体情况，合理安排健美操教学的内容和方法，努力在教学对象与教学内容之间寻找最佳结合点，使学生明确健美操教学目的，理解健美操在完善身心和充分发展个性方面的作用和意义。并为学生提供展示自己知识、能力、才华的机会，使每一位学生都能够体验到成就感。

3. 营造良好主体氛围，启发学生积极思考

教师要引导学生学会学习，掌握正确的健美操学习方法。通过一系列的教学实践、动作创编及竞赛组织等活动，为学生提供运用所学知识的机会，使他们把被动接受的“要我学”转变为主动进取的“我要学”，培养他们独立思考的能力和创新精神。

二、直观与思维相结合的原则

（一）直观与思维相结合原则的内容

直观与思维相结合的原则是指在健美操教学中，教师通过直观手段使学生形成对健美操运动过程的生动表象，丰富他们感性认识的同时引导他们利用理性思维对学习内容进行分析、综合，从而使学生掌握健美操的知识、技术和技能。常用的直观手段包括生动形象的语言、动作示范、图解、录像、多媒体等。

（二）贯彻直观与思维相结合原则的基本要求

1. 灵活运用多种直观教具与直观手段

教师要借助于多种教学媒介和现代化教学手段，如通过电视直播、录像、网络视频等方式让学生观看教学纪录片、训练实录、高水平的比赛或表演，使学生获得直观印象。在教学环境允许的情况下，教师可组织学生现场观摩教学、训练、比赛或表演，使学生通过实际接触来加深对所学内容的理解和领悟。

2. 讲解与示范密切结合，激发学生积极思考

在健美操教学中，教师通过生动的讲解和直观的演示，指导学生进行观察，并引导他们对直观教材进行比较、分析、综合、概括，促使学生学会主动思考，逐步掌握健美操的本质和规律。

3. 注重实际练习，增强直观效果

学生通过视觉和听觉接受直观教学信息，感知动作的形象和结构，通过自身的反复练习，利用触觉和肌肉的本体感觉来感知动作要领、动作节奏和用力方法，逐步形成正确的动作表象，提高教学质量和教学效果。

4. 正确处理直观、思维与练习的关系

直观、思维与练习三者是互相联系的整体，是贯彻直观与思维相结合原则的有机环节，缺一不可。直观是前提，思维是核心，练习是关键。

三、循序渐进原则

（一）循序渐进原则的内容

循序渐进原则是指在健美操教学中，教学内容、方法、过程、运动负荷、练习难度的安排都应符合系统性和连贯性的要求，以及学生的身心特征，由浅入深、由小到大、由简到繁地使学生系统全面地掌握基础理论知识，逐步提高和发展运动技术和技能。

（二）贯彻循序渐进原则的基本要求

1. 遵循教材内容的系统性、科学性、渐进性

教师在安排健美操教材内容时，应由单个动作、组合动作到成套动作，由初级套路、中级套路到高级套路，从基本动作到难度动作。注重动作间的前后衔接，逐步提高，不断扩大教材的广度和深度，保证教学的顺利进行。

2. 教学方法由易到难

在教学方法的选择上，教师应根据教材的难易程度和学生的实际水平，运用多种教学手段和辅助练习，逐步深化，循序渐进地进行教学，使学生由简到繁、由浅入深地掌握有关的知识、技术和技能。

3. 合理安排运动负荷

教师要有节奏地逐步提高运动负荷。运动负荷是学生做练习时，身体所承受的运动量和运动强度，主要与运动时间、动作数量等因素有关。教师应根据人体机能活动能力的变化规律和适应性规律，结合健美操教学的任务、内容和学生特点，本着由小到大、逐步提高和适时调整的原则安排运动负荷。

四、巩固与提高原则

（一）巩固与提高原则的内容

巩固与提高原则是指在健美操教学过程中，教师根据遗忘规律和条件反射建立与消退理论，引导学生牢固地掌握健美操知识、技术和技能，并能在实践中熟练地应用，必须使动作和技能在大脑皮层建立动力定型，并且要不断地强化与提高。

（二）贯彻巩固与提高原则的基本要求

1. 保证充足的练习时间

每个动作必须有足够的练习时间，并按照正确的动作要领进行练习，使规范的技术在练习中得到重复，从而在大脑皮层建立起牢固的动力定型。

2. 及时调整练习方式，巩固动作技能

健美操动作在实际应用中不是一成不变的，要使运动技能在千变万化的组合成套动作中稳定地表现出来，就必须变换练习方式，通过改变动作的开始、结束姿势，改变动作的速度、节奏和连接技术，逐步加大练习的难度和要求，使已获得的运动技能适应各种条件的变化，最终达到运用自如的地步。

3. 抓好复习环节，提高动作熟练性

学生掌握了动作技术后，还应通过复习来提高练习的效果，这是巩固知识和技能的一个重要环节。在课堂教学的基础上，教师通过布置课外作业，使课外练习成为课堂的延续，或者通过考核、表演或教学比赛等形式，促使学生对已学过的健美操动作进行系统复习，提高熟练性。

五、兴趣性原则

（一）兴趣性原则的内容

兴趣性原则是指在健美操教学过程中，教师着力于引发和培养学生学习健美操的兴趣。学生对健美操学习产生了兴趣，这种驱动就会成为学生学习的动力源泉。教师在教学实践中有意识地对学生学习健美操的兴趣进行强化，使这种动力在健美操教学过程中保持终身。

（二）贯彻兴趣性原则的基本要求

1. 发挥健美操项目的特点，激发学生的学习兴趣

音乐是健美操的灵魂，教师在健美操教学中应充分结合健美操的特点，将不同意境风格和节奏节拍的音乐融入不同动作内涵中，赋予健美操不同的魅力效果，以激发学生对健美操学习的兴趣。

2. 精心设计教学，强化学习兴趣

教师应广泛掌握健美操运动的多种素材，了解学生的学习目的，并在此基础上针对个体的不同兴趣来选择和安排多样化的健美操教学内容和教学方法，引导学生的学习兴趣朝正确的方向发展。在教学中要善于捕捉时机，因势利导，对学生的学习兴趣进行积极强化。

3. 不断增强学生的荣誉感和成就感

教师在教学过程中应不断肯定学生的学习成果，对学生的练习情况要及时给予表扬，增强学生在学习方面的荣誉感。同时，还要主动为学生搭建展示平台，通过让学生领操、做示范等方法，提高学生的自信心，激发学生的成就感，使他们以更积极的心态去追求知识。

六、身心全面发展原则

（一）身心全面发展原则的内容

身心全面发展原则是指在健美操教学中，教师不仅要注重传授技术技能、发展身体、增进健康和塑造形体，而且应着力于培养学生坚强的意志品质和健康的审美情趣，让学生在热情奔放的动作与强烈的节奏感中愉悦身心、缓解压力，时刻保持健康向上的精神状态。

（二）贯彻身心全面发展原则的基本要求

1. 转变思路，打破以知识为主的教学理念

教师在教学中，既要重视学生知识的掌握、能力的培养，又要充分开发德育、智育的多种价值，选择多样化的教学内容和教学方法，使学生在愉快的健美操学习中得到全面发展。

2. 以美育情，审美教育贯穿始终

在健美操教学中，要将综合素质教育的内容融会贯通，特别要加强学生的审美素质教育。教学中无论是动作的创编，还是音乐的选择，都应符合美学规律和特点，使学生学会感受美、体验美、展现美。

3. 重视学习内容的全面性，促进身心的和谐发展

学生在进行健美操学习时，要注意学习内容的全面性，避免单从兴趣出发，自己喜欢什么就学什么，形成单性发展。同时还应从自身健康成长与全面发展的需要出发，为今后的健美操学习打下坚实的基础。另外，教师在教学过程中应注重学生的全方面培养，因材施教，扬长补短，促进学生身心的和谐发展。

4. 注重教学评价的多元性

在进行健美操教学评价时，教师和学生应从身心全面发展的多维角度去评价教与学的质量。

第三节　健美操教学方法与手段

一、健美操教学方法

健美操教学方法是教师向学生传授健美操知识、技术、技能，实现健美操教学任务或目标的方式、途径、手段的总称，既包括教师教的方法也包括学生学的方法。在教学实践过程中，要想顺利实现教学目标，完成教学任务，教师必须选用适当的教学方法。

（一）健美操常用教学方法

在健美操教学中常用的教学方法有：讲解法、示范法、提示法、完整法与分解法、重复练习法等。

1. 讲解法

讲解法是教师运用简明、生动的语言，向学生系统地传授健美操知识和运动技能的方法，是一种“有声”的示范。语言无处不在，因而讲解法是健美操教学中最普遍、最主要的一种教学方法。

（1）讲解法的主要形式

①完整讲解：对单个动作或简单的组合动作，从动作开始到结束进行完整的讲述。如讲解“一字步”，开始的预备姿势、步伐的移动方向、动作的顺序、动作的节拍以及结束动作都应进行讲解。如果是组合动作，还应讲解动作的连接方法、路线变化等。

②分解讲解：对复杂的单个动作、组合动作或成套动作，可按动作结构或按身体部位分别进行讲解。如在讲解动作时，先进行下肢动作的讲解，然后再进行上肢动作的讲解。

③重点讲解：根据课的任务、要求重点讲解单个动作的某一部位或某一环节；根据学生完成组合动作的情况，突出对某一动作或某几个动作进行讲解。

④正误对比讲解：将动作的正确要领与出现的技术错误进行比较讲解，使学生知道自己存在的问题，以达到纠正错误的目的。

(2) 讲解法的教学技巧

①讲解的时机：掌握好最佳的讲解时机，以加深学生对动作的理解，并及时纠正错误。当学生完成动作有进步时，教师应做出肯定的评价，但在学生练习过程中不宜过多地讲解。

②讲解的位置：讲解时教师所站的位置也十分重要，要考虑所有的学生都能听到，还要根据队形情况、动作结构，选择合理的位置，达到良好的视觉效果。尤其是与示范动作结合进行讲解时，要注意正确选取最佳的示范面对学生进行讲解。

③讲解的顺序：应遵循先讲解下肢动作、再讲解上肢动作，最后讲解躯干与头颈、手眼的配合等。

(3) 运用讲解法的注意事项

①讲解要有目的性：所讲的内容要围绕教学任务、内容、要求以及教学过程中学生存在的问题等情况有针对性地进行讲解。

②讲解要正确：教师所讲的内容应是科学、准确的，即言之有理，实事求是，同时要运用统一规范的健美操专业术语。

③讲解要简洁易懂：讲解时语言要简明扼要，通俗易懂，力求少而精，根据教学内容恰当使用比喻或口诀等。

④讲解要有启发性：在教学中力求用生动形象的语言激发学生的兴趣、培养学生的发散思维，使学生听、看、想、练有机地结合起来。

⑤讲解要有艺术性：讲解必须使用普通话，口齿清晰，层次分明；表达应生动形象，有趣味性、有感染力。同时，恰当的情感和声调都会使语言产生巨大的艺术效果。

⑥讲解要有节奏和鼓舞性：讲解的语言节奏是指语言的声调、强弱按特定的顺序和时间间隔组合进行。鼓舞性的语言有利于增强自信心，激发学生练习的积极性。

2. 示范法

示范法是教师或学生以自身完成的动作作为教学的范例，用以指导、带领学生进行单个动作、组合动作、成套动作练习的方法。它使学生直接感知动作的全貌，在较短的时间内建立正确的动作概念，了解动作的技术要点、完成顺序和连接方式等。因此，教师动作示范的质量影响着学生的学习效果。

(1) 示范法的主要形式

①完整示范与分解示范：对所学的单个动作、动作组合或成套动作从头至尾进行示范，使学生对动作的整体有所了解，形成完整生动的动作表象称为完整示范，一般在教简单动作时采用。分解示范是指在教学的不同阶段，根据教学任务的需要，把成套动作或组合动作分成不同的部分进行示范。例如，组合动作的教学，先进行下肢部分的示范再进行上肢部分的示范。

②正误对比示范：正误对比示范是指对同一个动作进行正确与错误相对照的示范。这样可以及时让学生纠正错误动作，提高动作质量。

③重点示范：重点示范是指着重对动作的关键或难点部分进行示范，从而加强学生对该部分的注意和理解。

④慢速示范：慢速示范是指延缓完成动作的时间，放慢动作的速度和过程，使学生看清动作及其内在联系，以利于对动作的观察、理解和掌握。例如，进行弹踢腿的教学时，这一

步伐对初学者来说要求协调能力较高，教师应带领学生一起做，先进行慢速示范，逐步加快速度，这样学生能够循序渐进地掌握。

(2) 示范法的教学技巧

①示范点：示范点通常在学生队形的正前方，这个位置有利于每一位学生看到教师的示范动作，同时教师也同样可以观察到每一位学生的情况。但复杂组合中有90°和180°转身的动作设计时，示范点可以临时改换到学生队形的侧面或后面，以便学生观看到教师的示范。

②示范面：示范面是指学生观察示范的视角，主要包括镜面示范、正面示范、背面示范和侧面示范。

镜面示范：在示范动作时，为了更好地与学生进行交流并及时了解学生学习情况，通常采用镜面示范，采用镜面示范时教师动作方向与学生相反，但运用口令和提示时要以学生的动作方向为准。

背面示范：背面示范有利于展示教师背面动作或左右移动的动作。在新授课中，教师常采用背面示范带领学生进行练习，可以使学生在身体姿态、动作方向、动作路线等方面很快地建立正确的动作概念和肌肉感觉。但背面示范不易观察到身后学生的学习情况，声音也不易被学生听清楚，所以背面示范的时间不宜过长。

正面示范：正面示范有利于展示教师正面动作的要领。教师在教授新内容时，面向学生可进行单个、组合或成套动作展示，不改变动作方向。

侧面示范：涉及矢状面内屈髋、屈膝的动作（如半蹲、抬膝）时，侧面示范有利于展示动作的侧面和按前后方向完成的动作，能更好地观察动作的运动轨迹，同时教师可边示范边侧头向学生进行讲解，利于和学生进行沟通。

③示范面转换：在健美操教学中，教师会因教学内容的不同进行示范面的转换，但无论朝向哪个示范面，出脚方向始终和学生保持一致，这种转换方法称为示范面转换法。常用的示范面转换法有：

踏步法：适用于迈步类步伐，如Step tap、Step touch、Step curl、Step knee、Grapevine等。在完成一个2拍的迈步类动作时，可在一个8拍中的任意2拍（如1–2拍、3–4拍、5–6拍、7–8拍）用2个踏步代替原来的动作，同时转身180°。例如，用Step touch转换示范面，从镜面示范开始，1–4拍左脚开始做2个Step touch动作，5–6拍左脚开始踏步，同时向左转身180°，接着7–8拍左脚再做1个Step touch，此时7–8拍的Step touch已转为背面示范了。在完成Grapevine时，可在一个8拍中的第4拍或第8拍用1个踏步代替原来的动作，同时转身180°。例如，从镜面示范开始，1–4拍左脚开始做1个Grapevine，第4拍时做踏步，同时向左转身180°，接着5–8拍左脚再做1个Grapevine，此时的Grapevine已转为背面示范了。

点地法：适用于踏步类步伐，如March、Easy walk、V–step、Mambo等。在完成踏步类动作March、Easy walk、V–step、Mambo时，最后一拍用点地或后屈腿代替原来的动作，同时转身180°。例如，用March转换示范面，从镜面示范开始，1–2拍左脚开始做2个March，在踏步第3拍时左转180°，第4拍时右脚点地，这时就转成了背面示范，然后接右脚开始其他动作。也可以在5–6拍或7–8拍或任何2个踏步时转身，要领同上。

重复法：适用于点地类和抬起类步伐，如Heel、Tap side、Tap back、Knee lift、Kick

等。在完成点地类和抬起类动作时，可在任意 4 拍（如 1–4 拍或 5–8 拍）重复 2 次动作，同时转身 180°。例如，用 Heel 转换示范面，从镜面示范开始，1–2 拍左脚开始做 1 次 Heel，第 2 拍时右脚小跳并转体 180°，3–4 拍左脚重复再做 1 次 Heel，此时的 Heel 已转为背面示范。

双脚法：适用于双脚类步伐，如 Jumping jack、Jumping up、Lunge jumping、Squat 等。可在动作完成后还原成双脚站立时的第 2、4、6、8 拍时，同时转身 180°。例如，用 Lunge jumping 转换示范面，从镜面示范开始，1–2 拍左脚开始做 1 次 Lunge jumping，第 2 拍收脚的同时转身 180°，3–4 拍左脚再做 1 次 Lunge jumping，这时就转成了背面示范。教师在进行转换时要注意与学生的动作方向保持一致。

(3) 运用示范法的注意事项

①示范应是动作的典范：教师的示范要力求做到准确、熟练、轻松和优美，在复习课上，还可以请成套动作熟练的学生带领全班学生进行练习，一方面可以树立榜样，提高学生的积极性和自觉性；另一方面可以给教师更多的时间集中精力去发现和纠正学生的错误。

②示范应有明确的目的：教师的示范形式要根据教学任务、步骤以及学生的水平确定。例如，示范新动作时，为了使学生建立完整的动作概念，一般可先做一次完整的示范，然后结合具体的教学要求，做分解示范、重点示范或慢速示范。

③示范应有利于学生的观察：在进行示范时，要注意选择合适的示范面、示范速度以及学生观察示范的距离和角度。例如，在教授“L”形并步时应采用背面示范，教授弹踢腿时应采用侧面示范。

④多种示范结合运用：教师领做动作时，可将背面及镜面示范结合运用。转换示范面后，教师示范的方向应跟学生的动作方向保持一致。

⑤示范与讲解相结合：在健美操教学中，示范通过视觉器官作用于人体，而讲解则是通过听觉起作用的，两者的结合增强了学生获得的感知效果，使技术动作的内在联系准确地呈现给学生，比单独运用一种方法更有效果。

3. 提示法

提示法是教师以提示的方式指导学生进行练习的一种方法。这种提示可以是语言的，也可以是非语言的。

(1) 提示法的主要形式

①语言提示法：是指在健美操教学中，教师用简练的语言或口令提示学生所要完成的动作名称、时间、数量、方向和质量的教学方法。学生可通过接收到的信息达到正确完成动作、提升动作质量、准确合拍、获得激励等，从而获得最大的成效。语言提示在有氧健身操教学中尤为重要。

②非语言提示法：在健美操教学中，除了语言提示以外的对教学有帮助的一切身体行为，通过非语言提示来重复所表达的意思起到加深印象的作用。非语言提示的效果有时比语言提示的效果更好，更容易被学生接受。因此，在健美操教学中，非语言提示被认为是一种学生和教师之间行之有效的沟通方式。

(2) 提示法的教学技巧

语言提示法的教学技巧

①口令拍节：按照健美操音乐特点，对每一个乐句的 8 拍都数出来，如 1、2、3、4、5、

6、7、8……4、2、3、4、5、6、7、8。数拍子通常初学时使用，但不能让学生依赖教师数拍节，应培养学生适应音乐节奏、学会听懂节奏并尽快掌握随音乐节奏做动作的能力。

②动作提示：动作剩余次数及新动作名称的提示，通常提前2拍或4拍进行提示。如果是正在完成2拍的动作（如点地、并步等），将要提示的动作是十字步时，需从最后一个8拍的第1拍开始数“4、3、2、十字步”；如果正在完成4拍的动作（如交叉步、迈步吸腿等），将要提示的动作是十字步时，需从最后两个8拍的第1拍开始数“4、3、2、十字步”(表4–1)。动作提示还包括身体姿态、动作方向、纠正错误及激励性语言等内容。（表4–2）

表4－1　动作次数及动作提示范例

拍节	1	2	3	4	5	6	7	8	2	2	3	4	5	6	7	8
2拍动作	4	–	3	–	2	–	十字步									
4拍动作	4	–	–	–	3	–	–	–	2	–	–	–	十字步		–	–

表4－2　身体姿态、动作方向、纠正错误、激励性语言等提示范例

拍节	1	2	3	4	5	6	7	8	1	2	3	4	5	6	7	8
姿态	抬头	挺胸	–	–	前后	摆臂	–	–	收腹	立腰	–	–	5	6	7	go
方向	1	2	3	4	5	6	反方	向	1	2	向左	走	5	6	向右	走
纠错	注意	缓冲	–	–	–	–	再来	一遍	–	–	手臂	伸直	–	–	加大	力度
激励	1	2	加油	–	5	6	Good	–	调整	呼吸	–	–	5	6	7	Go

③语气：教师语气和语调的使用，使学生能够感受到教师的耐心、指导方法和经验。在健美操教学中，教师应根据学习的内容和阶段随时调整语气和语调。

非语言提示法的教学技巧

①手势：利用手势来提示动作是健美操教师最常用的教学技巧，也是必备的教学技能。手势提示内容包括运动方向、动作名称、动作完成形式、重复次数与倒数数量、图形变化等。以下列举一些公认的常用提示手势，仅供参考。（图4–1~图4–5）

向前　　向后　　向侧　　转体

图4–1　运动方向手势提示

踏步　一字步　并步　后屈腿　漫步　“V”字步　交叉步

图 4-2　动作名称手势提示

从头开始　组合在一起　动作减半　保持

图 4-3　动作完成形式手势提示

再做 4 次　3 次　2 次　1 次

图 4-4　重复次数与倒数数量手势提示

“L”形　菱形

图 4-5　图形变化手势提示

②面部表情及眼神：教师的眼神和面部表情的变化，如微笑、睁大眼睛、点头等动作都会对学生学习积极性和自信心产生积极的影响，让学生感受到教师亲切和真诚的教导。

③标志物和信号：教学时，学生由于记不住动作或走神等原因，不能连续跟音乐完成动作，这时教师就要利用场地中一些明显的标志物，提示学生向某标志物方向运动或转体，也可以在动作变化前发出拍手、响指等声音引起大家的注意力，再提示下一个动作，使健美操教学顺利进行。

(3) 运用提示法的注意事项

语言提示注意事项

①用词精练、声音洪亮：使用术语或提示动作尽可能简短、准确，选择重点问题，点到

为止，不可用贬义词。

②把握提示时机、语速不易过快：如果预留说话的节拍过短，来不及就会造成语速太快，学生不易听清楚提示内容，影响动作连接及完成质量。

③及时纠正错误：要准确找出错误发生的原因并及时纠正，应使用正面语言，注意保护学生的积极性。

④经常鼓励学生：当学生情绪不佳、体力不支或自信心缺乏时，使用积极性、引导性和鼓励性的语言鼓舞学生坚持到底。

非语言提示注意事项

①利用肢体语言提示时，必须让学生清楚地看到教师所做的手势提示，并明确肢体语言的含义，必要时可将动作进行夸张放大。因此，最好提前向学生讲明课上所要采用的几种身体语言动作。

②在使用肢体语言时，可配合语言的提示，使所提示的内容变得更加明确。

③教师要善于运用面部表情和眼神的变化来激励学生。如微笑、眼神对视、点头等。

④用手势提示时，应根据需要提前 2 拍或 4 拍做出，掌握好提示时机。教师做出的手势要相对固定，既可采用大家公认的手势动作，也可形成自己独特的手势风格。

4. 完整法与分解法

完整法指从动作的开始到结束，不分部分和段落，完整地进行教学的方法。此方法不破坏动作结构，不割裂动作结构和动作各部分之间的内在联系，便于学生形成动作的整体概念。

分解法是把成套动作按参与运动的身体部位合理地分解成几个部分动作或几个局部动作分别进行教学，最后全部掌握动作的方法。此方法可以简化所学动作的难度，使学生迅速掌握动作。

(1) 完整法与分解法的主要形式

①按动作的结构分解：把完整动作分为若干部分，然后依次逐段学练，掌握各部分后，再将各部分动作连接起来整体完成。例如，在学习难度动作“屈体分腿跳成俯撑”时，可将动作分为地上动作和地面动作进行学习，然后再按动作的完成顺序进行完整练习。

②按参与运动的身体部位分解：把完整动作按照构成动作的身体部位进行分解，然后分别学练某一部位的动作，待学生学会各部位的动作后，再将整体动作连接起来完成。例如，把健美操的操化动作分解成上肢动作与下肢动作，分别进行学习，然后再将上肢与下肢配合进行完整练习。

(2) 完整法与分解法的教学技巧

①学习结构比较简单的动作时，教师可以采用完整法进行教学。

②当技术动作不易或不能分解时，教师可采用完整教学的方法，通过降低动作的难度，如放慢速度或减小幅度的方式，加强学生对动作的运动轨迹、动作各环节变化的了解，提高学生正确完成动作的本体感觉，待学生建立了正确动作概念之后，再按正常速度或幅度进行完整练习。

③学习对身体素质要求较高或本身危险性较大的动作时，宜采用分解法进行教学，以降低动作对身体素质的要求或学练过程中的危险程度。

④对动作各部分相对独立的动作，一般按照动作的结构进行分解教学；对协调性要求较高的动作，通常按参与运动的身体部位进行分解教学。待学生基本掌握了所有分解动作后，再进行完整动作的教学。

（3）运用完整法与分解法的注意事项

①分解教学是部分地掌握技术动作，一般被看成是完整教学的补充。因此，分解教学的时间不宜过长。

②在分解动作时，教师要正确地将技术动作环节分解开来，应保证动作的完成形式和先后顺序不被改变。

③在完成分解教学后，要采用完整教学法进行强化，同时注重分解动作衔接部分的练习，保证成套动作连贯地完成。在健美操的教学过程中，完整法与分解法通常是紧密结合、交叉使用，并且贯穿在其他教学法之中。

5. 重复练习法

重复练习法是指不改变动作的结构，按照动作要领进行反复练习的方法。这种方法既有利于学生在反复练习中掌握和巩固动作技术，又有利于教师指导和帮助学生纠正和改进动作技术，并且对锻炼身体、发展体能等有较好的作用。

（1）重复练习法的主要形式

①单个动作重复练习：指对健美操某一动作进行连续反复练习，此方法适用于动作的初学阶段。这种练习形式方便教师观察和纠正错误动作，有利于学生集中注意力，使其能够更快地掌握和改进这一动作。

②组合或成套动作重复练习：指对健美操的组合或成套动作进行反复练习，此方法适用于动作学习的巩固和提高阶段。这种练习形式加大了运动负荷，有利于巩固所学的技术动作，不仅可以加强身体锻炼，发展学生的耐力，还可以培养学生的意志品质。

（2）重复练习法的教学技巧

①在动作的初学阶段，应采用单个动作重复练习，教师在学生反复练习的过程中，应及时向学生强调技术要领，使其快速掌握动作结构，提高动作质量。

②在整组或整套动作教学完毕以后，通常使用组合或成套动作重复练习法，以提高动作的连贯性和熟练度。教师在运用过程中，应先将整套动作分为不同的部分，对各部分进行反复练习，然后逐步将各部分的动作衔接起来，最后再进行组合或成套动作的重复练习。

（3）运用重复练习法的注意事项

①防止错误动作的重复：教学过程中教师一旦发现有错误动作出现，应立即给予纠正，以防止形成错误动作的动力定型。

②合理安排运动负荷：在动作初学阶段采用重复练习法时，应避免负荷过大以及疲劳的过早出现，以免影响学生掌握和改进动作。

③合理安排重复次数：在练习时，所重复的次数既能保证学生在每一次的练习时都能达到动作的要求，不降低练习质量，又能适合学生的负荷能力。重复次数少，达不到锻炼效果，也不易掌握和巩固动作；重复次数太多，容易造成动作变形，也会使学生逐渐失去练习的兴趣。

（二）有氧健身课常用教学方法

除了上述常用教法，健美操教学中还常采用与国际化健美操接轨的教学方法，主要有以下几种方法。

1. 递加循环法

递加循环法是指在健美操教学中，每学习一个 8 拍动作后，都与前面的动作连接起来进行练习的一种递加式循环练习方法。也可用递加循环法来连接不同的组合。（表 4–3）

表 4 –3　递加循环法范例

动作节拍	动作名称
学习 A（1 × 8 拍）	2Mambo
学习 B（1 × 8 拍）	2Grapevine
A + B（2 × 8 拍）	2Mambo + 2Grapevine
学习 C（1 × 8 拍）	Easy walk + V step
A + B + C（3 × 8 拍）	2Mambo + 2Grapevine + Easy walk + V – step
学习 D（1 × 8 拍）	2Step curl + Double step curl
A + B + C + D（4 × 8 拍）	2Mambo + 2Grapevine + Easy walk + V – step + 2Step curl + Double step curl

运用递加循环法时，只有掌握了一个 8 拍的动作，才能进行下一个 8 拍动作的学习，若发现某一个 8 拍动作掌握不好或不能掌握，应返回重新学习这一 8 拍动作，以确保动作间的连接。这种方法既可以有效地增大练习密度，又可以均衡运动负荷，有利于提高教学效果。

2. 连接法

连接法通常也称“部分到整体法”，是先把 A 和 B 动作教会后连起来，再把 C 和 D 动作教会后连起来，最后将 A+B 动作和 C+D 动作连接，发展成组合套路的一种方法。（表 4–4）

表 4 –4　连接法范例

动作节拍	动作名称
学习 A（1 × 8 拍）	2Mambo
学习 B（1 × 8 拍）	2Grapevine
A + B（2 × 8 拍）	2Mambo + 2Grapevine
学习 C（1 × 8 拍）	Easy walk + V – step
学习 D（1 × 8 拍）	2Step curl + Double step curl
C + D（2 × 8 拍）	Easy walk + V step + 2Step curl + Double step curl
A + B + C + D（4 × 8 拍）	2Mambo + 2Grapevine + Easy walk + V – step + 2Step curl + Double step curl

连接法可以发展成一个很长的组合套路，但开始连接时组合动作切忌过长，以免影响学

生对动作的记忆。

3. 线性渐进法

线性渐进法是把单个动作顺序起来时，动作之间只改变一个因素的教学方法。这个因素可以是上肢动作、下肢动作或加入其他的变化因素。这是一种不会发展成组合或套路的最简单的自由式教学方法。

在线性渐进中，每次的变化都应是容易过渡的动作。选择的动作应多样化，并注意动作类型的均衡性和强度，这样的线性过渡才是有效的。（表 4–5）

表 4 –5　线性渐进法范例

节拍	组合	下肢动作	方向	上肢动作
4×8 拍	A	16Step touch	面朝前	叉腰
4×8 拍	A	16Step touch	面朝前	* 屈肘上提
4×8 拍	B	* 8 Double Step touch	面朝前	屈肘上提
4×8 拍	B	8 Double Step touch	面朝前	* 自由摆臂
4×8 拍	C	* 8Grapevine	面朝前	自由摆臂
4×8 拍	C	8Grapevine	面朝前	* 前伸
4×8 拍	D	* 4（Grapevine + 2Leg curl）	面朝前	前伸
4×8 拍	D	4（Grapevine + 2Leg curl）	面朝前	* 自由摆臂

注：* 表示变化因素

4. 金字塔法

像金字塔形状一样，金字塔法是一种重复单个动作次数的方法。逐渐增加重复动作次数称为正金字塔法（图 4–6），逐渐减少重复动作次数称为倒金字塔法。（图 4–7）

（1）正金字塔法

1 Leg Curl R + 1 Leg Curl L

2 Leg Curl R + 2 Leg Curl L

4 Leg Curl R + 4 Leg Curl L

8 Leg Curl R + 8 Leg Curl L

（2）倒金字塔法

8 Leg Curl R + 8 Leg Curl L

4 Leg Curl R + 4 Leg Curl L

2 Leg Curl R + 2 Leg Curl L

1 Leg Curl R + 1 Leg Curl L

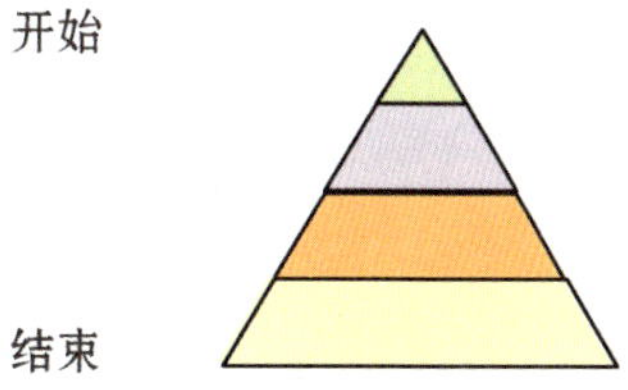

图 4–6　正金字塔法

图 4–7　倒金字塔法

正金字塔法主要优势在于能使学员专注于动作技术、身体姿态和练习强度；倒金字塔法可以增加组合动作的复杂度，对学员能产生新异刺激，提高练习兴趣。

5. 过渡动作法

在教新动作或组合之前加入一个或一段简单的过渡动作，待动作和组合基本掌握后再去掉过渡动作的方法，称为过渡动作法。（表 4–6）

表 4 –6　过渡动作法范例

动作节拍	动作名称
过渡动作 N = Step touch	
学习 A（1×8 拍）	2Mambo
A + N	2Mambo + 4Step touch
学习 B（1×8 拍）	2Grapevine
B + N	2Grapevine + 4Step touch
A + B + N	2Mambo + 2Grapevine + 8Step touch
学习 C（1×8 拍）	Easy walk + V – step
A + B + C + N	2Mambo + 2Grapevine + Easy walk + V – step + 4Step touch
学习 D（1×8 拍）	2Step curl + Double step curl
A + B + C + D（4×8 拍）	2Mambo + 2Grapevine + Easy walk + V – step + 2Step curl + Double step curl

加入的过渡动作应相对固定，可选择 March、Step touch、V–step、Jog 等，过渡动作不宜过多，否则学生会感到很枯燥，应根据组合动作的难易程度而定；在完成整套动作组合前必须去掉过渡动作。运用过渡动作可使学员保持练习的强度，放松大脑。

6. 层层变化法

层层变化法是指从原有的组合中每次按顺序只改变一个 8 拍动作，使之逐步过渡到另一个动作组合的方法。层层变化法是逐步进行的，改变一个动作后，必须重复这个组合。这种方法可以使学员较容易地从简单组合过渡到新的或复杂的动作组合。（表 4–7）

教学方法是教学内容的运用手段，合理巧妙的教学方法可以使课堂气氛变得生动活泼，同样的教学内容用不同的教学方法也会产生不同的效果。上述的几种教学方法都有各自的特点和功能，但彼此都是紧密相联的。在健美操教学过程中，应根据课堂的任务需要，灵活多变、相辅相成地采取各种方法，使每一种方法的运用都成为整个教学过程中的有机环节。

表 4－7　层层变化法范例

动作节拍	动作名称
A（1×8 拍）	2Mambo
B（1×8 拍）	2Grapevine
C（1×8 拍）	Easy walk ＋ V－step
D（1×8 拍）	2Step curl ＋ Double step curl
改变 A	
A（1×8 拍）	*4Step touch
B（1×8 拍）	2Grapevine
C（1×8 拍）	Easy walk ＋ V－step
D（1×8 拍）	2Step curl ＋ Double step curl
改变 B	
A（1×8 拍）	4Step touch
B（1×8 拍）	*Walk fwd/bwd knee
C（1×8 拍）	Easy walk ＋ V－step
D（1×8 拍）	2Step curl ＋ Double step curl
改变 C	
A（1×8 拍）	4Step touch
B（1×8 拍）	Walk fwd/bwd knee
C（1×8 拍）	*Mambo ＋ March turn360°
D（1×8 拍）	2Step curl ＋ Double step curl
改变 D	
A（1×8 拍）	4Step touch
B（1×8 拍）	Walk fwd/bwd knee
C（1×8 拍）	Mambo ＋ March turn360°
D（1×8 拍）	*4Jumping jack

注：*表示变化因素

二、健美操教学手段

健美操教学手段是指健美操教学传递信息和情感的媒介物以及发展体能和运动技能的操作物，是为了提高教学效果而采用的实物或设备。

（一）健美操教学手段的作用

1. 沟通信息，调控教学过程

在教学中，师生往往通过视觉、听觉接收信息，这些信息通过使用各种教学手段进行传递。例如，教师用一张挂图、一次慢动作回放，可以向学生展示教学内容，学生观看后，获得了直观信息，从而提高教学效果。

2. 提高信息的接收效果和教学质量

在教学过程中，使用多种教学手段能够有效提高知识本身的可接受性和学生接受信息的兴奋性。例如，在教授健美操成套动作中，采用电视、录像等教学手段，会对学生产生新异刺激，容易引起学生的兴趣，提高兴奋性，最大限度地增加信息的接收量，提高教学效果。

3. 有利于突出动作技术的重点和关键

在学习较复杂的健美操技术动作时，可利用电视、录像，放慢速度多次重复动作技术的关键环节，通过多次演示、强化，加速学生掌握技术的重点和关键。

4. 有利于进一步提高和改进动作

通过现代化教学手段显示的图像，或通过对学生的动作进行录像，可以让学生进行动作对比、分析，发现问题，及时改进和提高。

（二）健美操教学中常用的教学手段

在健美操教学中常用的教学手段有：多媒体类和器械类两种。

1. 多媒体类

包括计算机、电视机、CD\DVD 机、组合播放器、无线话筒、无线耳麦、投影设备、录像机等。

2. 器械类

包括踏板、瑞士球、弹力带、平衡垫、哑铃、沙袋、体操垫等。

（三）选择健美操教学手段应注意的问题

1. 适宜的教学手段有助于提高教学质量

选用哪种教学手段，必须要明确目的，教学手段应有助于激发学生的学习兴趣，有利于健美操教学质量向新台阶迈进。

2. 从具体条件出发选择教学手段

选择教学手段要从实际出发，一方面要考虑现有的场地、器材、设备等情况；另一方面要根据教学内容和学生能力水平，因地制宜地选择教学手段。

3. 协调好人与操作物之间的关系

教学手段的选择要有利于师生双边活动的进行，因此，既要调整好师生之间的关系，又要发挥师生的积极主动性，协调好人与操作物之间的关系，使器材、设备、多媒体教学手段为学生服务。

第四节　健美操教学文件的制定

健美操教学文件是指对健美操课程教学进行规范性要求的制度性条款，主要包括教学大纲、教学进度和教案。教学文件约束着课程教学内容的设置、课程教学进程的发展和课程教学的实施。制定教学文件是一项在健美操教学过程中具有重要意义的基础性工作。

一、教学大纲

健美操教学大纲是学校根据培养方案，以纲要的形式编写健美操教学内容的教学文件。教学大纲从整体上规定学校的培养目标、教学目的任务、教学内容设置、各个阶段的教学进度、课时安排以及教学效果的评价标准，为评估健美操学科的教学质量提供了重要依据。经过一个教学周期后，可以根据实施情况的需要进行调整或修订。拟新开设的课程在开课前必须先制订教学大纲，经院（系）审核并报教务处批准后方可开课。

（一）健美操教学大纲的内容

1. 课程性质与目标

课程性质是为哪个专业或哪几个专业学生开设的什么课（学科基础、专业必修、专业选修），明确课程的教学内容及教学目标既有利于学生对课程的认识和了解，也有利于教学管理者对教师组织该课程教学情况的了解和评价，保证教学活动符合教学目标的要求。

2. 教学内容与要求

教学内容是大纲的主体部分。它以系统和连贯的形式按单元、题目和条目规定学科的内容。理论教学部分要分别列出讲授内容的细目，并提出对学生的要求，使学生不仅能理解和掌握所学理论知识，而且能运用其指导实践。技术教学部分要明确教学重点与难点，或者更深层次的具体问题，一般包括单个、组合或成套动作的技术规格、教学方法、竞赛规则等。

教学要求是指通过教学使学生了解、理解、掌握并能够运用所学内容，达到考试通过水准。

3. 学时分配

每项教学内容在整个健美操教学中所占的学时总数及学时分配数。理论与实践的课时分配要形成恰当合理的比例关系，这是达到教学目标、落实教育任务的根本之一。

4. 考核方式及成绩评定方法

考核方式主要以开卷、闭卷、作业、操作、报告等形式体现。根据教学目标，全面设计健美操理论知识、技术动作、学习态度以及各种能力培养等方面的考核。成绩评定由评定形式、人员组成、评价指标、等级标准等方面构成。

5. 教学建议

主要是针对教师执行大纲时提出的各项要求，包括完成大纲的组织和物质条件，如场地、器材、设备等，以及学生能力培养的具体落实，还有对教学方式方法上的具体措施和补充意见。

6. 教材和学习资源

在撰写大纲中所参用的一些相关书目、网络资源。教师和学生可以参照阅览，拓展知识面，有利于更好地补充教学内容和培养学生的自主学习能力。

7. 课外学习要求

因材施教，对不同层次学生要提出不同的要求：明确课外学习要求，特别是对作业的要求，说明作业的形式（如习题、报告等）、作业量，以及对作业完成时间要求等；说明对学生课外阅读的参考资料的数量以及相应的读书笔记、读书报告等的要求。

（二）制定健美操教学大纲的基本要求

1. 从实际需要出发

从健美操教学的实际和需要出发制定教学大纲，充分体现教学计划中规定的培养目标和要求，准确提出健美操教学的总目标和总任务。

2. 精选教材内容

根据教学任务，合理地精选教材，把主要、基础和先进的知识内容列入教学大纲，做到主次分明，重点突出，注意所选教材内容的科学性、系统性和实用性。

3. 科学分配学时比重

根据教学计划中规定的培养目标和教学任务，合理地分配教学时数，注意理论教学与实践教学的适当比例，以确保教学任务的完成。

4. 重视考核内容与方法

健美操教学大纲应明确各项考核的内容、时间、方法，合理地安排理论知识与技术实践考核成绩在总成绩中所占的比例，使考核结果能够有效地衡量学生学习的水平。

（三）健美操教学大纲范例

表4－8 健美操普修课教学大纲

健美操 Aerobics	
【课程类别】公共必修课	【适用专业】各学科专业
【学分数】2.5	【学时数】64
【理论学时】4	【实验/实践学时】60
【预修课程】无	【开课教研室】健美操教研室
一、课程性质与目标	
本课程是为各学科专业本科生开设的公共必修课。本课程共计64学时，完成本课程并通过考试可获得2.5学分，本课程以多种教学方式来提高学生的自我锻炼价值，增进学生的团结合作意识，养成良好的健康生活方式。通过对本课程的学习，使学生初步了解健美操运动的基本知识、基本技术和动作组合规律；提高身体的协调性和韵律感，培养学生正确的身体姿态以及审美能力，达到增强体质、增进健康的目的，使学生在健美操成套动作的练习中掌握科学的健美操锻炼方法，为终身体育锻炼打下良好的基础。	
二、教学内容与要求	
第一单元：健美操基础理论、第三套《全国健美操大众锻炼标准》一级套路教学	
【教学内容】	
（一）理论知识 健美操概述与赏析：健美操运动的产生和发展；健美操运动的概念、特点、分类及功能；观看有关健身健美操表演与比赛视频，欣赏健美操动作。 （二）基本技术 第三套《全国健美操大众锻炼标准》一级套路教学（不包括地面动作组合）。一级是健美操大众锻炼标准的入门套路动作，主要进行低强度的有氧练习。全套共有4个组合，每一个组合均由3～5个健美操基本步伐组成，并配合以简单、对称性的上肢动作。主要步伐包括：一字步、侧并步、连续并步、十字步、踏步、前点地、弧形走、并腿半蹲、上步吸腿、侧迈步后屈腿、交叉步、侧点地、“V”字步、“A”字步、弹踢腿跳、连续弹踢、漫步等。	
【教学重点及难点】	
教学重点：健美操基本步伐与上肢动作的协调配合，组合动作的熟练性，正确的路线及方向变化。着重练习一字步、侧并步、十字步、弹踢腿跳、后屈腿、交叉步。 教学难点：健美操乐感的理解及动作的规范性。成套组合中正确的技术要点及准确的动作发力。	
【基本要求】	
进行健美操单个动作和组合动作的练习，以有氧操练习形式为主。在教师的带领下进行练习，使学生了解有氧操练习形式，逐渐掌握健美操基本技术动作。通过中低强度的一级成套动作练习，掌握健美操基本动作技术、动作节奏，提高动作的韵律感，培养协调性、灵巧性和审美意识。	

续表

第二单元：第三套《全国健美操大众锻炼标准》二级套路教学
【教学内容】
第三套《全国健美操大众锻炼标准》二级套路教学。主要进行中低强度的有氧练习、简单的腰、腹和身体核心部位的稳固性练习。每一个组合练习均由 4 ~5 个基本步伐组成，并出现 45° ~90°的方向变化，路线以简单的前后和左右动作为主。大部分的手臂动作为对称性，还出现了少量手臂的依次性动作。主要步伐包括：十字步、漫步、并步跳、侧滑步、并步、滑步、上步吸腿、交叉步、一字步、分并腿、小马跳、弧形跑、开合跳、后屈腿、侧点地等。地面组合部分包括：简单的腰腹肌、背肌等力量练习。
【教学重点及难点】
教学重点：成套动作的熟练性、连贯性、规范性以及动作的方向变化。着重练习并步跳、侧滑步、上步吸腿、分并腿、小马跳、弧形跑、开合跳。 教学难点：组合动作中的跳步，前后左右的图形路线转换的流畅性，力量组合练习中腰腹和身体核心部位的控制能力。
【基本要求】
在一级动作的基础上进一步理解和掌握健美操基本技术的运用，注重成套动作的准确规范程度，不断提高动作之间的连贯性及协调性，掌握健美操步伐的基本转换技术和跳跃技术，并保持中低强度的有氧训练；力量练习要求学生能够掌握正确的锻炼方法。
第三单元：自编轻器械有氧健身操
【教学内容】
（一）理论知识 健美操基本动作：健美操基本步伐与基本手型（包括无冲击步伐、低冲击步伐、高冲击步伐）。 （二）基本技术 自编轻器械有氧健身操根据学生特点专门设计，动作内容包含健美操的基本步伐、各种手臂和身体动作，加上花球、踏板及健身球等轻器械的巧妙融入完成有氧练习，使动作更具娱乐性和观赏性。
【教学重点及难点】
教学重点：轻器械有氧健身操的动作技术要领，音乐的节奏及风格特点，配合轻器械高质量地完成动作，保持中低强度的有氧训练。 教学难点：成套动作的熟练程度，轻器械的合理运用，与音乐节奏的配合，学生的表现能力。
【基本要求】
了解并掌握成套动作的技术要领及动作规格，认真学习成套动作并反复练习，逐步提高动作的熟练程度，在教学过程中调动学生的积极主动性，充分发挥学生们的个性特点与表现能力。
第四单元：第三套《全国健美操大众锻炼标准》三级套路教学
【教学内容】
第三套《全国健美操大众锻炼标准》三级套路教学比二级动作稍加难度，主要进行中等强度的有氧练习和低难度的腰腹及上肢力量练习。全套分为 4 个组合，每一个组合均由 4 ~5 个基本步伐组成，配合以对称性为主的上肢动作，并增加 90° ~180°的动作方向变化和简单的图形变化。主要步伐包括：迈步后屈腿、“V”字步、漫步、交叉步、并步跳、小马跳、上步吸腿、交换步、侧交叉步、十字步、并步跳、侧点地、向前走、吸腿跳、侧并步、向侧迈步等。地面组合部分包括：手臂力量、腹背力量和腹肌力量练习等。

续表

【教学重点及难点】

教学重点：动作的连贯程度以及90°~180°的动作方向变化，动作优美有力度，富有激情的表现力，并能配合音乐的节拍，动作路线轨迹的准确性。
教学难点：上下肢动作的协调配合，动作的准确性与规范性，力量练习部分肌肉的控制。

【基本要求】

通过成套动作的练习，使学生了解并掌握健美操动作技术及变化规律，注重音乐节奏与动作的紧密结合，掌握正确的动作路线变化及要领。在练习的过程中，逐渐提高运动负荷，通过增加练习的次数，巩固和加强动作的熟练性和技术的准确规范程度。

三、学时分配

单元	教学内容	学时	学时分配				
			课堂讲授	技术训练	实验/实践/实操（含上机）	考试	其他
一	健美操概述与赏析	14	2				
	大众健美操一级成套教学			12			
二	大众健美操二级成套教学	16		14		2	
三	健美操基本动作	18	2				
	自编轻器械有氧健身操			14		2	
四	大众健美操三级成套教学	16		14		2	
合计		64	4	54		6	

四、考核方式及成绩评定方法

（一）考核方式

考核内容	考核类型	考核方式	占总成绩比例
学习态度	考查	考勤	10%
基本技术	考试	技评	90%

（二）成绩评定方法

1. 学习态度（10%）
根据学生的出勤情况评定成绩，每旷课一次扣1分，迟到两次扣1分。
2. 基本技术（90%）
基本技术的考核包括大众健美操二级规定动作（30%）、自编轻器械有氧健身操（30%）和大众健美操三级规定动作（30%），并依健美操评分标准进行评定。
具体方法：由教研室选派2~3名非本班任课教师组成的考核评定小组，根据学生考试动作的完成情况进行评分。

续表

评分标准：		
等级	评分因素	成绩
优秀	熟练并独立完成成套作，动作规范准确，能够与音乐完美结合，富有表现力。	90 ~ 100
良好	较为熟练并独立完成成套动作，完成动作较为规范，配合音乐节奏准确。	80 ~ 89
一般	独立完成成套动作，在音乐节拍内正确完成。	70 ~ 79
及格	基本完成成套动作，能够配合音乐节奏。	60 ~ 69
不及格	不能独立完成成套动作，动作不能与音乐节奏相吻合。	60 分以下

五、教学建议

1. 认真研究教学大纲，合理制订教学进度，采用多种形式教学，做好备课工作，认真上好每一堂课，不断提高教学质量。
2. 采用启发式教学，激发学生的学习积极性和自觉性，充分发挥学生的主观能动性和创造力。
3. 教师要重视课堂上的思想教育，贯彻教书育人的主体思想。
4. 提高学生的学习兴趣，使学生在轻松愉悦的教学氛围中进行学习。
5. 根据非体育专业学生的特点，有区别地进行健美操技术教学，加强课前的教学设计。

六、教材与学习资源

（一）推荐教材

1. 《全国健美操大众锻炼标准第三套动作图解》，中国健美操协会审定，2009 年第 1 版。
2. 《健美操运动教程》，马鸿韬主编，北京体育大学出版社，2007 年第 1 版。
3. 《健美操》，匡小红编著，高等教育出版社，2011 年第 1 版。

（二）参考书目

1. 《2012 年全民健身操展示大赛评分指南》，中国健美操协会印制，2012 年第 1 版。
2. 《体育音乐选配与创编》，李芳编著，高等教育出版社，2011 年第 1 版。
3. 《2013—2016 竞技健美操竞赛规则》，国际体操联合会著，国家体育总局体操运动管理中心，2013 年第 1 版。
4. 《形体训练教程》，刘志红编著，高等教育出版社，2009 年第 2 版。

（三）学习资源

1. 国际体操联合会官方网站：http：//www. fig - gymnastics. com/。
2. 中国健美操协会官方网站：http：//www. caa. net. cn/。
3. 中国健美操竞赛网：http：//www. caa - gym. org/。
4. 健美操信息网：http：//www. 51tc. com/。

七、课外学习要求

1. 利用课余时间复习课堂上所学内容，以个人或小组形式练习 3 ~ 5 次，互相纠正错误动作，巩固动作技术。
2. 听至少 3 种不同类型以上的音乐，加强学生对乐感的培养，包括大众健美操音乐、爵士、街舞等流行课的音乐。
3. 观看踏板操、街舞、搏击操等流行特种课视频，了解健美操的流行发展趋势，拓宽学生的视野。

二、教学进度

健美操教学进度是根据健美操教学大纲的规定，对各学期出现的教学内容进行课时和课序的具体分配，是进行健美操课程教学的日程表，是教师开展每个学期教学工作的依据。教师根据教学进度进行备课、制订教案、选择教学方式。

（一）健美操教学进度的内容

健美操教学进度通常是以表格的形式呈现，这样能够使教师清晰阅读、一目了然，方便使用。详细的教学进度表能够对教师授课、教学管理和学生学习起到十分重要的作用。教学进度主要包括以下几方面内容：

1. 课时课次

课时课次是指健美操教学课每节课内容所分配的学时数及课程安排的顺序，教学目标需要依靠学时数和课时数来实现。

2. 教学内容

这是教学进度的重要部分，主要是根据章节、开课前安排的顺序进行的教材分量，它呈现了每节课或每周课的教学任务，决定了每节课学生应掌握的知识、技术或技能，是教师根据教材、学生总体水平及个人经验进行分配的部分。

3. 教学目的

该部分体现了实施相应教学内容所要达到的效果，即学生的知识技能、学习方法和情感价值方面，对学生学习和掌握课程的各部分知识有一定的指导作用。每一节课都是围绕着此目的进行授课的，是对本次课教学提出的教学要求，也是本学期授课的方向。

（二）制定健美操教学进度的基本要求

1. 全面安排，重点突出

根据培养目标的要求和健美操的特点，必须全面安排大纲所规定的教材内容，统计各方面内容所占的学时及次数，要重点突出，使整个教学过程科学、合理地进行。

2. 注意教材之间的衔接与联系

制定教学进度时，在动作顺序的安排上应按动作的难易程度；在内容顺序的安排上应考虑不同风格的健美操以及不同类型动作之间的联系。安排进度时，要由易到难、循序渐进、科学搭配、合理安排，这样才能有利于学生身体全面发展，巩固和提高学生的知识、技术和技能。

3. 权衡每次课的教学内容

每次课的教学内容既不能安排过多，也不能太少，应保证在规定的时间里，基本能完成每次课的教学内容。

4. 理论与实践相结合

理论课、实践课的安排要密切配合，根据不同学习阶段的任务要求，有的放矢地安排理论课，使理论与实际相结合，指导实践。实践课的教学要采用多种形式，使学生的各种技能得到发展。

（三）健美操教学进度范例

表 4 –9　健美操普修课教学进度（共 16 次课 32 学时）

课次	主要内容	目的要求
一	1. 学习健美操基本理论知识（概念、分类、作用、发展等）。 2. 介绍健美操的基本站立姿势、基本步伐和基本手型。	1. 使学生初步掌握健美操的基本知识，了解健美操的发展状况。 2. 通过形体、步伐和徒手动作的练习，培养学生正确的身体姿态。
二	1. 简介健美操大众锻炼标准三级规定动作的安排与要求。 2. 学习健美操大众锻炼标准三级规定动作组合一。 3. 身体素质练习（仰卧挺身练习）。	1. 使学生了解学习内容、教学进度、考试办法及纪律要求。 2. 初步掌握健美操大众锻炼标准三级规定动作组合一。 3. 通过身体素质练习，发展学生臀部肌肉力量。
三	1. 复习健美操大众锻炼标准三级规定动作组合一。 2. 学习健美操大众锻炼标准三级规定动作组合二。 3. 身体素质练习（跪撑胸部练习）。	1. 熟练掌握健美操大众锻炼标准三级规定动作组合一。 2. 初步掌握健美操大众锻炼标准三级规定动作组合二。 3. 通过身体素质练习，发展学生胸肌的力量。
四	1. 复习健美操大众锻炼标准三级规定动作组合一、二。 2. 学习健美操大众锻炼标准三级规定动作组合三。	1. 通过改进，熟练掌握健美操大众锻炼标准三级规定动作组合一、二。 2. 不同的方向面，熟练掌握其组合动作。 3. 初步掌握健美操大众锻炼标准三级规定动作组合三。
五	1. 复习健美操大众锻炼标准三级规定动作组合一、二、三。 2. 学习健美操大众锻炼标准三级规定动作组合四。	1. 通过改进，熟练掌握健美操大众锻炼标准三级规定动作组合一、二、三。 2. 初步掌握健美操大众锻炼标准三级规定动作组合四的动作。
六	1. 复习健美操大众锻炼标准三级规定动作组合一、二、三、四。 2. 学习健美操大众锻炼标准三级规定动作力量练习部分。	1. 熟练掌握健美操大众锻炼标准三级规定动作组合一至四的动作。 2. 不同的方向面，熟练掌握其组合动作。 3. 通过学习，初步掌握健美操大众锻炼标准四级规定动作力量练习部分。
七	复习健美操大众锻炼标准三级规定动作组合。	1. 熟练掌握健美操大众锻炼标准三级规定动作。 2. 不同的方向面，熟练掌握其组合动作。
八	1. 布置考试任务和要求。 2. 技评达标考核。	1. 检查教学效果。 2. 教师考试后小结。

续表

课次	主要内容	目的要求
九	1. 简介健美操大众锻炼标准四级规定动作的安排与要求。 2. 学习健美操大众锻炼标准四级规定动作组合一。 3. 身体素质练习（仰卧举腿）。	1. 使学生了解上课要求、教学进度、考试办法及纪律要求。 2. 初步掌握健美操大众锻炼标准四级规定动作组合一。 3. 通过身体素质练习，发展学生的腹肌力量。
十	1. 复习健美操大众锻炼标准四级规定动作组合一。 2. 学习健美操大众锻炼标准四级规定动作组合二。 3. 身体素质练习（半蹲）。	1. 熟练掌握健美操大众锻炼标准四级规定动作组合一。 2. 初步掌握健美操大众锻炼标准四级规定动作组合二。 3. 通过身体素质练习，发展学生股四头肌力量。
十一	1. 复习健美操大众锻炼标准四级规定动作组合一、二。 2. 身体素质练习（俯跪屈膝上举腿）。	1. 熟练掌握健美操大众锻炼标准四级规定动作组合一、二。 2. 不同的方向面，熟练掌握其组合动作。 3. 通过身体素质练习，发展学生臀部肌肉力量。
十二	1. 学习健美操大众锻炼标准四级规定动作组合三。 2. 身体素质练习（仰撑练习）。	1. 初步掌握健美操大众锻炼标准四级规定动作组合三。 2. 通过身体素质练习，发展学生腹背肌肉力量。
十三	1. 复习健美操大众锻炼标准四级规定动作组合三。 2. 学习健美操大众锻炼标准四级规定动作组合四。 3. 身体素质练习（单腿屈伸）。	1. 熟练掌握健美操大众锻炼标准四级规定动作组合三。 2. 初步掌握健美操大众锻炼标准四级规定动作组合四。 3. 通过身体素质练习，发展学生大腿和小腿肌肉力量。
十四	1. 复习健美操大众锻炼标准四级规定动作组合三、四。 2. 学习健美操大众锻炼标准四级规定动作力量练习部分。	1. 熟练掌握健美操大众锻炼标准四级规定动作组合三、四。 2. 通过学习，初步掌握健美操大众锻炼标准四级规定动作力量练习部分。
十五	复习成套健美操大众锻炼标准四级规定动作。	1. 掌握健美操大众锻炼标准四级规定动作。 2. 不同的方向面，熟练掌握其套路动作。
十六	1. 布置考试任务和要求。 2. 技评达标考核。	1. 检查教学效果。 2. 教师考试后小结。
备注		

三、教　案

教案又称课时计划，是教师根据教学大纲的要求，理论结合实际地处理教材，使用适当的教学方法组织教学过程，最终达到教学目标的总体规划。教案是教师实施教学的主要依据，也是教师课前准备的一项重要工作。

（一）健美操教案的内容

根据教学目的和课的类型，健美操课教案分理论课教案和技术课教案。

1. 理论课教案

教师将所授内容有计划、有目的地设计成不同课次的理论课教案，在健美操理论课中，根据教案的安排用撰写的讲稿或多媒体进行讲授教学。理论课教案的内容首先要写明课程名称、课次、授课日期、授课对象、授课地点、教学方式、本课题目和使用教材。理论课教案的结构主要包含：教学任务、教学重点和难点、教学用具、教学主要内容、组织教法、学科进展与本课要点的归纳、本课思考题与参考资料、课后作业或预习要点以及课后教学小结。

2. 技术课教案

健美操技术课教案首先要标明课次、时间、然后根据教学进度确定课的任务，并将任务在上课过程中贯彻执行。

教案的主要内容一般分为准备、基本、结束3个部分。每一部分的练习内容、组织教法与要求、时间分配、练习次数都要在教案中有所体现，教师在设计教案时要考虑每节课的运动量和强度，有计划、有步骤地进行教学。课后要在教案的课后小结处写下课堂心得、下次课应注意的问题及学生对技术掌握的情况，并做出简要评价，以提高教学质量，方便今后的教学研究。

（二）制定健美操教案的基本要求

1. 准确把握重点和难点

编写健美操教案要以教学进度为依据，了解教学的要点、重点和难点。

2. 恰当运用教学方法

在编写教案时，所选择和运用的教学方法要符合健美操的教学任务、特点和学生个性特征，激发学生的学习动机，引起学习兴趣。

3. 合理安排授课时间

要有严密的计划性和组织性，安排好课的时间。健美操教学进程中，组织学生上课、队伍调动、教学内容的复习与新内容的学习、教法运用等环节合理周到、相互联系、相互补充，使教学层次井然有序、有条不紊。

4. 科学控制运动量和运动强度

如果是以学习新的健美操动作为主的课，运动量和运动强度要小一些；如果是以复习为主，特别是以复习成套动作为主的课，运动量和运动强度都要大些。

（三）健美操教案范例

1. 健美操理论课教案

表4－10　健美操理论课教案

<table>
<tr><td>课程名称</td><td>健美操专项理论</td><td>课　　次</td><td></td><td>授课日期</td><td></td></tr>
<tr><td>授课对象</td><td></td><td>授课地点</td><td></td><td>教学方式</td><td>理论讲授</td></tr>
<tr><td>本课题目</td><td>健美操基本动作（一）</td><td>使用教材</td><td colspan="3"></td></tr>
<tr><td>教学任务</td><td colspan="5">1. 学习健美操基本动作的特点及作用，使学生初步了解健美操的基本动作。
2. 学习健美操基本动作的主要内容，培养学生对健美操运动的兴趣，使学生进一步了解健美操。
3. 实践健身健美操基本步伐和竞技健美操基本步伐，初步培养学生的正确下肢动作姿态，为健美操运动技术打下良好的基础。
4. 学生根据自己已掌握的基本动作，互相指导评价，增强学生自主学习的信心和积极性，提高教学效果。</td></tr>
<tr><td>教学重点与难点</td><td colspan="5">教学重点：
学好基本动作可以为今后健美操成套动作的学习打下良好的基础，本次课将健身健美操和竞技健美操的基本步伐作为重点教学内容。对健美操初学者来说，步伐的协调性、弹性和节拍配合都较难掌握，这些在教学中都应进行重点教学，并进行相应的技术分析，使同学们在理论上对基本动作技术有正确的理解。
教学难点：
1. 低冲击步伐——“V”字步、一字步、曼巴步、恰恰步、交叉步、迈步后屈腿、滑步动作的完成方法与要领。
2. 高冲击步伐——并步跳、钟摆跳、小马跳动作的完成方法与要领。
3. 竞技健美操7种基本步伐角度、方向等变化的完成要领。
4. 动作完成的协调性与弹性以及步伐的节拍配合。</td></tr>
<tr><td>教学用具</td><td colspan="5">多媒体设备、粉笔、黑板</td></tr>
<tr><td>教学主要内容</td><td colspan="5">一、讲解健美操基本动作的特点及作用（10分钟）
（一）健美操基本动作的特点：是健美操中最典型、最核心的部分；内容丰富、动作相对比较简单；是健美操动作中最重要而且最稳定的部分。
（二）健美操基本动作的作用：有助于练习者建立良好的身体姿态；能够更好地理解掌握动作组合；使练习者更好地体会发力、用力和控制；有助于更好地编排组合。
二、讲解健美操基本动作的主要内容（45分钟）
（一）健身健美操基本步伐
1. 无冲击步伐：弹动、半蹲、弓步、提踵、箭步蹲。
2. 低冲击步伐：
（1）踏步类：踏步、一字步、“V”字步、曼巴步、小曼巴步、桑巴步、恰恰步。
（2）迈步类：并步、交叉步、迈步后屈腿、滑步。
（3）点地类：侧点地、后点地。
（4）抬起类：吸腿、摆腿。</td></tr>
</table>

续表

教学主要内容	3. 高冲击步伐： （1）迈步跳起类：并步跳、上步吸腿跳。 （2）两腿起跳类：并腿纵跳、开合跳、并腿滑雪跳、弓步跳。 （3）单腿起跳类：弹踢腿类、钟摆跳、踏步跳。 （4）后踢腿跑类：后踢腿跑、小马跳。 （二）竞技健美操基本步伐 踏步、后踢腿跑、吸腿跳、踢腿跳、开合跳、弓步跳、弹踢腿。 三、实践健身健美操基本步伐及竞技健美操基本步伐（30 分钟） （一）健身健美操基本步伐：低冲击步伐、高冲击步伐、无冲击步伐。 （二）竞技健美操基本步伐：踏步、后踢腿跑、吸腿跳、踢腿跳、开合跳、弓步跳、弹踢腿。 四、本次课重点回顾（5 分钟）
组织教法	1. 教师通过多媒体配合，突出重点，进行讲解并示范基本动作的要领，注意启发诱导学生对健美操基本动作的理解。 2. 选多名学生进行动作示范，学生仔细观察，互相评价，对出现的错误技术问题，教师通过提问的方式启发学生积极思考，提高对基本动作的认识。 3. 针对学生对技术动作的认识，进行课堂讨论，互相启发，引导学生完成正确的健美操动作。
学科进展与本课要点归纳	学科进展： 基本步伐是健美操最为基础的部分，也是健美操学习的基本内容；竞技健美操基本步伐是操化动作的重要组成部分。随着健美操越来越普及，并与国际接轨，基本步伐的组合逐步创新，呈现多样化和艺术性，这是健美操比赛获得成功的有力保障。 本课要点： 1. 健美操基本动作的特点及作用。 2. 健身健美操基本动作——无冲击步伐、低冲击步伐、高冲击步伐的完成方法与要领。 3. 竞技健美操的 7 种基本步伐完成方法与要领以及步伐变换角度或方向的完成。
本课思考题及参考资料	思考题： 1. 健身健美操低冲击步伐和高冲击步伐分别包括哪几类? 2. 对健身健美操的迈步类和踏步类动作分别进行举例。 参考资料： [1] 肖光来. 健美操 [M]. 北京：人民体育出版社，2008. [2] 马鸿韬. 健美操运动教程 [M]. 北京：北京体育大学出版社，2007. [3] 中国知网 [OL]. http://www.cnki.net/
课后作业或预习要点	1. 复习健美操基本动作的主要内容。 2. 根据所学知识，创编一套低冲击步伐健美操动作组合。 3. 预习上肢动作、力量练习动作与伸展动作。 在下次理论课上教师根据本课思考题进行课堂提问，根据学生回答问题情况进行评价，载入平时成绩。
课后教学小结	

2. 健美操技术课教案

表 4－11　健美操技术课教案

授课周次：	周　　次	授课对象：	日期：	人数：
教学内容		1. 复习健美操大众锻炼标准四级规定动作组合一。 2. 学习健美操大众锻炼标准四级规定动作组合二。 3. 身体素质练习。		
课的任务		教学任务：1. 复习并巩固提高健美操大众锻炼标准四级规定动作组合一。 2. 学习并初步掌握健美操大众锻炼标准四级规定动作组合二。 3. 通过身体素质练习，发展学生的腹肌力量。 教育任务：培养学生对健美操运动的兴趣，激发学生对健美操课的热情。		
部分	时间	教学内容	分量	组织教法及要求
一准备部分	25′	（一）课堂常规 1. 班长集合整队，向老师报告。 2. 师生互相问好。 3. 宣布本次课的学习内容，提出课堂要求。 4. 检查服装，安排见习生并提出要求。 （二）准备活动 1. 各关节活动 2. 伸拉练习  3. 热身操练习 1×8："V"字步＋上步吸腿，右脚领先。 1×8：2 次曼巴步，左脚领先。 1×8：2 次恰恰步＋4 次后踢腿跑，左后方转身 360°，左脚领先。 1×8：2 次脚跟前点地＋2 次侧点地，左脚领先。 第五至第八个 8 拍，动作相同，方向相反。	5′ 1′ 2′ 17′	（一）课堂常规 1. 队形：密集队形。 2. 要求： （1）集合迅速整齐。 （2）听清本课学习内容和要求。 （二）准备活动 1. 队形：体操队形。  2. 教法： （1）音乐伴奏下，教师领做，学生跟做。 （2）教师采用递加循环法教授动作。 3. 要求： （1）动作舒展大方、幅度由小到大。 （2）调动学生积极性，为基本部分的学习做好身体上的准备。
二基本部分	60′	（一）复习健美操大众锻炼标准四级规定动作组合一 1. 重点： （1）第一个 8 拍，4－8 拍动作方向的变化。  	15′	（一）复习健美操大众锻炼标准四级规定动作组合一 1. 队形：体操队形。 2. 教学步骤及教法： （1）配乐，教师带领学生集体练习。 （2）点评练习的情况，并纠正错误动作。 易犯错误： ①各种步伐的变换衔接不流畅，影响基本步伐的规范性。

部分	时间	教学内容	分量	组织教法及要求
二 基 本 部 分	60′	(2)第二个8拍,上步吸腿2次,上下肢的协调配合。  (3)迈步侧抬腿跳,双臂经侧摆至侧上举,握拳。  2. 难点: (1)步伐动作与手臂动作应协调、一致。 (2)跳起时注意收腹立腰、动作舒展。 (二)学习健美操大众锻炼标准四级规定动作组合二 1. 组合动作: 第一个8拍:向侧迈步点地+向侧并步+向侧小并步跳+1/2后曼巴步。  第二个8拍:向右前方上步吸腿2次+向左后方迈步吸腿2次,转体450°。  第三个8拍:向左后交叉步接换脚步+向侧走3步同时转体360°接换脚步。  第四个8拍:向侧面做小曼巴步+右转90°向前走2步。 	35′	②腿部动作缺乏弹性,重心不稳。 ③迈步侧抬腿跳,空中动作不舒展。 纠正方法: ①分解练习各种基本步伐,注意各种步伐转换的规范要求。 ②教师慢速领做,明确动作的节奏。 ③强调动作要领和迈步方向。 (3)在音乐伴奏下,学生集体练习。 3. 要求:动作协调、到位,熟练掌握组合动作。 (二)学习健美操大众锻炼标准四级规定动作组合二 1. 队形:体操队形。 2. 教学步骤及教法: (1)教师采用递加循环法教授组合二。 (2)教师口令指挥学生进行练习。 ①练习正反面的迈步侧点地接向侧并步;练习第一个8拍的步伐;学习上肢动作。 ②练习上步吸腿、迈步吸腿;配合上肢练习。 ③练习交叉步、并步;上下肢配合练习;练习向侧走3步同时转体360°。 ④面向1点练习小曼巴步;面向7点练习整个八拍;面向1点练习。 ⑤改变第二、第三个8拍动作的路线和方向,重复练习。 (3)教师口令下带领学生练习组合二。 (4)教师重点讲解第二、第三个8拍,进行强化练习。 (5)根据学生的提问和发现的问题进行纠错。 (6)给学生3分钟时间,自己记忆动作。 (7)配乐,教师带领学生集体练习。 (8)伴随成套规定音乐,学生集体练习。 3. 要求: (1)认真观察教师的示范,明确每个8拍动作。 (2)牢记每个动作的节奏。 (3)初步掌握组合二的动作。

部分	时间	教学内容	分量	组织教法及要求
二基本部分	60′	2. 重点： (1)向侧迈步点地，重心的转移。 (2)第二个8拍5－8拍的转体。 3. 难点： (1)转体的度数应完整、准确。 (2)第三个8拍，交叉步转换步伐的节奏应清楚。 (三)身体素质练习 腹肌两头起 预备姿势：直体仰卧，臂上举。 第一个8拍：1－4拍上体与两腿同时匀速抬起，手触脚；5－8拍身体缓缓落下。 第二至第四个8拍同第一个8拍。	10′ 4×8×3	(三)身体素质练习 1. 队形：体操队形。 2. 教法： (1)教师讲解动作要领。 (2)教师口令指挥，学生集体练习。 3. 要求： (1)练习时，保持收腹、挺胸、立腰的身体姿态。 (2)全身协调用力，动作连贯。
三结束部分	5′	(一)放松练习  (二)本课小结 1. 本次课的学习情况。 2. 总结优点，提出不足。 3. 布置课外作业：练习健美操大众锻炼标准四级规定动作组合一、二。 (三)下课，收还器材	3′ 2′ 4遍	(一)放松练习 1. 队形：体操队形。 2. 教法：配合节奏缓慢的音乐，教师领操，学生跟做。 3. 要求：全身放松，心情愉快。 (二)本课小结 1. 队形：密集队形。 2. 要求：集合动作快而整齐。
见习生安排		1. 见习生随班上课，认真听讲。 2. 根据身体情况进行力所能及的练习。 3. 协助教师进行一定的教学辅助工作。	场地与器材	场地：健美操房 器材：CD机、光盘
课后小结				

第五节 健美操教学课的设计与评价

一、健美操教学课的设计

（一）健美操课的类型

健美操课的类型是根据教学目标、教学任务、教材内容、教学方法及要达到的教学效果而划分的各种课的形式。每一种形式的教学课都是为实现整个教学系统中的某个教学环节的目标，这个教学环节对提高课堂教学质量及保证全部教学工作的完整性与系统性有重要的意义与作用。健美操课根据其内容、性质可以分为理论课和实践课。

1. 理论课

健美操理论课主要是通过讲授、课堂讨论、电化教学等方式，向学生传达健美操的基本知识、竞赛组织及裁判等方面的系统理论。其教学内容根据各院校的培养方案、教学大纲来确定。健美操理论课内容一般包括：概述、术语、基本动作、教学及训练等。

2. 实践课

健美操实践课是通过理论讲解和身体练习，使学生掌握健美操动作要领及教学方法，发展身体素质，培养正确的身体姿势、塑造健美形体，培养学生的多种技能。根据健美操课所要解决的具体任务，可将实践课分为：引导课、新授课、综合课、复习课和考核课。

（1）引导课

引导课一般指开课的第一堂课，其主要任务是讲授健美操课的教学任务、要求、考核标准、有关规章制度以及健美操的特点、锻炼价值等有关知识，还可适当安排一些健美操练习内容。教学时应注意：

①教师应对讲授的内容预先进行归纳，讲解时层次清楚、重点突出，使学生明确学习目的和要求，端正学习态度，并对健美操项目形成正确的、完整的认识。

②教师讲课形式要活泼多样，以便激发学生学习的兴趣。

（2）新授课

新授课是指以教授新教学内容为主的课程。其主要任务是使学生学习和初步掌握健美操课的新授内容。教学时应注意：

①教授新动作时，应循序渐进，一般由慢速到正常速度，待动作基本掌握后，再配合规定的成套动作音乐进行反复练习。

②选择恰当的教学方法。教师要善于正确运用各种教法，帮助学生更快、更好地掌握知识、技术和技能。

③确定适宜的负荷量。在教授新动作后，要求学生进行反复练习，使其承受一定的负荷，但负荷量不宜过大，应侧重于动作技能的掌握。

④做好充分的课前准备。教师应对新授动作可能出现的错误制定预防措施，以便出现错

误时，能有针对性地进行纠正。

（3）综合课

综合课是指既复习已学过的内容，又学习新内容的课。它是健美操教学中常用的一种课的形式。教学时应注意：

①科学合理地安排教学内容的顺序。一般先复习已学过的内容，再学习新的内容。

②选用适当的教学手段与方法。在复习已学过的内容时，教师应通过提问、讨论、默想默练等手段引导学生对上次课所学内容（如完成动作的方法、动作的规格、技术要点、动作之间的连接等）进行回忆和复习，还应进一步强化动作的技术要点和规格，对复习中出现的有关动作方向、路线或身体姿势的错误，教师应采用慢动作领做或固定姿势等方法加以纠正。

③根据新旧内容的教学任务、特点和难易程度，合理分配教学时间，确定运动负荷。一般新授内容的时间多于复习时间、复习时的运动负荷大于学习时的运动负荷。

（4）复习课

复习课是指以复习已经学习过的教材内容为主的课程。主要任务是在教师的安排和指导下，逐步巩固和提高动作的规格和质量，增强学生完成动作的协调性和美感。教学时应注意：

①有明确的教学目标。教师应根据新授课学生掌握动作的情况提出复习课的目标，并采取相应措施来实现这一目标。

②在集体指导的基础上加强区别对待。在进行练习时，对于基础差的同学教师要加强指导，帮助他们改进动作，树立信心；对基础好的同学要适当提高要求。

③选择适当的教学方法。在复习课上要注意精讲多练，加大练习的密度，提高动作规格和机体的有氧代谢能力。

④采用合理的课堂组织形式。在复习课上，可采用分组练习的形式，以调动学生的练习积极性、提高学生分析动作和纠正错误的能力，有利于教师实施个别指导，检查学生掌握动作的情况；也可采用一个同学或一组同学进行表演，相互观摩与评比的方式，以激发学生的练习积极性，进一步提高动作技能。

（5）考核课

考核课是以检查学生学习效果为主的课，其主要任务是检查教学成果和对学生完成的技术动作给予成绩评定。考核时应注意：

①教师要使学生明确考核目的、考核要求和评分标准。

②考核前，学生要对考核的内容进行复习，做好准备活动，以发挥最佳水平。

③为确保考核的准确性并提高考核效率，一名教师可以同时考核两名学生。

（二）健美操课的结构

健美操课的结构是指构成教学活动的相对稳定而又有区别的基本组成部分及各部分的活动顺序与时间分配。简单地说，就是一节健美操课由哪几部分构成，以及各部分内容的安排顺序、组织教法及时间分配等。目前，学校健美操课多采用 3 部分（准备部分、基本部分和结束部分）或 4 部分（开始部分、准备部分、基本部分和结束部分）的结构。下面对 3 部分结构的健美操课作进一步说明。

1. 准备部分

(1) 准备部分时间

一般为 20 分钟左右（以 90 分钟或 100 分钟的课为例）。

(2) 准备部分任务

准备部分主要是为了使学生从生理、心理方面尽快进入学习状态，为基本部分的学习做好充分的准备，这是保证健美操教学工作正常有序进行的基本条件。其任务为迅速地组织学生，集中他们的注意力，明确上课的内容和要求，调动学生的身体机能和学习积极性，使学生精神振奋、情绪饱满地开始一堂课的学习。

(3) 准备部分内容

健美操课中的准备活动一般以热身操的形式进行，内容主要有以基本步伐配合手臂动作为主的单个动作和组合动作。

(4) 准备部分组织

一般采用集体练习形式进行。

2. 基本部分

(1) 基本部分时间

一般为 60 分钟左右（以 90 分钟或 100 分钟的课为例）。

(2) 基本部分任务

复习旧内容，学习新内容。在教学中，教师要发挥教学的主导作用，通过讲解、示范和实践练习，逐步引导学生理解动作的难点、重点，使学生掌握健美操知识、技术、技能，同时发展身体素质，加强思想教育和意志品质培养。教师还应鼓励学生在练习中提出问题，师生可共同讨论分析，发现学生有错误时，应及时纠正和补救，使学生通过此部分的教学，能较好地掌握和强化所学的内容。

(3) 基本部分内容

徒手练习、手持轻器械练习及借助于器械的练习。

①徒手练习：分为单个动作、组合动作、成套动作的徒手练习。

单个动作：身体各部位基本动作、基本步伐等。

组合动作：姿态组合、步伐组合等。

成套动作：传统有氧健美操、拉丁健美操、搏击操等。

②手持轻器械练习：手持哑铃、健身球等轻器械进行的单个、组合或成套健美操动作的练习。

③借助各种器械练习：利用垫子、踏板等器械进行的各种练习。

(4) 基本部分组织

集体或分组形式进行练习。教师要善于观察，及时调动队形，改变练习形式，从而调整学生的运动负荷，有效地提高教学效率。

3. 结束部分

(1) 结束部分时间

一般为 10~15 分钟（以 90 分钟或 100 分钟的课为例）。

(2) 结束部分任务

运用各种练习手段有组织地结束教学活动。通过整理练习，使学生逐渐恢复到相对安静的状态；教师认真、全面、简要地对教学活动进行小结，布置课外作业，使课堂内外相结合，体现健美操教学的系统性和完整性。课的结束部分，实际上是课堂教学的延续和补充。

(3) 结束部分内容

以拉伸和调息为主，包括配合呼吸进行的静力性拉伸练习；以弹动和抖动为核心动作编排的轻松、活泼的放松操；局部按摩放松肌肉；借用气功、瑜伽的理论，用意念放松身体等。

(4) 结束部分组织

一般采用集体练习形式。讲评时，教师要恰当地评价课堂学习情况，重点指出练习中普遍存在的错误及纠正方法，以利于学生课后练习。

(三) 健美操课前准备

1. 课前准备的意义和形式

(1) 课前准备的意义

做好课前准备工作是上好健美操课的先决条件，是提高教师教学水平和工作能力的一项重要措施，也是实现健美操的教学目标的必要手段。

(2) 课前准备的形式

课前准备可以个人单独备课，也可以组织集体备课。集体备课应在个人备课的基础上进行。此外，确定采用何种教法和手段，是教师课前准备工作的基本环节。

2. 课前准备的内容与要求

健美操课前要准备哪些内容，提出何种要求，应根据教师、学生、教材和场地等具体情况来定。通常从以下几个方面进行。

(1) 钻研大纲、教材和参考资料

教师应认真学习和分析健美操教学大纲和教材，明确教材的目的性，领会教材内在的思想性、系统性和科学性，掌握教材的重点、难点和关键，确定教学中具体计划和安排，并选择有效的教学手段，同时要准备好大纲教材的补充材料，如健美操动作图解、音乐、录像等。

(2) 了解和分析学生情况

学生是教学的对象，只有了解学生，才能有的放矢地确定课的目标，选择适宜的教学方法和手段。教师必须从学生的身体条件、专业基础、学习兴趣等方面对学生进行深入的了解，根据了解的情况采取相应的措施，保证教学的顺利进行。

(3) 合理安排教学内容

在深入研究教材、了解学生特点的基础上，还要根据每次课的任务、内容和学生实际等，进一步考虑和安排内容的先后顺序等。如果以创编健美操动作为主的教学课，其内容应先安排讲授编操的原则、创编的方法和创编动作的要素等理论知识，然后进行创编实践；其教学步骤的安排应保证能顺利完成这些教学内容。

(4) 钻研并确定教法

常言说："教学无定法，贵在得法。"教师应吸收国内外行之有效的教学方法，结合健美操自身的特点，恰当运用各种教学方法。在确定教学内容后，教师应根据学生的特点和实际情况确定动作教法步骤，以确保教学过程顺利进行，达到预期的教学效果。

(5) 准备音乐

课前要反复筛选音乐，根据不同的练习内容选择相应的音乐。例如，热身时，选择节奏感强、速度合适，旋律优美、具有感召力的音乐，让学生达到出汗的效果；教授动作时，选择与动作配套的音乐，使动作与音乐完美配合，让学生完全沉浸在音乐的旋律中，帮助他们记忆动作；放松时，应选择节奏舒缓、旋律优美的音乐，达到放松身心的效果。教师要反复熟悉音乐，做到心中有数，并且避免长时间使用同一首音乐，应定期更换音乐。

(6) 编写教案

教案应根据教学进度和单元教学计划来编写，并须在了解学生情况和认真钻研教材和教法的基础上进行，是教师课前准备的一项重要工作。编写教案可以使教师的准备更充分，有助于提高教师教学能力和课堂教学质量。

(7) 准备器材和设备

教师至少要提前10分钟到场，检查音响设备和场地状况是否正常，准备上课所需的器材；学生应提前5分钟到达上课地点，等候上课。

(四) 健美操课的组织与实施

健美操课的组织是教师根据教学目标、教学内容、学生实际和场地器材等，为完成课的任务、实现课的目标进行合理安排所采取的各种组织措施。健美操课的组织与实施是一项复杂而细致的工作，教学组织工作是否科学、合理，将直接影响课的教学效果和质量。因此，学会课堂组织的方法、掌握课堂组织与实施能力是每位教师必须具备的基本素质之一。

1. 健美操课堂常规

课堂常规是为了保证健美操教学的正常进行，对师生提出的一系列要求和必须遵守的规章制度。制定课堂常规不仅有利于建立正常的教学秩序，严密教学组织，而且对加强学生的思想教育，培养文明素质都有十分重要的作用。课堂常规一般包括以下内容：

(1) 对教师的要求

①教师应做好课前准备工作，课前认真备课，制定教案，了解学生、场地情况，规范着装、端正仪表。

②教师要按教学大纲和进度进行教学，不得随意更改教学内容。

③准时按指定地点集合上课，向学生宣布本课内容与目标，并提出教学要求。

④教师要多做示范，加强保护和帮助，做好准备活动与整理练习。

⑤下课前教师要集合全班学生，对课堂教学情况进行小结和讲评，提出课后锻炼的要求，布置课后练习任务。

⑥检查监督学生归还器材等工作的执行情况。

(2) 对学生的要求

①学生上课时应穿着运动服、运动鞋和运动袜，不带有碍运动的物品。

②学生因伤、病不能正常上课时，应主动向教师说明情况。

③学生上课时，必须自觉遵守课堂纪律，听从教师的安排，自觉自主地进行练习，努力完成教师提出的任务。

④学生应按照教师要求，有秩序地拿放器材，养成爱护器材的好习惯。

⑤学生要认真完成教师布置的作业，并对课堂所学内容进行复习和练习，积极运用所学内容参加体育活动，坚持体育锻炼。

2. 练习队形与示范位置

（1）练习队形

合理组织练习队形是顺利进行练习的保证。科学而熟练地运用队形，能够调动学生学习的积极性，便于学生有效地观察到教师的示范动作和面部表情，有利于相互间的沟通。因此要做好以下几点：

①依据条件定队形：练习队形的选择应根据人数的多少、场地的大小等具体情况来确定。在进行器械练习时，应根据器械特点和练习设计，适当增加活动范围。

②队形应便于观摩与指挥：选择的队形既要便于学生看清教师的示范动作，又要有利于教师的观察和指挥学生进行练习。

③练习间隔距离要适宜：练习的间隔与距离以不妨碍完成动作为宜。徒手练习时一般左右为两臂间隔，前后为两步距离；器械练习时应根据器械特点和练习涉及的范围适当增加。

（2）示范位置

决定示范位置的关键因素是全体学生都能看到教师示范。目前，有些学校的健美操馆有示范台，能为教师上课提供良好的条件。在没有示范台的情况下，应通过调整队形使每一名学生都能观察到教师示范，这是保证练习效果的关键。

3. 练习的组织形式

（1）集体练习

集体练习是指全体学生同时进行练习。这种形式便于教师统一指挥与组织，集中讲解、示范，节省教学组织时间，容易达到练习强度和密度的要求，有利于加快教学的进程。采用此种形式时，需要指导员不断地与学员沟通，适时地给予鼓励和表扬，使学生坚持下来。

（2）分组练习

可把学生分成两组，安排同一练习内容，两组轮换进行练习；也可把学生分成几个组，每组布置不同的内容，然后进行依次轮换练习。根据教学任务、练习内容、学生人数及场地器材设备等情况采用不同的分组形式。在分组教学时，教师要有目的、有计划地进行巡回指导，同时还要注意自己的站位，既要便于指导所在小组，又要便于观察其他小组学生的活动。

在一堂健美操教学课中，可将集体练习和分组练习形式结合起来运用。教师要灵活把握不同形式的转化，如在新授课时可以采用集体练习，在复习课时可以采用分组练习的方式，这样可以使课的练习过程更加丰富多彩，激发学生的练习兴趣，提高练习效果。

4. 队伍的调动及骨干的培养与使用

(1) 队伍的调动

健美操课组织的好坏，有赖于课上队伍的安排与调动，即教师能否按任务的需要，及时、合理地将队伍调动成必要的形式。由于每堂课的教学目标、教学内容等各不相同，队伍的安排与调动应根据实际情况设计而定，基本要求有以下几个方面：

①教师应明确什么情况下需要变换队形，如何变换，变化时应注意什么问题。时机把握不当，就会画蛇添足。例如，集体练习时，教师可以根据原始队形，轮换调动每排学生至前排，这样可以使每排学生都有机会近距离观看教师示范。也有助于教师观察学生动作，及时纠正错误动作。

②在教学过程中，不同的教学内容需采用不同的组织形式，教师应根据具体教学情况来选择队列队形。例如，跳操队形一般采用体操队形；踢腿队形一般采用四路纵队；活动游戏较多采用圆形队伍等。

③在教学过程中，队列队形的变换应在最短的时间内，通过最简捷的变换达到最好的效果，教师在调动队伍时要注意口令的运用，口令应响亮有力，预令和动令清晰可辨，具有号召力，必要时教师可培养学生骨干来协助教师进行教学组织。

(2) 骨干的培养与使用

在健美操教学课中，骨干有其特殊的作用。他们能够减轻教师的工作任务，协助教师进行教学组织，是健美操教学课中不可或缺的一支重要力量。

5. 场地与器材的布置

健美操课是在室内进行的，不仅要考虑其实用性、舒适性、功能性和安全性，还应体现以人为本的理念，营造使人心情愉快、精神愉悦的良好的健身氛围。因此，教师在教课之前应对健美操场馆的环境、位置、布局进行全面的审视。

在进行健美操教学时，布置场地器材是必不可少的环节。在布置场地和器械时，要遵循易于进行教学的原则，既要有利于教师进行讲解、示范、观察，又要有利于学生进行练习。因此，器械的布置要方向一致，相对集中，但必须留有足够的空间。

(1) 场地面积

一个合理的健美操场地练习区域的使用面积在100~400平方米之间。场地过大不利于教师对学生的指导；而场地过小，会直接影响教学质量。

(2) 地面及场地高度

地面应为木质材料地板且地面平坦、无裂缝、有弹性并防滑。地面距天花板的高度应不低于3米。一定高度的场地会令学生锻炼时有良好的空间视野范围，使学生心情愉快，有助于学生的练习和恢复。

(3) 领操台

健美操教学应配备领操台，主要用于教师带领学生练习和进行指导。领操台的面积和高度应根据场地的大小和形状来确定。一般来说，领操台的面积应以教师自如完成动作为标准，领操台的高度应以教师能在不同位置清楚地观察到每一位学生的动作为原则。

(4) 音响设备

应根据场地的实际形状和大小来具体选择适宜的音响设备。一般要求声音纯正、效果好，并应配备便携式无线麦克风，以供教师使用。

(5) 壁　镜

主要用于教师观察学生练习情况和学生自己观察动作。一般来讲，壁镜的高度应在 2 米以上，宽度最好能贴满一面墙。镜像要清晰、不变形。

(6) 环境质量

健美操练习时，应具有良好的通风和采暖条件；保持一定的湿度和温度，保持室内环境的清洁卫生。

6. 课程密度与运动负荷的调控

课程密度与运动负荷是教师在上课时必须认真考虑的因素。课程密度和运动负荷的安排是否符合学生的身体特点，不仅关系到学生的体质与健康，而且直接影响学生掌握健美操知识、形成正确的运动技能。科学、合理地安排课程密度、控制运动负荷，对提高教学效果具有重要意义。

(1) 课程密度的安排与调控

①认真备课，周密设计：课前教师应根据健美操课的教学目标、内容、学生情况等，认真备课，合理安排课中各项活动的具体内容和时间。

②改进和提高组织水平：加强对各部分教学内容的调控，尽可能提高整队、队形变换、布置场地器材的组织效率，让学生熟悉各项练习内容的顺序与队伍轮换的要求，缩短不必要的组织措施，以增加教学活动的流畅性。

③改进教学方法，提高教学技巧：教师要不断钻研教法，提高教学能力。上课时，讲解、示范力求简洁、突出重点，注意精讲多练，适当安排学生练习的次数。

④加强学生思想、纪律教育：教师要对学生积极进行引导和鼓励，强化组织纪律，使学生明确学习目的，自觉积极地配合教师参与教学过程，加大课的密度。充分发挥体育骨干的协助作用，减少时间的浪费。

(2) 运动负荷的安排与调控

①根据学生的身心发育水平安排运动负荷：安排课的运动负荷时，应从学生的实际情况出发，以大多数学生的承受能力为标准。体质较弱的学生，可采用减少动作冲击力、放慢速度、简化动作环节等方法来减少负荷强度；体质较好的学生可以通过加快速度，增大幅度等方法来加大负荷强度。

②根据课的类型安排运动负荷：课的任务不同，安排的负荷也不同。一般以复习健美操成套动作为主的课程要比新授课和引导课的强度大。

③根据课堂情况及时调整运动负荷：通过合理的组织教学，采用适宜的教法手段来调节健美操教学课的运动负荷；还可以通过改变动作幅度、冲击力、动作速度、练习时间和动作重复次数等方法对运动负荷进行调节。

（五）健美操课的交流与总结

1. 交流与反馈

在课程结束后，教师不应马上离开场地，而应留有一定的时间与学生交流，及时了解学生对课的感受和想法。下次课前也应与学生进行沟通，掌握学生课下完成情况。

2. 总结与改进

教师应结合自身感受和学生的反馈信息，对上课情况进行及时的评估和总结，肯定优点并找出存在的问题及解决办法，为下次课的改进提供依据，从而不断提高教学能力和教学质量。

二、健美操课的教学评价

健美操课的教学评价是根据一定的健美操教学目标及有关教学质量的标准，对整个健美操教学过程进行系统的调查，评定其价值和优缺点的过程。教学评价既包括对教师的评价，也包括对学生的评价，是提高健美操教学质量的重要手段，也是检验健美操教学目标得以实现的有效措施。

（一）健美操教学评价的作用

1. 诊断作用

对健美操课前准备、课堂教学过程和教学效果进行评价，可以及时了解课堂教学各方面的情况，从而判断教学水平、教学质量及存在的问题。全面客观的评价工作不仅能估计学生学习与实现目标之间的关系，而且能解释教师教学效果、学生学习成绩不佳的原因，并制订相应的对策。健美操课教学评价是对健美操教学进行的相对严谨、科学的诊断。

2. 激励作用

健美操课教学评价对教师和学生具有监督和强化的作用。通过相对客观、合理的评价，能反映教师的教学水平和学生的学习情况。在一定程度上，经常进行课堂教学评价，有助于提高教师的专业水平和教学质量，增强教师的责任意识。同时，经常对学生的学习情况进行反馈与指导，有利于激发学生的学习动机，提高学生的学习效果。

3. 调节与反馈作用

通过健美操课教学评价，可以使教师和学生更加明确自己教与学的情况，这样有利于教师根据反馈信息修订计划、目标、方案、策略等，调整教师教与学生学的行为，从而有助于实现预期目标，达到更好的教学效果。

（二）健美操课教学评价的内容与方法

1. 对学生的评价

（1）理论知识掌握的评定

理论知识评定的目的主要是通过考核、了解学生掌握健美操理论知识的情况。通常采用的评价方法为笔试，也可通过完成作业的形式进行评定。

①笔试：主要考核学生对健美操理论知识的掌握程度及运用知识分析问题和解决问题的能力。

②作业评定：着重评定学生灵活运用所学理论知识的能力及对教材内容的理解深度。

（2）技术掌握的评定

采用一定的方法对学生学习和掌握健美操技术动作的情况进行评价，是教学过程的重要环节，其评价的主要内容包括动作的熟练与规范、力量与柔韧素质、节奏感与表现力等。

(3) 教学能力的评定

体育院校的学生除了必须掌握一定的理论知识、技术动作外，还必须具备一定的教学能力。对教学能力的评价可重点测评讲解与示范能力、课堂组织能力、教学方法与手段运用能力、制定健美操教学文件能力以及技术动作分析与教学效果评价能力等。这些可以通过健美操实践课的实际教学进行评定。

(4) 学习态度与情意表现的评定

学习态度与情意表现的评定是指根据一定的标准对教学中学生所产生的思想、行动和个性等方面的变化进行评价的过程。学习态度的评价主要包括：出勤情况、课堂表现以及课后自主练习情况等；情意表现的评价主要包括：学生的情绪调控能力、自信心和意志表现等。评定时可采用自我评价、相互评价和教师评价相结合的方式。

(5) 其他内容的评定

健美操教学中，对学生评价的内容很多，在不同教学层面上，要求有不同的评价内容。例如，教学起始状态的评定，主要分析学生学习健美操前的基础情况，如力量、柔韧、协调、节奏感等方面的综合能力，这在教学实践中被大量采用；运动技能的评定可以通过竞技健美操等级规定动作的考核进行评定，若达到一定水平还可参加比赛，根据所获得的比赛名次授予相应的等级运动员称号；体育院校学生裁判能力的评定，则是根据通过学习与实践达到的裁判能力，授予相应的等级裁判员称号。

2. 对教师的评价

对健美操教师的评价，主要是对健美操教师专业素质和课堂教学两方面进行的综合评价。这是促进健美操教师提高专业素养和课堂教学质量的重要手段。

(1) 专业素质的评价

健美操教师的专业素质主要包括教师道德、教学能力与科研能力。教师道德的评价内容主要包括教师的职业态度以及对待学生的态度等；教学能力的评价内容主要包括教师对健美操课程目标、内容的认识与理解，教学方法的掌握与运用、从事教学的必备基本技能等；科研能力的评价内容主要包括主动学习的意识，独立钻研课题，写出有一定价值的科研论文等。

(2) 课堂教学评价

课堂教学评价是对教师的教学过程与教学效果进行的评价，其目的不是简单地通过健美操教学活动的结果或表现来评定教师的优劣，而是通过注重发展性评价促进教学工作的不断改进。在课堂教学评价中，一方面要对整个教学过程进行评价；另一方面更要注重对教学活动的有效性进行评价。健美操教师教学质量的评价方法比较丰富，通常采用一定指标体系构成的评分表进行评价，有利于在教学评价中的操作应用。（表 4–12）

表4－12　课堂教学质量评价表

<table>
<tr><td colspan="2">教师姓名：</td><td>课程名称：</td><td colspan="2">授课对象：</td><td colspan="3">授课时间：</td></tr>
<tr><td rowspan="2">指标类别</td><td rowspan="2">指标内涵</td><td rowspan="2">分值</td><td colspan="5">评价等级</td></tr>
<tr><td>A</td><td>B</td><td>C</td><td>D</td><td>E</td></tr>
<tr><td rowspan="4">教学准备</td><td>教学任务明确、合理。</td><td rowspan="3">20分</td><td rowspan="3">17—20</td><td rowspan="3">13—16</td><td rowspan="3">9—12</td><td rowspan="3">5—8</td><td rowspan="3">1—4</td></tr>
<tr><td>场地、器材、教具准备充分。</td></tr>
<tr><td>教案编写质量规范、清晰、美观。</td></tr>
<tr><td>教师着装适宜、仪表端庄、精神面貌好。</td><td>小计</td><td colspan="5"></td></tr>
<tr><td rowspan="12">教学过程</td><td>教学内容的选择科学、适宜，与本学科教学任务一致。</td><td rowspan="11">60分</td><td rowspan="11">49—60</td><td rowspan="11">37—48</td><td rowspan="11">25—36</td><td rowspan="11">13—24</td><td rowspan="11">1—12</td></tr>
<tr><td>教学中能适时介绍本学科最新信息与相关学科知识。</td></tr>
<tr><td>对教学重点与难点的把握正确。</td></tr>
<tr><td>讲解技术动作要领准确、精炼。</td></tr>
<tr><td>示范技术动作正确、优美、时机掌握适宜。</td></tr>
<tr><td>能及时发现学生的错误动作，并能有效纠正错误动作。</td></tr>
<tr><td>组织教法、手段、方法合理、新颖、多样且有实效性。</td></tr>
<tr><td>运用安全与保护措施得当、适时。</td></tr>
<tr><td>教学、训练中运动负荷设计科学、合理。</td></tr>
<tr><td>教学中贯彻循序渐进、区别对待，因材施教等教学原则。</td></tr>
<tr><td>教学中重视学生能力的培养，有相应的教学安排。</td></tr>
<tr><td>能及时概括授课内容并对课外学生自主学习有安排。</td><td>小计</td><td colspan="5"></td></tr>
<tr><td rowspan="4">教学效果</td><td>学生学习态度良好，课堂气氛活跃。</td><td rowspan="3">20分</td><td rowspan="3">17—20</td><td rowspan="3">13—16</td><td rowspan="3">9—12</td><td rowspan="3">5—8</td><td rowspan="3">1—4</td></tr>
<tr><td>师生互动性强。学生主体作用和教师主导作用发挥好。</td></tr>
<tr><td>学生基本掌握本课的知识、技术、技能。</td></tr>
<tr><td>本课有创新点、特色鲜明。</td><td>小计</td><td colspan="5"></td></tr>
<tr><td colspan="3">总　得　分</td><td colspan="5"></td></tr>
<tr><td>专家点评</td><td colspan="7">专家签名：</td></tr>
</table>

注：评价等级：A、B、C、D、E五级，3类别20项评价要素之和总得分。

等级系数：A＝1.0　B＝0.8　C＝0.6　D＝0.4　E＝0.2。

（三）健美操课教学评价的基本要求

1. 体现全面性

健美操教学课中的每个因素不是单一、孤立的，而是相互联系、相互影响构成一个整体。在评价指标的确定和评价方法的选择方面，不能只凭经验和感觉，应以健美操学科的特点和不同的教学模块的内容为依据，符合学生身心发展的特点及审美教育的客观规律，要从全局出发，涵盖健美操教学目标的各个层面和教学的各项内容。

2. 明确方向性

教学评价是检验教学效果、教改方向的重要手段，是促使教学思想、教学方法得以更新与完善的有效措施。在评价时，要根据教学目标确定评价标准和评价内容，力求重点突出、简单易行，有针对性、可操作性，有利于教师总结经验，不断更新和改进教学方案。同时，也有利于学生查漏补缺，发现和挖掘自身的运动潜能，培养创新精神，以促进运动表现及技能的发展。

3. 多种方式相结合

教学评价的方式取决于评价的内容，但即使评价内容相同，又因具体教学情况的差异导致评价的方法不尽相同。一般根据教学实际情况灵活把握，采取多种评价相结合的方式，如定量与定性评价相结合、自评与他评相结合，以达到优势互补，让每个学生都能得到切合实际的评价，从评价中获得新的目标和动机，全面提高评价质量。

推荐网站

1. 中国知网 http：//www.cnki.net/
2. 中国健美操协会官方网站 http：//www.caa.net.cn/

思考题

1. 什么是健美操教学？健美操教学的原则有哪些？
2. 健美操常用的教学方法包括哪几种？如何进行示范面的转换？
3. 健身健美操教学方法有哪些？设计健身操动作组合的教学并进行实践。
4. 制定教案时应注意哪些问题？编写一节健美操课的教案并进行实践。
5. 如何上好一堂健美操课？

参考文献

[1] 肖光来. 健美操 [M]. 北京：人民体育出版社，2006.
[2] 马鸿韬. 健美操运动教程 [M]. 北京：北京体育大学出版社，2007.
[3] 张晓莹. 健美操教学文件的制定与范例 [M]. 北京：北京体育大学出版社，2012.
[4] 匡晓红. 健美操 [M]. 北京：高等教育出版社，2011.

第五章 健美操的创编

章前导言

1. 了解健美操不同类别的创编概念、任务、目标及内容。
2. 了解健美操创编的决定因素、创编者的基本能力、创编原则。
3. 了解健美操创编方法与创编过程。

第一节　健美操创编概述

一、健美操创编的概念

“创”就是制造，“编”是把已经掌握的材料交织、组织在一起成为新的事物。创编是按照人类对事物的认识孕育新事物的过程。

健美操的创编是依照健美操的特点、规律，根据其目的、创编原则，将单个动作有机地组合成为健美操锻炼与竞赛套路的过程。

健美操是一项综合性很强的体育运动项目，要有效地达到锻炼与竞赛的目的，简单地把动作串联起来是远远不够的，还要注重健美操的本质、特点以及健美操的套路结构、时间、空间运用的方式、风格特点、音乐等诸多因素的有机结合。依不同的锻炼目的与不同的风格特点，我们将健美操划分为 3 大类，分别为健身健美操、竞技健美操和表演性健美操。

（一）健身健美操

健身健美操的创编是依据健身原则以及健美操项目特性进行制作，用以强身健体的套路动作的过程。在整个过程中，创编都要以锻炼人群、目标、原则、任务以及客观要求等为依据而进行的。

表 5－1　健身健美操创编的分类

创编依据	创编类型
根据健身性健美操的风格	传统健身性健美操、爵士健美操、搏击健美操、拉丁健美操、瑜伽、普拉提
根据创编对象的年龄	儿童健美操、青少年健美操、中老年健美操
根据创编对象锻炼目的	康复健美操、保健健美操、健美健美操
根据创编使用器械与否	徒手健美操、轻器械健美操（哑铃、橡皮筋、踏板、自行车、健身球等）
根据创编锻炼的主要部位	头颈部、胸部、腰部、腿部、手臂、臀部等的局部健美操
根据创编针对的特殊人群	孕妇健美操、残疾人健美操
根据创编的性别特征	男子健美操、女子健美操
根据创编对象的身体状况	初级健美操（从未参加过锻炼的人群）、中级健美操（偶尔参加锻炼的人群）、高级健美操（经常参加锻炼的人群）

（二）竞技健美操

竞技健美操创编是依据规则以及展示运动员的竞技能力与创造力而进行组织动作成套的过程。

表5－2 竞技健美操创编的分类

创编依据	创编类型	创编说明
不同目的	以训练为目的的竞技性健美操创编	基本动作组合创编 基本动作与难度动作相结合的组合创编 过渡与连接动作创编
	以竞赛为目的的竞技性健美操创编	竞赛成套动作
不同项目	女子单人操创编	以女子的特点和运动员的个人情况进行创编
	男子单人操创编	以男子的特点和运动员的个人情况进行创编
	混合双人操创编	以混合双人操的特点进行创编
	集体三人操创编	以集体三人操的特点进行创编
	集体六人操创编	以集体六人操的特点进行创编
不同阶段	训练初级阶段创编	以基本动作为主，配以少量简单难度动作
	训练中级阶段创编	以基本动作和难度动作相结合的组合动作为主
	训练高级阶段创编	以复杂的基本动作和较高难度动作为主，并突出过渡与连接动作的创编

（三）表演性健美操

表演性健美操创编是根据具体表演要求的以观赏性、娱乐性为首要任务，依据健美操项目特性采用大量艺术手法进行组织套路的过程。

二、健美操创编的指导思想和原则

任何活动的进行都需要原则的支撑和科学的指导思想，健美操创编也不例外。在进行健美操这一综合性很强的体育运动项目的创编中，我们更加需要科学的指导思想与原则的支撑，在健美操创编的实践活动中给予我们理论知识的支持，以确保我们的创编作品更具科学依据与艺术欣赏价值。

（一）健身健美操的指导思想与原则

1. 健身健美操的指导思想

（1）安全性

安全性是创编健身性健美操的重要指导思想之一，因为它是保证健康的前提条件。我们要坚持安全第一，避免采用容易对身体造成伤害的方法与手段，发展有益于身心健康的方法与手段。我们必须做到：

①确保有氧，避免无氧现象的出现；

②遵循人体自然运动规律，杜绝违反人体自然活动的动作出现；

③减少运动对关节的冲击力，保护关节；

④避免肌肉的过度牵拉，防止对肌肉造成伤害；

⑤确保成套动作整体风格积极向上的精神，带给人们朝气蓬勃、轻松愉快的精神状态。

（2）有效健身性

健身健美操创编的首要目的就是注重身体全面发展、均衡发展，使锻炼者达到提高健康水平、改善体态体形的目的。因此，一切动作设计都应围绕这一思想进行。在创编中应有意识地遵循各关节不同的运动规律（如各种屈伸、摆动及绕环等），保证身体各环节都可以得到适当有效的锻炼；通过改变运动位置、方向、节奏、路线，通过单一动作、复合性动作的变化来影响机体的不同肌群，培养人的协调性。

作为一名健身指导者，应知道每一个动作对哪些肌肉或肌群产生影响、肌肉做功的基本原理等。如通过手臂胸前屈肘来施加对肱二头肌的影响，通过提膝对腹直肌及股四头肌施加影响等。

（3）娱乐与艺术性

娱乐与艺术性是健美操不同于其他运动项目的重要特性，是创编活动中的另一个指导思想。对健身项目而言，仅仅获得生理上的健康已远远不能满足当今社会需求，在身体健康的同时，人们的身心也要得到愉悦。世界卫生组织（WHO）发表的健康定义为："健康是一种在身体上、精神上的完满状态，以及良好的适应力，而不仅仅是没有疾病和衰弱的状态。"依据这一定义，我们把健康分为：第一生理健康，第二心理健康，第三良好的道德与适应能力。优美动听的音乐可以陶冶人的情操，舒展大方的动作使人有美的享受，人们在音乐伴奏下舒展身体，释放了压抑的情绪，从而获得良好的情绪与状态。

2. 健身性健美操创编的原则

（1）成套结构的合理性原则

要创编出优质的健身性健美操动作与套路，仅仅具有正确的指导思想是远远不够的。在创编活动中，遵循特定的规律与原则是保障动作与成套的科学性、时效性的必要条件。健身性健美操成套的创编结构基本上分为3部分，即准备部分、基本部分、结束部分。

准备部分的主要目的是使身体从相对静止状态开始，通过加深呼吸，逐渐进入运动状态，为进入相应的运动强度做准备，防止运动损伤，同时为下面的基本部分做好思想准备。这一部分可根据整套操的目的与结构而定，可以有呼吸、一般性伸拉与关节活动等内容，同时要注意养成动作与呼吸协调配合的良好习惯。

基本部分是一套动作中的主要部分。练习内容有关节的活动、肌肉的练习、耗能，形式以操化动作、垫上练习、步法、跑跳等为主。这一部分的目的是加强运动负荷，通过耗能而减脂，提高人体运动的基本素质，使内脏器官得到锻炼。特别注意的是在创编肌肉练习动作时，应注意练习与伸拉交替进行，以防止肌肉变得僵硬。

结束部分主要以放松、伸拉为主，目的是放松肌肉，逐渐降低运动负荷，从而尽可能地恢复并达到锻炼前的状态。

每个部分之间的运动强度过渡不要忽然加大或减少，要注意连接动作的设计，使运动强度逐渐变化。

我国健美操的形式多种多样，在学校体育中，我们常常可以见到5~10分钟的短小健美操套路练习，但它们在结构上依然包括准备、基本、结束3个基本部分；在内容上，它们更侧重关节练习。由于目前各学校的训练条件有限，所以一般没有垫上练习。此外还有一些特殊功能与形式的健美操练习，如手指操、太极健美操、中老年健身操、青少年健身操等，这些操主要针对人们日常生活中的具体问题与具体对象而设计。不论它们的形式差异如何，结构上的3个部分是基本不变的。

(2) 鲜明的针对性原则

在健美操的创编中，创编者首先应了解练习对象的具体情况。不同人群的具体情况与要求各不相同，所以，在创编健美操时要对接受者的具体情况进行分析，其中最基本的是身体情况有无严重的疾病，如严重的心血管疾病，运动功能上的疾病与缺陷等。身体素质（力量、耐力、速度、柔韧、灵敏)、运动经历、心理状态和周围环境等因素都是我们应考虑的。

(3) 动作有序性及流畅性原则

健美操受练群体往往流动性强，业余练习者居多，教练员常常采用连续不断的带领法练习健美操。我们在创编这类操时应注意有顺序地安排动作，使动作与动作之间不连接，有一定的规律并连贯，这样便于锻炼者最快最顺利地掌握动作。特别是步法的有序流畅，合乎规律的步法是锻炼顺利、不间断的有力保证，同时也可以减少运动损伤的出现，从而更好地达到锻炼的目的。

所谓有序流畅，是指活动部位的有序以及动作与动作前后连接的流畅。如按解剖的位置由上至下或由下至上，由外向内或由内向外，从一种步法连接至另一种步法，由局部至全部，由单一至综合与复杂。为了有利于教学的顺利进行，我们在创编中可以有意识地分解复合性动作，并对动作进行分析。健美操的动作是由下肢——步法配以上肢、躯干的运动而成，在学习一个复合性动作时，我们可以把这一动作分成若干个单一动作，然后逐步加以组合，如先做下肢动作再做上肢动作，最后组合成一个完整的动作；或先做动作原形，再在原形动作上加以变化等。

要使动作连贯合理，创编者应了解动作的基本类型：

第一，步法。步法的流畅主要在于运动中对身体重心的把握，在运动过程中如果能够使身体重心保持平稳，做到步法流畅就不难了。步法的主要运动形式有以下几种：双脚同时运动、双脚依次运动、同脚多次运动。不同形式步法的转换为重心的变化所致。如重心在中间，双脚同时运动，这样的步法有双脚弹动、开合跳等。像这类的步法可任意连接下一个步法。又如重心偏离人体中心，倒向某一侧，连接下一步法最常见的是，使用身体的另一边(也就是使用另一只脚)。除非你要有意多次使用同一侧脚时可以不变化重心。

第二，手臂动作。手臂动作的运动形式与运动范围比较复杂、多样，归纳起来有对称运动、不对称运动、单手运动（单手依次、单手单边多次)、双手运动；运动形式有伸、举、摆、绕、振等。对一般人来讲，对称运动比不对称运动容易接受，上下之间与左右之间在胸前停留一下更容易接受，我们要有规律、有目的地使用这些形式。

当整套操编排就绪后，形成一定的规律，可以使锻炼者尽快地掌握动作，以加强锻炼的实效性。

(4) 运动负荷的合理性原则

创编一套操调控运动负荷是非常重要的。例如，健身性健美操要严格地把运动负荷调控在中小强度，使之确保运动中的呼吸供氧。为了有效地达到最佳锻炼效果，应把负荷调控在能达到最佳效果的范围之内。

在健美操中常用最高心率公式为：220–年龄=最高心率

通常运动负荷受下列因素影响：动作速度、重复次数、时间、动作幅度和肌肉用力。相同的时间内，动作速度越快，重复次数越多，幅度越大，肌肉用力越大，运动负荷就越强，反之则越弱。保持动作速度、幅度、肌肉用力时间越长，重复次数越多，运动负荷越强，反之越小。

在设计健美操运动负荷时应注意负荷逐渐上升与下降，并使之呈波浪式曲线上升与下降，总体上呈正向曲线。在一套健美操中，可出现 1~3 次高峰值，在出现多次峰值时每次的强度应有所区别，不应相同，可递增或递减。锻炼时间越长，出现多高峰的可能性越大，相反则越少。通常国际流行俱乐部锻炼时间控制在 45~60 分钟。在我国有些俱乐部为 60~90 分钟。学校体育教育中常用的操每套在 5~10 分钟。

步法的强度受如下因素影响：主力腿的腾空高度、动力腿的动作幅度、肌肉的控制力度和动作的速度。影响手臂的动作强度的因素是动作幅度，以肩为轴由下至上强度逐渐增强，同时动作速度也是控制强度的主要因素。（表 5–3）

(5) 注重艺术性和创新性原则

表 5–3 健美操运动强度的控制因素

	动作速度	动作幅度	动作速度	动作用力	持续时间
+	↑	↑	↑	↑	↑
–	↓	↓	↓	↓	↓

健美操是一项结合了体操、舞蹈、音乐等项目特点的综合性体育锻炼项目，它的重要特点之一是带有强烈的娱乐性与表现力，因此有目的地吸收舞蹈动作与其他运动项目的动作，以及一些独特的设计编排，是创编中必不可少的环节。

现代健美操起源于 20 世纪 60 年代末 70 年代初的美国，在 70 年代，迪斯科舞蹈盛行于美国，后风靡全球。健美操最初把迪斯科与体操动作融为一体，并运用有氧运动的锻炼原则独树一帜，赢得了众多人群的喜爱。它之所以很快被人们接受，正是因为它独有的娱乐性与健身的实效性。而后，健美操吸纳了越来越多的舞蹈动作，并加以创造，形成了风格各异、形式多样的健美操，如爵士健身操、拉丁健身操、搏击健身操等等。健美操是一项包容性很强的体育运动项目，它能够很快地吸收新的舞种，这与健身市场的需求有密不可分的关系，也是健美操向前发展的原动力。创编者采用哪些舞蹈素材和其他运动项目的动作，独创性的成功与否，是衡量一个创编者水平的重要标志。

在运用其他项目的动作素材时，应注意以下几个方面：

第一，在一套操中，舞蹈或运动项目的动作风格尽可能地统一，以便形成独特的、鲜明的成套风格。舞蹈是一种艺术形式，往往与时代、文化等有着密不可分的联系。一个时代往往有其代表性的文化特征，我们在采用舞蹈素材的同时，还应考虑接受对象的文化背景，只有尽可能被人们所接受，才能达到最佳效果，形成最大的影响力。如果我们把过多的舞种混杂其中，会使人们感到杂乱无章。要把地域跨度过大的文化形式区别开来。如果有必要采用，一定要经过“吸收→消化→改变”的过程。借鉴其他的运动项目也是如此。

第二，采用其他运动项目或舞蹈中的动作时应考虑与健美操的特点相结合。任何一个来自其他舞蹈形式的动作，都需要经过严谨的思考加以改造后才可以使用。节奏强烈、奔放与热情，同时要求有一定的节奏及频率，保持一定的韵律性，步法保持弹性，动作清晰有力，动作与动作连接快等等，这些都是健美操所特有的风格特点。我们应依据这种特点进行选择，避免使用那些易造成损伤或违反人体自然运动规律的动作。

第三，在创编过程中，应做到所选取音乐的风格与成套动作的主题相吻合。每个舞种都有其特有的音乐种类，健美操也是一样，每个作品都有其特有的主题及中心思想，因此，我们在创编动作的同时，也要选择与动作主题相吻合的背景音乐。

（二）竞技性健美操创编的指导思想与原则

1. 竞技性健美操创编的指导思想

（1）依据规则

规则是竞技比赛中的法规，是每一位参赛者都必须遵守的。规则是衡量动作编排及完成情况的标尺，它是判断成套动作的艺术、完成、难度等各个方面的标准。规则又是指南针，它为创编者与参赛者都指明了方向。研究并执行规则的条文不仅仅是运动员与教练员的职责，同时也是创编者创编动作的依据。

由于竞技性健美操从诞生至今时间较短，因此国内外各地区发展情况各异。目前，国际上具有影响力的健美操国际组织有3个，制定的规则各异。1998年8月国际体操联合会成立了竞技健美操委员会（FIG)，并在法国举行了第一届“世界健美操锦标赛”之后，这一世界性比赛每两年举行一届。

在竞赛过程中对成套动作的评判是依据规则进行的。因此，创编者在创编前，应首先透彻地了解规则，分析规则，掌握规则，遵循规则。

（2）凸显竞技能力

竞技健美操作为一项竞技体育运动，最终目的是要通过比赛区分优劣，运动员则是通过比赛表现高水准的竞技能力，因此，竞技健美操成套动作的创编非常重要。

国际体联健美操委员会主席约翰·艾特肯森在国际体联会议上指出：“我们要严格维护健美操特色。”健美操的特色是在身体姿态控制技术的基础上有节律地弹动控制技术，它的竞技特征表现为动作的高标准的难度与配合、动作形式的多样性与连贯性、运动负荷的高强度等。这些都是围绕着体现运动员的身体素质（力量、无氧耐力、速度柔韧、灵敏、协调、平衡能力)、独特的吸引力（动作设计、动作表现、表情与气质)、智慧（战略战术、成套动作的不同层次表现)、心理素质（情绪的稳定性）而进行比较的。所有这些综合能力即是运动员的竞技能力，因此，体现竞技性健美操的竞技能力是我们创编中的另一个十分突出的指导思想。

(3) 创新是取得优异成绩的关键

健美操的创新应分为：动作创新、音乐创新、风格创新、队形与过渡配合创新。FIG 的规则中对创新有着明确的解释，创新无疑是个得分的亮点。创新也是项目发展的源泉，值得注意的是，健美操的创新是在把握健美操本质与技术特点下的创新，是对健美操规律清醒的认识下的创新，是对未来发展有着前瞻性掌控的情况下的创新。

2. 竞技性健美操创编的原则

(1) 多样性原则

国际体联竞技健美操竞赛规则中指出"成套动作必须表现出健美操动作类型、风格和难度动作的均衡性"，即成套动作必须表现不同的风格、节奏，成套动作的操化动作与难度动作的选择必须均衡。关于多样性，竞赛规则从如下几个方面做了明确的规定：

第一，"动作组合的多样性——每次相同的动作将被扣分"。这就意味着在 1 分 45 秒的成套动作中不能有任何的动作是相同的。

第二，"作为难度和支撑的准备的过渡动作的多样性——只有作为难度的准备的过渡动作才允许重复相同的步法组合，但手臂动作组合必须不同"。

第三，"空中到地面及其相互转换的过渡动作的多样性——运动员每次从一个平面转换到另一个平面时完全重复相同的动作，将被扣分"。

第四，移动路线的多样性——连续使用相同的移动路线将被扣分。

第五，动作节奏的多样性——在一套动作中至少出现一次节奏的变化。

从上述规定可以看出，对多样性的规定其目的在于增强健美操的观赏性，同时全面反映运动员在各方面的能力，并使成套动作的内容丰富全面。成套动作的多样性是目前国际健美操比赛的潮流，在进行任何类别竞技健美操套路的创编时，都应掌握其潮流以及发展趋势。

应注意成套动作的均衡。不论是操化动作的各个类别还是难度动作的规定动作，要注意两个方面：一是类别数量的均衡，即在动作中尽可能地把动作的类别及数量做出适当的安排，根据目前动作的发展及运动员个人的特性而定；二是指结构上的均衡，是对成套所有动作的前后安排的均衡，不能使某一类动作特别是难度动作过分地集中出现。

目前难度动作分为 4 个组类、10 个级别，即 0.1~1 分，每上升 0.1 则升高一个级别。从 0.1 向后，难度价值越来越高。所谓高难度、高价值取决于两方面：一是参与动作的身体部位越多，复杂程度越大，难度越高；二是人体运动围绕人体垂直轴进行，人体垂直轴又分为垂直地面转动（TURN）与偏离垂直地面的人体的非垂直轴（TWIST)，一个动作参与的垂直轴转动越多，难度分值越高，但不是无止境的，规则目前准许的范围是 720°以内的旋转。同样值得注意的是，创编中要强调高难度动作，但不是难度越高越好，而应充分考虑运动员所具有的运动能力及动作特点、风格等综合因素。在运动员能够优美地完成动作的前提下，对难度动作进行选择与创编。

操化动作是指从传统健身操中发展而来的健美操固有的动作。操化动作的难易与难度价值、难易程度分析基本相同，但在国际体操联合会竞技健美操委员会《竞技健美操竞赛规则》中每个操化动作没有具体分值，对它的评价是依据运动员的完成情况及创编的多样性及艺术性。《竞技健美操竞赛规则》中指出：多样性并不意味着不允许重复基本步法或其变化，而是运动员应避免做相同的动作组合。动作的变化应综合考虑，上肢与下肢配合及前后连接上应尽可能多地进行变化。我国的一些比赛，特别是行业或基层比赛，目前还没有过高的难度，对难度动作数量也有所限制，有些对操化动作有具体的规定，并有相应的分值。在创编这类操时应考虑具体的原则与规定。我国不同级别的比赛很多，创编时除了要尊重规则要求外，还应尽可能地使动作产生变化。

(2) 流畅的连接与过渡性原则

连接与过渡动作是指重点动作与重点动作或重点段落与重点段落之间的动作。连接与过渡可能是空中及地面的转换或是路线的变化，这些在比赛套路中运用得好坏是成套动作优劣的又一衡量标志。

《竞技健美操竞赛规则》在第四章 1、2 过渡动作、连接动作中作了如下说明：“流畅地连接健美操的基本步法、动作组合、难度和托举的能力；灵活和流畅的空中、地面相互转换。”

另外，在规则的《裁判员指南》中关于过渡与连接动作流畅说明是：“不同的动作组成了一套动作的编排，健美操的动作组合、难度动作、托举和支撑，过渡动作或用于从一个平面转到另一个平面的动作。这些动作必须以动力性生动地连接在一起，而不能突然中断动作的连续性，一个动作必须轻松、自然地引导另一个动作。成套中的每一拍都应清楚。”

动作的流畅性可以从几个方面理解，首先是动作本身。创编组合动作时，要注意步法与步法的连接自然流畅，特别是各种移动与转体，应左右腿交替运用，连续使用一条腿时必须恰当巧妙，可以配合节奏变化。上肢的连接同样要连贯自然。步法是健美操的基础，要做到连贯流畅，步法的重心处理十分重要。其次，难度动作与前后动作的连接必须自然顺畅，通常采用的基本动作类型有一般性的跳跃、前倒、滑动、滚动、翻转、小技巧等。当准备做一个难度时，应先考虑它的难度类别与运动形式，所采用的前后连接应有利于难度动作的完成和自然、完整。

在做集体项目的配合时应考虑人与人之间的相互关系，使他们从前至后连接自然顺畅，可以使用各种姿态与步法进行连接，上一个动作应是下一个动作的准备，一个动作的结束应是另一个动作的开始，从而达到一种最佳的连接过程。创编配合动作，除了表现出相互依托与映照外，还应具有健美操特色，可以利用各种健美操的难度动作及操化动作进行结合。配合动作分为静力性配合与动力性配合两种。静力性配合需要为运动员保持足够的静止时间，而动力性配合要注意人与人之间的协调与运动感。

空间的利用与路线的变化是创造流畅性的另一个方面。空中、站立、半蹲与地面运动是我们可运用的垂直空间，而同时通过运动员、表演者或锻炼者身体方向的变化可以在水平方向创造流畅。在做这些变化时，应避免生硬的死拉硬拽式的连接，而应利用健美操的特有的动作特性，如节奏快、变化多、步法变动快等，由一个动作或一个面变化成另一个动作或另一个面，充分运用人体的运动规律，尽可能地少出现中断、停顿的现象。

成套的运动路线主要有：直线、斜线、曲线、波折线、锯齿线、S 线等。单一的线实际只有两种：一是直线，二是曲线，其他线条都由这两种线条变化或组合而成，如斜线是直线变方向而形成，S 线由正反两个曲线组成。有目的、巧妙地使用这些路线可以增强成套动作的流畅感，使成套动作显得饱满、飘逸。不论比赛场地是什么形状，我们都可以把它划分为 5 个基本区域，即以场地的 4 个角为圆心，以 1 米为半径的区域与场地中央。尽可能地利用步法移动至各个区域，避免区域的使用失衡，某一区域使用过多也会影响成套动作的均衡感。

在创编中，路线的使用应尽量避免多次使用一条路线，特别是连续使用同一路线。

(3) 独特完美的艺术创造性原则

健美操是一项艺术性很强的难美项群类运动项目，它可以给人们带来很强的艺术享受，但就健美操项目特点而言，它的主要艺术特点是朝气蓬勃、乐观向上。《竞技健美操竞赛规则》中第三章的艺术性表述为："成套动作的艺术性要求是：充满活力，有创造性，以健美操的方式表现动作设计和流畅的过渡动作"；在第四章创造性中指出："成套动作必须是令人难忘的、与众不同的，它必须是展现及音乐、动作设计和配合的独特的创造性的结合。"在规则的艺术裁判指南中指出，"不欣赏表现悲伤、痛苦、烦恼或不快乐的表演，因为健美操的特色之一是活力、动力、趣味和快乐的外在表现"，"成套的主题不得体现暴力、色情与性爱"。

健美操的艺术创造具有两重性，首先是创编过程中的艺术创造，其次是运动员、表演者或锻炼者在完成成套动作过程中的第二次创造。创编中的艺术创造是基础，在此之上运动员的第二次创造，升华与提高了其艺术创造性，从而达到完美的境界。因此，创编中的艺术创造是首要环节，它直接影响着第二次创造，是第二次创造能否展示理想空间的前提条件。

在创编一套动作前，要了解运动员、表演者或锻炼者的习性、表达能力等因素，只有这样，在创编中才能有目的、有方向、有尺度，使成套动作的艺术性与艺术魅力展现得淋漓尽致。

健美操的艺术创造可以通过以下几方面进行。

①主题：在成套动作中可选择一个表现的主要内容，如读书、欢聚等，在成套中恰当地加以描述，使成套动作产生戏剧性效果，但不能过多地展现，因为每个动作必须为体现竞技能力服务。可通过短时间的两三个动作，也可在成套中反复出现同一主题（用不同的动作），但以不超过 3 次为宜。与此同时，要使主题与其他因素有机地结合，主题的出现要能够突出艺术性。如果没有具体的主题，则应围绕着成套动作的风格与气氛来进行创编。成套动作的艺术气氛来源于个人的修养，特别是音乐给予创编者的启发与灵感。

②音乐：优美、完整及独特的音乐风格是展现动作与艺术性的动力，音乐具有完美的表现形式，它可以为创编者提供创造的源泉，并使创编者产生灵感。恰如其分地运用这些表现手段，可以突出艺术效果，并给动作带来生命。在创编中，应对音乐的结构、节奏、旋律、配器等诸多因素进行分析，找出动作与音乐的结合点，特殊的音响效果会给动作带来意想不到的效果。音乐的选择必须有利于体现竞技健美操的竞技能力。

③动作设计：在动作设计上，除了考虑那些传统的健美操动作外，还应善于创造新颖的动作。独创新颖的动作使人们出乎意料，反应强烈，具有独特的艺术性与创造性。

上述 3 个方面在创编中应有目的地综合使用，特别在独创方面应狠下工夫，以求不落俗套，与众不同。

《竞技健美操竞赛规则》中有关艺术创造性指出："表演是与众不同的、独特的和非凡的"，在论述完全新颖的音乐和独特的动作时指出："当所有的因素被编排和融合在一起时(动作设计、表现力、音乐、配合)，才能形成一套与众不同的、独特的和令人难忘的成套动作。动作设计、健美操组合的编排、过渡动作、不同的队形，这些都是新颖的、与众不同的、不可预见的，并且通过运动员的动作和表现与音乐风格完美地结合起来，再加入一些以前无人做过的、具有特殊感觉的小动作细节。在一套动作中可体现一个主题，动作设计、音乐、表现和服装都与主题密切联系。各种因素完美地结合在一起，使之具有独特的个性”。

(4) 因人而异的创编性原则

人与人之间存在着各种差异，因此运动员、表演者或锻炼者相互之间除了个性上的差异，还有运动能力、身体素质、技术、外形等方面的差异，在创编中应充分掌握运动员、表演者或锻炼者的个体特性及各方面的情况，并充分挖掘个人的特点，结合上述原则进行创编才能达到预期的目的。

(三) 表演性健美操创编的指导思想与原则

1. 表演性健美操创编的指导思想

(1) 创作表演作品

由于健美操综合了音乐、舞蹈、体操等项目的特点，因此它具有较强的艺术性及表现力，把健美操的精华与艺术手段有机结合，可以创编出艺术效果极佳的表演作品。

(2) 提炼锻炼套路

健美操多用于健身和竞技比赛，其创编设计均具有独特的创新性，将平时所创编的锻炼和竞赛套路加以提炼将成为观赏性较强的表演项目。

2. 表演性健美操创编的原则

(1) 展示健美操的项目特点

健美操的主要特点为动作的弹动性与特有的形态。弹动性在基本技术中已经作了详细的阐述，它源于膝、踝的协调屈伸。健美操的姿态除了躯干挺拔、有清晰的开始与结束外，动作有力度是其本质的特点。另外，动作流畅、衔接合理、具有强烈的律动感也是它的主要特征。在编排表演性健美操时，主体部分要尽可能地保持这些主要特点，根据需要加入一些别的动作。

(2) 以音乐为灵魂

音乐是健美操不可缺少的部分，可以为创编带来灵感。在创编中，要准确地表达音乐内涵，在掌握音乐制作技术的前提下，也可以先按自己的构思对所选音乐进行制作，再进行动作创编，这样就可以使动作与音乐的结合更加完美。

(3) 丰富性

观赏性是表演性健美操的主要目标，人们的注意力很容易被变化、冲突、优美、移动的事物所吸引。因此，除了需要呼应的情况下，我们应尽可能地避免重复动作的出现，保证成套动作的多样性。这里的多样性还包括空间利用、节奏变化、人员的组织与调动和路线等。

(4) 强烈的艺术性

艺术性是健美操的主要特点之一，健身性健美操与竞技性健美操由于目的与条件等方面的限制，很难将艺术性作为首要创编目的，而表演性健美操就不同了，在把握健美操特点的前提下，可以充分展示健美操的艺术魅力。

表演性健美操的创编者在创编过程中可以突出某一种风格，如 HIP HOP、拉丁舞等，也可以把其他项目融入表演之中，还可以把不同风格与不同的健身器械融入一套表演操中，但在编排这样的操时一定要注意音乐的协调。

主题的表现是展示艺术性的另一种手段，可以很具体地利用某一生活中或想象中的事物作为描述的内容，无论是动作体现还是音乐体现，都是很好的艺术体现，但在这类操的编排中，都必须以健美操的表现形式为主体。

同时，表演性健美操在创编的过程中还需要加入服装、灯光、舞美等众多因素的全面考虑，使健美操这一项目作为表演性节目时能够更加完美地呈现在观众面前。

(5) 可行性

无论是哪类健美操的创编都不能忽视对各方面条件的考虑，要从身体条件、专业技能、表演能力等方面进行审视。(表 5–4)

表 5 –4　健美操创编的审视条件

身体条件	专业技能	表演能力
柔韧、力量 灵活与协调 性格	操化动作 转体 跳跃 舞蹈	激情 吸引力 形体与面部的表达

第二节　健美操创编的美学基础

健美操已经成为当今社会人们健身、休闲、娱乐的主要体育运动项目，它之所以能够在短短的 20 多年的时间里走进人们的生活，改善人们的生活，愉悦人们的生活，深受人们的喜爱，与健美操符合大众审美的心理需求密不可分。

一、健美操创编的美学原理

美的基本形式主要表现在整齐、对称、比例、均衡、对比、和谐、层次、节奏、多样统一等方面，这都是健美操创编的美学基础。同时，健美操是受体育、艺术、音乐、人体形态和社会审美等诸多方面美的取向的影响。如何根据美学原理，把握体育艺术美的规律，设计和创编出更符合当代人们对美的需要的技术动作和套路，将是健美操进一步发展的生命源泉。

为此，在设计和创编健美操时应主要遵循以下各方面美学原理：

（一）舞蹈艺术给健美操表演提供了有益借鉴

任何一种舞蹈艺术都是人类物质和精神生活的载体。舞蹈是以人的形体动作为基础表现手段来塑造形象、表情达意的表演艺术。具体来说，舞蹈是以表演者自身的形体动作、姿态、造型等为传达媒介，通过人体动作在幅度、力度和角度上的变化、运动为艺术语汇，表现人的内心情感、审美追求以及时代精神的表演艺术。

从艺术角度上看，健美操与舞蹈艺术美实际上是统一的，是人的本质在实践中的感性显现。舞蹈艺术的概念是指各种舞蹈艺术的总和，通过表演动作创造艺术形象。而健美操的诞生源于人们对健美身体的追求，是体操、舞蹈、音乐逐步结合的产物。健美操竞赛或表演中，运动者强烈实现的是造型美、体态运动美、意志个性美，或优雅或刚健，或缥缈或深沉。

动作是构成健美操最基本的元素。健美操也与舞蹈一样是人体动作的艺术，它是通过一系列的动作设计表现健美操的步法、姿态、手型等特色，并依靠动作的力量、速度、幅度，结合音乐节奏的对比，配以变化的舞蹈画面的动作表现，组成动作语言，塑造注入时代气息的、富有感染力的、健与美的动作艺术形象。在健美操的创编过程中，动作的设计除合理选创健美操的特色内容以外，还必须灵活地转换、流畅地连接、新颖地过渡组合，流溢出一种自然美感。

成套动作不仅应根据不同音乐风格进行多样性变化组合动作，而且还应考虑表演者的个性、生理特点和综合素质能力，进行多样性选择动作组合，使之淋漓尽致地表现健美操项目的特色，达到人体动作艺术的完美展示。

健美操的艺术造型是一组组流动的雕塑群体，将人体动作艺术时而静态展示，时而动态表现，充分地展现了健美操的艺术魅力。正如美术雕塑一样，健美操运用造型手段反映了生活美丑属性，表现创作者审美意识的艺术形式。在健美操创编时，一些世界著名的人体雕塑都可用健美操的造型来表现。同时，健美操也可借助著名的雕塑来表现、创造前人未曾创作的雕塑。

因此，融艺术表现为一体的健美操运动流露出的自然美，是我们追求的健美操运动的最高艺术境界。

（二）音乐与动作构成和谐美，反映健美操的主题

音乐是健美操的重要组成部分，有着自己独特、系统、完整的表达方式与方法，在它的烘托下，健美操动作更具生命力与艺术性。它是发挥健美操运动员艺术表现力的重要因素，影响着健美操动作完成的和谐美，并能同健美操动作一起反映整套健美操的思想内容主题。

1. 音乐影响着健美操动作完成的和谐美

音乐和动作都以“节奏”作为基础，动作的节奏和音乐的节奏是两者和谐的纽带与沟通的桥梁。健美操的音乐应是节奏强劲有力、旋律优美、富于青春活力，使人产生强烈的动感。同时，整套动作的风格与类型以及练习者的表现必须与音乐的特色完美结合，才会使动作更富有生命力，才会使无声的形体语言更富有感染力，才会使动作本身的美得以淋漓尽致地展示。

2. 音乐同健美操动作一起反映整套健美操的思想内容主题

从健美操音乐的选择来看，主要有两种方式：一是根据动作选择音乐，如以天真活泼、玩劣可爱的动作组合创编幼儿健美操；表现日常生活琐事组合动作的中老年健美操；以及穿插于篮球比赛间隙中的啦啦队表演的健美操等。二是根据音乐创编动作，如在国内外大型的竞技健美操比赛中，有许多参赛选手的成套动作所使用的音乐，有以动物行为、体态为主题的音乐；有根据童话故事创编的音乐；还有以展示民俗、民风，反映本民族典型特色的创编音乐等。但是，不管采用哪种方式，健美操在呈现时总要表现一定的主题，这个主题是通过音乐和动作共同表现出来的。

二、健美操创编的美学特征

健美操融体育与艺术于一身，是继体育舞蹈、花样滑冰、花样游泳、艺术体操等项目之后的又一项体育与艺术有机结合的运动，以其独有的艺术魅力吸引着广大群众。健美操运动所呈现的美感，并不是简单的人体原形的自然呈现，而是通过系统化专门训练的人的躯体，在音乐的伴奏下完成连贯流畅的、富有弹性的动作，以动态的和静态的外在形式所表现出来的特殊的美学特征。

（一）技术方面

1. 造型美

在健美操创编中运用了大量的人体静态造型，它们可以是表现力量的（锐角支撑），可以是表现柔软的（横劈腿），也可以是两者的综合运用（单臂分腿高直角支撑），这些静态造型以无声的形体语言展示了人体美。

2. 技术美

技术美是在完成动作过程中符合力学原理和生理解剖条件下，所能达到的最高技术规格。动作完成完美无缺，衔接动作自然流畅，动作幅度适宜，这些都体现了竞技健美操运动所特有的美学特征。如动态形式中表现空中变化的大跳成俯撑、空中转体成俯撑；表现力量的直角支撑转体720°、单臂移动俯卧撑；表现柔软的各种劈腿或劈叉；表现静态形式中大量的人体静态造型，如单臂分腿高直角支撑、叠罗汉等。这些动作位置高低的变化、速度的变化、层次的变化、幅度的变化，使人们产生了惊险、意外、刺激的情绪美，共同构成了竞技健美操所特有的一种风格和美学特征。把最合理、最优美、最高规格的动作做出来就是技术美的重要表现。

3. 难新美

难新美是指高质量地完成那些新颖、高难、复杂的惊险动作和连接所表现出来的令人叹服的美感。难度是竞技健美操比赛的核心，是衡量竞技实力的重要标志，是裁判员评分的重要内容之一。因此，运动员要不断地发展和创新高难度动作。

4. 编排美

编排美是将各种不同类型、不同难度的动作有机地组合起来，突出运动员的个人风格，给人以艺术享受和美感体验。健美操的编排包括动作的编排和队形的编排。

(1) 动作的编排美

编排成套动作参加比赛是大多数难美技能类项目的特点，而且是重要的评分内容之一。因此，重视成套动作编排，提高成套编排的审美效果是提高运动成绩的重要途径。竞技健美操是由许多单个动作组合而成的，这就要求教练员在设计编排时，除了要有动作结构对人体影响的目的性、科学性的特点，同时还应在动作形态上具有舞蹈造型美、外形美的特点。特别是集体项目的成套编排，还应考虑动作编排与队形和图案变化相协调，使创新的空间更加广阔。因此，教练员、运动员要像创作一件艺术品一样，不断创造出审美效果最好的成套动作。

(2) 队形的编排美

队形与图案是集体健美操重要的美学特征与美感展示。健美操成套动作编排中的队形变化能组成各种各样新颖独特的队形图案，充分表现出健美操特有的“队形美”。队形变化是健美操集体项目成套编排的重要组成部分。队形的变化能使人产生奇妙的感觉，队形变化是否自然、流畅、对比性强，直接影响编排的效果。如△队形带来稳定感，0队形带来流动感，>队形带来前进感，⊥队形带来挺拔感。队形变化优美流畅、新颖独特、分布合理，能体现动作的美，衬托情感和气氛，产生良好的效果，并能激发运动员的丰富情感，使整套操充满着真情，真正做到寓情于形，以形传情，情形交融，勾画出一幅幅美妙的动态立体画面。在成套动作中出现不同队形次数越多，流动性就越大，就越能充分利用场地形成更多的艺术画面，产生更多的美感。由此可见，集体健美操队形变化多端、速度快、衔接紧，充分增加了该运动项目的优美性。

(3) 同步美

同步美是指双人以上的集体项目，互相配合，协调一致完成同一动作或同一套动作的美学特征。健美操有双人和多人项目，并且同步美最为突出。例如，健美操的操化动作或集体配合动作要求运动员之间的配合非常默契，天衣无缝，动作整齐划一，协调同步。完成动作的速度、节奏、姿态都必须同步一致。

(4) 结束动作美

在比赛或表演中，不论是成套动作还是单个动作都有一个结束动作，我们把结束动作所表现出来的美学特征统称为结束动作美。健美操的结束动作美是指成套动作结束时，结束动作与音乐的协调配合美、结束动作造型美等。

(二) 艺术方面

1. 表现美

艺术表现美是练习者把编排的成套动作的美学价值艺术化地表现出来。它是练习者通过难度水平、技术质量、形体动作以及音乐、舞蹈、气质等方面的综合素质充分展示出来并达到最佳效果。健美操的艺术美体现在成套操中合理的布局，各段落之间的变化和对比，如快慢、强弱、疏密的搭配。成套操中各部分的起、承、转、合的顺连和恰当的高潮安排，使人产生愉悦的节奏感和张弛有序、高潮迭起的美感。同时它的艺术美还体现在集体项目中丰富多样的队形变化，各队形之间的自然流畅和灵活巧妙的变换，加上适宜的队形与动作的配合，展示了动作美的队形，也体现了队形美的动作。如六人操中大横排上做高踢腿显得动作更加有气势。

2. 节奏美

所谓节奏美就是有规律地反复。一切事物包括自然现象和人类社会等各个领域都有自身运动的节奏，能反映各事物特点及运动规律的节奏就是节奏美。尤其是难美技能类项目，艺术性要求更强，在时间的划分上和空间的层次上都有特定要求，其节奏美表现得更为突出，有人称之为艺术节奏。

音乐节奏是健美操动作节奏的关键。通过不同动作的律动组合，再现健美操动作与音乐节奏的内在关系，以追求最理想的内在同步效应，是人们在健美操运动实践中所追求的目标。

在健美操音乐中，音的高低、长短、强弱、快慢等有节奏的变化，使健美操更富于律动感。理论和实践证明，在运动中表现出节奏，则能够使人体动作达到最适宜的协调。健美操的动作节奏正是通过人体动作的自然形态和自然节奏经过音乐节奏组织和规范，使形体动作成为有节奏、有韵律的运动。健美操动作之间的连续性律动，正是在音乐节奏的映衬下，通过动作之间的长短关系，力的强弱关系、速度的快慢关系、幅度的大小关系、能量的增减关系等各种动作要素的对比组合，有机地编织在一起，展现人体动作的“健、力、美”的审美效果。

3. 音乐美

音乐是健美操运动的灵魂。其特点是：节奏强劲有力、旋律优美，富于青春活力。在竞赛规则中明文规定了音乐适宜性：“动作的风格与类型以及运动员的表现必须与音乐的特色完美结合。音响的效果必须是高质量的，并有足够的音量和运动员的成套动作相配合。”完美的动作只有在与动作风格相一致的音乐伴奏下才会使动作更富有生命力，才会使无声的形体语言更富有感染力，才会使动作本身的内涵得以淋漓尽致地展示。同时对人们的视觉和听觉器官系统产生相应的刺激作用，以引起人们强烈的情感共鸣。

4. 气质美

气质美是人的品德、性格、精神、风度等综合性的内在美，是人对外界事物反映的一种心理品质和心理现象。一个人的美离不开外在和内涵两方面，人是一个统一的机体，外在表现和内心世界应是统一的，行为美与心灵美应是统一的，动作美、形象美和气质美也应是统一的。运动员气质的表现是竞技健美操审美特征的基本标志，它是在表演中对情感和动作风格的完整表现。通过丰富的身体动作语言和丰富的面部表情，创造出可以直接作用于观众视觉的立体的艺术形象。运动员对竞技健美操的不同风格情感理解，通过身体的语言和面部表情淋漓尽致地表现出来，真正做到形神兼备，给人以精神上的享受，这就是竞技健美操中的气质表现美。

5. 装扮美

人体装扮美是以人体自身为内容的一种造型艺术的美。人体装扮包括服装和打扮等内容。服装指的是穿着的艺术；打扮指的是化妆、美容与装饰的艺术。服装美是人体装扮美的主干和中心，它能增强、提升人的外在美感。另外，适宜的化妆与美容，如丝巾、头绳、发卡等，以及佩戴规则允许的张扬个性的头饰等，将会对健美操运动的表演美锦上添花。

三、健美操的审美标准及美的创造与实现

爱美之心，人皆有之。爱美是人的天性。那么，作为观赏者应如何去欣赏和享受健美操的美呢？健美操的创编者、舞台设计人员以及运动员、表演者又如何创造和实现健美操的美呢？

（一）健美操的审美标准

1. “健康美”是健美操审美的主旨

今天，人们对健康的追求可以说超过了历史上的任何时期。并且，人们对健康的追求远远超脱于身体的健康，更是在身体健康的基础上追求心理和精神的健康。健美操就是适应人类对健身美体的追求而产生发展起来的。所以，健美操的观赏者应把表演者是否展示出人的身体健康和心理、精神健康美作为审美的主旨。具体表现在以下两方面：

一方面，动作风格是否舒展大方、刚劲有力、协调性高，且连接流畅、造型健美，充分展现健康的体魄、健美的外形和焕发的精神面貌。

另一方面，健美操整套动作的编排有一定的主题思想内容，它所表现的思想内容应符合时代的发展，向人们传达一种积极、健康、向上的精神。通过运动员的面部表情和身体活力来吸引、感染观众，使其产生共鸣，并使其产生参加此项运动的强烈欲望。

2. “创新性”是健美操审美的追求

创新是健美操不断发展的动力，是健美操审美的永恒追求。所以，健美操的编排设计应有创造性，成套动作有亮点；音乐选择适宜，有节奏变化，有特色和激情；同时整套动作的强度要合适，动作语汇丰富，过渡与连接流畅，场地与空间运用充分等。集体项目要有队形变化和动力性身体配合。

3. “动作美”是健美操审美的内容

表演者丰富多彩、新颖独特的动作展示，在时间的展开方式上打破静态美的框架；运动员以超强的个人能力完成各种难度动作，展示了人类超越自我、挑战极限的身体美；动作位置高低的变化、速度的变化、层次的变化、幅度的丰富变化，使人们产生了惊险、意外、刺激的情绪美。

（二）创造与实现健美操美的基本要求

创造和实现健美操的美，应遵循前面提到的各方面美学原理，以及健美操的技术要求之外，健美操的创编者、表演者和舞台的设计人员还应具体遵循以下一些基本要求：

1. 创编者

（1）要善于把握时代主题，使创编风格紧跟时代步伐

艺术是来源于社会，又服务于社会，是以反映时代主题为主的。作为健美操的创编者，应善于分析当今时代主题，确定健美操所反映内容的思想性问题。只有把握了这些，并把它揉入创作中，使创作的整套动作符合社会的主题，迎合人们的审美需求，才能够得到社会的接受，人们的认可，最终实现健美操美的传播。

(2) 在创编动作时，充分了解不同对象的审美需求

人们的审美需求依据人们的年龄、性别、受教育程度、职业的性质等而有所不同。例如，青年人更喜欢充满激情、活泼、个性张扬的风格，而老年人却更倾向于动作舒缓大方、健康稳重的风格；男性更倾向于追求阳刚美、力量美，而女性则乐于阴柔美、韵味美；教育程度高的人更看重健美操的内在美、抽象美，而文化程度较低的人们更乐于欣赏外在美、形式美等。创编者要重视这些审美需求差别，以满足不同对象的美的需求。

(3) 动作的设计风格、音乐选择、难度要考虑服务人群的年龄与性别特征

依据人们参加健美操运动的目的不同，健美操可以分为竞技健美操、表演健美操和健身健美操。竞技健美操参加对象主要是青年男女，其目的是在比赛中取胜，其制胜因素是难、新、美；表演健美操的目的是通过艺术的表演愉悦人们特定的审美需求，它主要是以表演的“艺术性”展示人的身体和精神的美；而健身健美操则主要是通过练习达到强身健体，塑造人体美的形象，不追求难度，而主要强调锻炼的效果，这类项目适合各个年龄人群。针对上面的分析，创编者设计动作的风格时，要根据健美操的不同类型、练习者的年龄、性别进行音乐选择、难度设计和负荷强度大小的安排，以实现人们对不同类型健美操美的追求。所以，健身健美操动作的设计编排必须遵循全面发展身体，符合对象特点、安全无损伤、健身娱乐等原则；竞技健美操以竞技为目的，有特定的规则和评分办法，需完成一定的难度以及连续复杂的、高强度动作；表演健美操设计更要注重艺术的美等。

2. 表演者

(1) 表演时，注重“形”美与“神”美的高度统一

健美操作为艺术表演为主的运动项目，应高度重视“形”与“神”的统一。所谓健美操的“形”美是指表演者人体外在美的表现，是通过表演者强健而匀称的身体，以及身体姿态、动作等展示美；所谓健美操的“神”美是指凝聚、揉合在健美操“形”美中的内在美、气质美和抽象美，是通过表演者在音乐的配合下，把健美操的思想内容和自己对健美操美的理解，以及表演者自身的人格魅力、思想境界等凝聚在一起所共同表现出来的美。这二者所有的美，都是通过表演者的表演效果展现出来的。因此，作为表演者一方面要通过不断地强化练习，达到技术熟练，形体优美，来实现健美操的“形”美；另一方面，表演者更应深入领会蕴涵在整套动作中的思想内容，使自己所流露出的情感尽可能地贴近创编者的初衷，从而实现健美操的“神”美。最后，把健美操的“形”美和“神”美高度地统一起来，实现整个健美操的美感。

(2) 重视与观众的情感交流与互动

“情感的交流、相互的理解”是传达美的最好途径。今天，大凡是艺术表演的项目，表演者都非常重视同观众的交流，而交流的手段则是同观众的互动。这既是烘托现场气氛的需要，更是表演者与观众思想交流、美的传播的有效途径。“眼睛是心灵的窗口”，要重视与观众的眼神沟通，要善于通过身体语言来表达思想语言，激发观众与他或他们以相同的音乐节奏一起欢呼，一起呐喊，一起舞动。

(3) 动作表演充满激情，情趣高雅

健美操的最大特点就是动感、激情、充满活力，这正是健美操受人喜爱的重要原因。动作适当的夸张、张扬正反映了青年男女张扬的个性，充满生机和活力的社会。但表演要有

“度”，过分注重夸张与张扬，而忽视了技术动作的完美追求，反而会破坏观众的审美情趣。如果为了哗众取宠，或为了迎合一些低级趣味的人的所谓的“审美需求”，而表演一些低俗的动作，则完全违背了人们追求身体健与美的美好愿望。作为健美操运动员或表演者一定要抵制这些不良风气，以高雅的气质、娴熟的技术、舒展健美的身体赢得观众的掌声。

3. 舞台设计者

(1) 舞台主题设计应反映比赛或表演的主题

通常，每次健美操比赛都有一定的主题，并且不同类型的健美操比赛突出的主题是不一样的。那么，作为健美操比赛或表演的物质载体——“舞台”的设计也同样要凸显比赛的主题。例如，以“走进健身房，跳出青春与活力”为主题的“2002年全国健身俱乐部健美操电视大赛”，其比赛场地设计就是以健身房为舞台，舞台设计主题突出了健身房这一特定的健身场所，其目标是促进健身俱乐部的健康发展，吸引更多的人群参与健美操运动；“展现健康魅力，演绎花样年华”是“新世纪健康形象大使健美操大赛”的比赛主题，其比赛舞台设计凸显了“男女青年充满活力、健康、高雅”的主题；“时尚的运动，青春的专利”是“首届全国健身街舞电视争霸赛”的主题，其舞台设计则突出了“青春、活力、时尚”的主题；“2002年百所大学健美操大赛”的主题是“丰富校园文化娱乐生活，树立当代大学生新形象”，相应的其舞台设计就突出了“倡导健康、文明、积极向上”的主题等。所以，作为舞台设计者一定要根据比赛的主题确定舞台设计的主题，以此实现舞台设计为比赛主题服务。

(2) 舞台设计应符合健美操比赛场地的规则要求

对正式的竞技健美操比赛，比赛规则对比赛场地有明确的要求。规则规定：健美操比赛场地为7×7平方米（六人操场地为10×10平方米），赛台高100~150厘米，后面有背景遮挡，赛台不得小于9×9平方米，并清楚的标出7×7平方米的比赛场地，标记带为5厘米宽的红色带，标记带包括在7米宽的场地内，也就是说，标记带是场地的一部分。因此，在设计正式的健美操比赛场地时，要严格按照比赛规则的要求进行设计。

(3) 舞台的色彩搭配、装饰风格应综合考虑季节特点、比赛或表演的场所

设计者在考虑比赛的主题外，还应根据一年中季节的不同、比赛或表演的场所等不同，设计出色彩搭配适宜、装饰风格独特的舞台效果，并要考虑白天和晚上灯光的设计。例如，阳春三月在杭州西湖举行的健美操比赛，舞台设计色彩就要突出春天的生机和绿意，装饰要显示比赛所在地西湖特有的风光等。

第三节 健美操创编的内容和基本要求

一、健美操创编的内容

内容是体现项目本身的载体，恰如其分的内容可以使运动员、表演者或锻炼者充分展示健美操的魅力与作用，同时向观众传达良好的信息与感受。那么何为恰当的内容呢?

(一) 基本操化动作

操化动作是健美操最核心的内容，它是依据人体最基本的活动方式演变而来的，是通过各种步伐与上肢的运动来影响人体机能的，从而达到锻炼身体与展示能力的目的。健美操操化动作的节奏韵律是建立在有氧运动基础上有规律的律动，步伐主要由最基本的几种步伐演变而来，上肢动作主要来源于基本的徒手体操。

表 5－5 基本操化动作要素

操化动作要素	具体操化动作
基本步伐	后踢腿跑、踢腿跳、弹踢跳、吸腿跳、开合跳、弓步跳、踏步及其变形
手臂动作	屈、伸、举、摆动、绕、绕环、振
手型动作	各种掌形、拳型、指形等
头颈动作	屈、转、平移、绕、绕环
肩部动作	提肩、沉肩、收肩、展肩、绕、绕环
胸部动作	含胸、展胸、扩胸
腰部动作	屈、转、绕、绕环
髋部动作	顶髋、摆髋、提髋、绕、绕环
膝部动作	屈、伸、绕、绕环

(二) 技巧与难度动作

技巧与难度动作主要用于竞技健美操或者是表演性健美操中，技巧动作主要指带有翻腾类的动作，难度动作主要指竞技健美操中有分值的动作，这些动作多需要高超的技术与超常的体能作为支撑才能完成。

(三) 舞蹈动作

舞蹈动作可以来源于任何舞种，但是在运用的时候一定要结合健美操的特点与要求进行改建。舞蹈动作给健美操带来美感、文化内涵与鲜明的风格特征，使得健美操具有娱乐性与审美性。

（四）托举、配合、队形

在成套动作中，同伴间的动作包括托举、配合及队形的变化。托举动作是同伴间动作中很重要的一部分。它是指在成套动作中一名或多名运动员被托、举、支撑或抬离地面。其结构不能超过 2 个人的站立高度，同时，在完成托举动作的过程中同伴间必须保持身体接触。一个新颖的托举动作必须是根据成套动作主体以及运动员个人特点独立创编出来的，而不是模仿或抄袭。另外，托举动作主要用于表演健美操和竞技健美操中，而在健身健美操中几乎是看不到的。

配合是指同伴间的相互接触、呼应等动作，如相互击掌等。这样的动作在锻炼中如果设计得好，会给锻炼者带来乐趣，增加同伴间感情的交流，体现集体项目表演的凝聚力。

整套动作中同伴间的距离变化会呈现出不同的队形。不同的队形变化呈现的不同图案表现出独特的团队动作，如混双的队形距离。（图 5-1）

图 5-1　混双的队形距离

（五）过渡连接动作

一般来说过渡连接动作是指操化动作与配合动作、托举动作或难度动作在同一空间的连接。新颖的过渡动作往往更加吸引裁判员和观众的注意力，能给人留下深刻的印象。在成套动作的编排过程中，应尽可能地运用不同的过渡动作，以自然流畅为主，体现健美操成套动作的动感美。

（六）选择内容时应注意的问题

1. 充分体现健美操的特征

健美操的创编要借鉴其他项目与艺术表现形式中能够与健美操结合的动作内容，如体操、艺术体操、武术、舞蹈等。但是在我们借鉴过程中，绝不能照搬硬套地拿来使用，而是应结合健美操的项目特点与技术特点进行再次改造与变化。这样可以使健美操本身的内容更加丰富、更加的多元、更加具有文化内涵。

2. 完美地融合音乐的内容

音乐是健美操内容中重要的组成部分之一，它使健美操本身具有强烈的艺术感、美感、生命感。因此，创编者必须尊重音乐、了解音乐、把握音乐，注重音乐中所有的表现形式与内涵。只有这样才能使动作具有灵性，才能使得音乐与动作成为一个整体。

3. 能让表演者充分发挥的动作

运动员、表演者或锻炼者是把创编作品展示在人们面前的载体，但是人的体能、技能、智能与成长背景各有差异，如果创编者不考虑他们的能力差异，往往会事与愿违。只有那些他们能够把握、承担、理解的动作才可能被演绎得更加完美。

二、健美操创编的基本要求

（一）明确创编的目的性

在健美操的创编之前，我们应首先明确创编该套健美操的目的，是针对比赛创编，针对健身创编，还是针对表演创编；是针对老年人创编，中青年创编，还是针对儿童创编；是针对室内创编，还是针对室外创编等。总之要充分考虑创编涉及的各个因素，明确创编目的。

（二）动作选择的多样化

动作的多样性，是展示成套动作信息量的主要方式。多样性的技术要求是成套动作应展示不同形式健美操特色的上、下肢动作；成套动作中应体现不同的节奏以及与之完美结合的动作；成套动作中的动作形式、动作连接、动作造型与配合都应该均衡，以及体现动作利用场地的多样性。

同时，编排的多样性还必须包括动力的多样化和利用空间的多样化（不同的方向、不同的线、不同的面等）。

（三）动作与音乐配合的一致性

动作与音乐是不可分割的，健美操动作只有在音乐的衬托下，才更具有生命力和艺术表现性，从而扩大表现空间。健美操音乐的选配要考虑与整套健美操创编意图相吻合，包括音乐与动作的高潮低潮相吻合，音乐的节奏与动作的节奏相吻合，音乐的感情色彩与动作的感情色彩相吻合，音乐的力度与动作的力度相吻合等。

（四）音乐与动作节奏的多变性

根据健美操音乐节奏富有多变性的特点，单一的动作节奏会使人感觉单调乏味，因此在动作编排、动作变化中还要求动作节奏具有多变性。只有动作节奏具有多变性，才能使整套动作的创编更加生动，从而表现出动作的力度、风格、意境及表现力，增加整套动作的艺术效果。

（五）动作与编排的独创性

不断地推出新动作、新技术、新编排是健美操运动发展的主要动力，没有创新也就没有健美操运动的进一步发展。创新对整套动作的创编是十分重要的。独创性创编的特点是力求新颖，技术创新是评价创编水平的重要因素。独创的音乐节奏和动作特点相结合，并与其他不同的独创动作融为一体，从而达到充分表现自我的效果。当然独创追求新颖和个性化动作的同时，必须符合健美操运动的美学特点。

（六）动作的连贯性和流动性

一套健美操成套动作是在不同动作的变化、组合及衔接的交替所组成的动作过程中发展完成的，在一定的时间、空间中进行。除因特殊需要，动作与动作之间、动作与器械之间可以有短暂的停顿、静止外，整套动作应是在连续不断地运动中进行，前后动作要连贯流畅，并且要不停地移动、变化方向。

要达到动作组合的通顺流畅，应使前一个动作的结束成为后一个动作的开始。只有注意动作的连贯性，才能在不同的方向、不同的动作路线、不同的面、不同的空间体现动作的流动性。

（七）动作特点与表演风格的个体特异性

个体特征是艺术美的重要基础之一。个性特征通常是在完成整套动作的风格中体现出来，具有鲜明的个性。只有独创风格的成套动作，才能产生巨大的艺术感染力。创编者应通过对健美操的不同认识，去争取艺术创编上的更大成就。风格的多样性主要表现在健美操的创编中，一个完成者也应像创编者那样，在所编创的健美操成套动作中，表现出一种主导的、占优势的风格，同时还可以创造出多样化的不同风格的作品。

（八）运动负荷的合理性

为了在健美操训练中保持和不断提高循环、呼吸，以及肌肉、骨骼的机能水平，在健美操创编中，我们应注意健美操运动负荷的合理性。健美操要根据锻炼者的不同情况，严格地把运动负荷控制在不同强度，确保运动中的呼吸供氧。既要避免练习负荷过大造成伤害事故，又要避免练习负荷过小，达不到锻炼的效果。

第四节　健美操创编方法与创编能力的培养

一、健美操的创编方法

（一）加减法

加减法主要运用于健身健美操。所谓加法就是在基本步伐的基础上加上手臂动作和身体动作而变化出来的动作。而减法是把反复重复的动作减去一定的次数，使动作与动作之间的变化加快成为新的动作组合。

表5－6　加法举例

八拍	第一			
拍节	1－2	3－4	5－6	7－8
步伐	开合跳	后踢腿	弓步	吸腿
手臂				
躯干与头				
变化后				
八拍	第一			
拍节	1－2	3－4	5－6	7－8
步伐	开合跳	后踢腿	弓步	吸腿
手臂	侧举	摆臂	前举	抱肩
躯干与头	直立抬头			

（二）变换法

变换法是在基本动作上使用节奏、方向、幅度、次数变化的一种方法。这种方法的最大优势是，只要我们掌握了基本动作并熟悉变化的基本规律就可以变化出无穷无尽的动作。

1. 节奏变换

在基本动作上采用不同节奏的变化，如原有动作是一拍一动，改为一拍两动或两拍一动。

2. 方向变换

在基本动作上使肢体的方向发生变化而产生新动作。如踏步——向侧左右依次45°迈腿，再收回而产生“V”字步。向前踢腿改为由下向异侧摆腿，而产生蹁腿等。

3. 幅度变换

采用不同幅度的动作而产生视觉新感觉。如同样的动作一个动作幅度小，另一个动作幅

表 5－7　减法举例

八拍	第一	第二	第三	第四
拍节	1－8			
步伐	开合跳 4 次	后踢腿 8 次	弓步 4 次	吸腿 4 次
手臂	侧举 4 次	摆臂 8 次	前举 4 次	抱肩 4 次
躯干与头	直立抬头			
变化后				
八拍	第一			
拍节	1－2	3－4	5－6	7－8
步伐	开合跳 1 次	后踢腿 2 次	弓步 1 次	吸腿 1 次
手臂	侧举 1 次	摆臂 2 次	前举 1 次	抱肩 1 次
躯干与头	直立抬头			

大而形成轻重对比。

4. 次数变换

同样的动作做不同的次数同样可以得到新的视觉效果。

上述方法往往可以交叉混合使用，而产生丰富多彩的动作组合。

（三）音乐启发法

启发法是借助音乐为我们提供的结构、风格、意境、节奏等启发我们的想象与素材，从而产生灵感而进行创编的一种方法。音乐是一门独立的艺术学科。它有着自己完整的表现形式与体系，它能够很好地表达人们的情感，展示出特有的文化特征与内涵。而每一种文化会是多角度、多形式、多种类的表达和反映，这就为我们进行健美操创编提供了共同的营养与血液。启发法对那些有着丰富的舞蹈素材和音乐涵养的人来讲是很有帮助的。

1. 结　构

一首动听的音乐一定是打动人心和令人难忘的。音乐作品一定是由开始的主题而不断发展扩充的，我们得到一首音乐就应反复聆听，揣摩音乐的开始、发展、结束。同时考虑动作怎样开始、怎样发展和怎样结束。如一首音乐的开始部分像号角一样辉煌有力，我们就应使我们的动作具有冲击力与动感。音乐的结构从乐节、乐句、乐段、直至乐章都有着自己显著的特性，而这些节、句、段、章为套路与动作段落的划分提供了有利的启迪。

音乐除了段落还有高潮，高潮也可以划分出次要高潮与主要高潮而形成乐曲的跌宕起伏，这就为我们安排动作的起伏提供了依据。因此，我们在分析音乐时要特别注意音乐高潮的分布与处理，如果是做健身健美操我们要特别考虑运动量和强度与音乐的起伏相协调。而在编排竞技健美操时就应考虑成套动作起伏与音乐的起伏吻合。同时我们还可以考虑难度动作的分布。

2. 风　格

音乐风格与地域、时代等有着密不可分的关系，一种音乐风格往往和一种舞蹈的风格相对应，因此这对我们采用动作素材起到了极大的帮助作用。我们很难想象在典型的西班牙风格音乐的伴奏下去跳中国秧歌动作的，因此就要求我们尽可能地使动作风格与音乐风格相一致。

3. 灵魂撞击法

所谓灵魂撞击是指仔细聆听音乐、感受音乐，思考音乐为我们带来了什么样的感受。当我们听到一个音符、一个声响、一个乐句……它一定会触动我们的神经，给我们留下难忘的印象，我们应抓住这些感觉，发挥我们的想象，使一个音符、一个声响、一个乐句变化成一个健美操的动作。

如一声号角，不难让我们想象战士出征，而出征就有典型的动作与队形，双脚并拢、昂首挺胸、迈开大步、指引方向，这些都是生动的动作。

值得注意的是，在运用这种方法时我们不可以把生活中的动作直接运用在健美操中，而是应把这些动作经过改造，使得他们符合健美操的项目特点后再加以使用。

以上几种方法在实际当中不是孤立地运用，而常常是综合交叉地运用，应多使用，多操作才能达到出神入化的地步。

（四）重新排序

这种方法对那些接触健美操时间不长，动作素材较少的人来说是很有帮助的，所谓重新排序，是把已经掌握的动作组合或套路顺序打乱，用已经有的若干个动作，在遵循音乐给予我们的提示下按照自己的意愿重新组合成新的动作组合。

重新排序举例：

原有动作组合：A+B+C+D+E

新组合：B+D+E+C+A 等

二、健美操创编能力的培养

创编能力的培养建立在多学、多记、多看、多想的基础上，整个阶段需要较长时间的积累，一般分为两个阶段：创编前期的学习阶段、创编实践阶段。

（一）创编的主体

我们在这里所说的主体是指在健美操创编过程中的主导者，也就是主要的创编人。作为创编过程的主体，必须具有以下 3 方面的能力：

1. 观察与感知能力

观察能力、对事物的感知力，对了解事物的初始阶段具有重要作用。作为一个创造者，能够敏感、快速、清楚地了解周围的事物，并且能够牢牢地把握所感受的一切，这是成为一个优秀创编者的基础条件。我们不仅对事物的外在表象有细致入微的观察，同时应对其内在本质具有洞察能力。

2. 分析与吸纳能力

创编者应具有较好的分析与吸纳能力，这种能力是能够将外界事物转化吸收，自我储存为所需资料。内心的创作冲动是创编优秀套路的强大动力，这种冲动来源于对项目的热爱与了解，来源于自我知识储备与对身边事物的深刻感受。能够把那些相关的与不相关的事物，通过自己的联想串联成我们需要的形象与动作，就好像一幅幅的电影画面，在创造激情的带领下进行编排。

3. 改编与表达能力

表达能力是传递信息的至关重要的素质，再好的编创思想如果在信息传输中出现问题，都将导致偏离所要达到的目标。

对创编者应具有的这 3 方面的能力在创新过程中所起的作用，如图 5-2 所示。

（二）创编的阶段

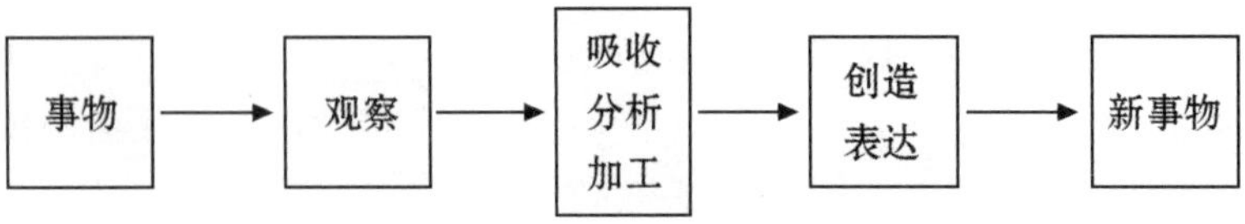

图 5-2　创编者的能力在创新过程中所起的作用

1. 创编前期的学习阶段

学习的内容包括基本动作、基本姿态和理论知识等。

（1）学习动作

基本动作是健美操创编动作的核心和基础，成套动作的变化和创新都是在此基础上产生和发展的。基本动作的学习主要掌握头颈、上肢、下肢、肩、胸等关节的基本动作，了解健美操动作元素的组成。同时体会发力部位的动作、受力点和做动作时力的传递等基本感觉，培养动作的协调性和对动作的控制能力，建立健美操动作的基本感觉。

在掌握基本动作的基础上，首先进行组合动作的学习，随之不断地增加动作难度（在动作速度、幅度、方向等方面的变化）。学习时可选用不同节奏、风格的音乐，动作要求新、易、美，不应采用难以表达的动作及表现。通过此阶段，掌握一定数量的动作语汇、认识动作形态及特征、了解动作一般变化的规律等，为创编工作积累素材、以确保创编工作的顺利进行。

（2）乐感训练

乐感是完成健美操动作的重要因素，也是基础训练中的要素。选择一些不同旋律、不同节奏、结构简单的乐曲加以对比、鉴别，加深对音乐语言的理解能力，建立对音乐的初步感觉。同时了解音乐与动作节奏的协调配合，了解随着音乐节奏的快、慢、强、弱体会不同力度的动作，在不同音乐节奏伴奏下进行身体练习，体验健美操的节奏感和韵律感，强化乐感。

（3）理论知识学习

在健美操创编过程中，要想认识其本质和规律，需要从感性认识上升为理性认识，这是创编能力形成过程中关键的一个环节，其中理论知识的学习是必不可少的，它是创造性思维的催化剂，理论知识的学习内容包括健美操创编理论和音乐知识。加强健美操创编理论的学习，了解健美操的特点，掌握创编的原则、方法和步骤，为创编活动奠定必要的理论基础。同时加强音乐素养，以掌握相关音乐的乐理知识，认识乐曲的结构，了解音乐与动作间的关系，加深对健美操成套结构的理解，掌握如何选配、处理、制作音乐。

2. 创编实践阶段

创编实践阶段是从理论到实践的关键阶段，也是对所掌握知识的综合运用。在创编过程中遇到的问题，通过不断解决问题积累经验，从而加深对所学知识的理解，达到认识上的升华。

准备 3~5 首节奏和结构不同的音乐，根据音乐的节奏风格的需要，按照健美操创编过程的规律进行创编，首先进行单动作的创编，通过联想和想象的动作进行加工、改造，并将动作名称和简图做好记录。然后将所编的单动作有机地、合理地结合起来，进行排列连接，构成节、段，重点解决动作与动作之间、节与节之间的相互连接问题，最后再组合成成套动作，反复推敲各节动作之间连接是否和谐、音乐风格和动作风格是否一致、整套动作的编排质量是否反映健美操的艺术性，并进行修改和定型。

同时，在创编的过程中也会受到诸多客观因素的影响：如动作因素，即物体的活动，健美操的动作因素是指人体在空间的活动；音乐因素，即声音的艺术，它作为完整的艺术形式，有着自己独特、系统、完整的表达方法与方式；空间因素，是指健美操成套动作根据类型在特定的空间中完成，一定程度上受到空间条件的制约；时间因素，同时包括动作速度与持续时间。以上这些因素，都是在成套创编的过程中需要我们考虑和注意的。

第五节　健美操的创编过程

一、整体构思

健美操创编的第一步就是进行整套操的整体构思，在明确创编健美操的目的任务及参与者的具体情况的基础上，有针对性地对整个创编操进行初步设想。创编健美操的总体构思是形成整个套路的一个框架，之后创编的动作内容要在这个大框架的前提下进行填充。总体构思的内容包括健美操的分类和性质、动作的整体风格、动作的基本内容、成套动作的时间、难易程度、音乐的节奏和速度、运动量和运动强度等。一般来说，健美操的整体构思有两种方法：

第一种：制定目标→音乐的选择与剪辑→素材的选择与确定→建立基本结构→按创编原则组合动作与分段→按成套顺序完成成套动作的组合→评价与修改；

第二种：制定目标→构思成套的结构→素材的选择与确定→按原则组合动作→按成套顺序组合成套动作→音乐的创作与剪辑→评价与修改。

二、制定目标

创编者在选好用哪种模式进行创编后，就要制定创编目标。因为只有目标明确才能使创编具有目的性，才能尽可能地少走弯路或不走弯路。

制定目标时，首先要明确，通过你的套路动作所应达到的目的，也就是说到底是为什么而创编。我们思考这一问题，可先从健美操的分类开始。第一是为了比赛、健身还是表演，第二应是具体的目的，如：

健身→按功能选择→对象及客观条件等；

竞赛→竞赛类型→规则→对象→预期成绩；

表演→表演类型→要求→对象及客观条件→预期效果。

第三方面是套路的风格。它决定着成套的个性与艺术价值。

三、音乐的选择与剪辑

音乐作为健美操的另一组成部分，在创编过程中起着至关重要的作用。根据我们的整体构思，我们可以有目标地选择音乐，一方面考虑音乐本身是否符合健美操的特点；另一方面考虑音乐风格是否符合所要创编的健美操动作。当我们拿到一首音乐时，首先应考虑的是它是否能够打动你，如果在聆听这首音乐时能使你激动，特别是能够激起你的想象与灵感，那么这首音乐就是你想要的。

得到这首音乐之后，应反复地聆听这首音乐，去感受它，感受它到底在讲述什么，它是怎么开始——发展——结束的，特别不要放过音乐是怎么过渡的。

同时你应划分音乐的段落与计划你要音乐的哪一部分，在确定我们所需要的音乐段落后，应思考的是如何使这些段落衔接与过渡，如何使它们衔接得自然、流畅、有特点。特别要考虑的是如何有一个激动人心的新颖的开始与结束。

最后就可以利用我们手上的设备进行剪接与编辑音乐的工作了。

O 示例 1

原创音乐：（假设时间 2′28″）

前奏（4*8）——A 段（8*8）——B 段（4*8）——间奏（2*8）——A 段（8*8）——B 段（4*8）——结束（2.5*8）

共计 32.5*8

剪接后音乐成品：

前奏（2*8）——A 段（8*8）——动效音（0.5*8）——B 段（4*8）——间奏（2*4）——结束（2*8）——动效音 0.5*8

共计 19*8

四、素材的选择与确定

当我们已经获得想要的爱不释手的音乐，并且经过反复分析对该音乐已经了如指掌后，就要考虑我们的动作了。我们首先应考虑那些有代表性的、风格鲜明的动作。

其后是选择主体动作，究竟我们所需要的是哪些，也就是所谓的素材选择。素材收集工作主要靠平时的学习与积累。当目标确定后，在创编者的素材库中选择那些适合目标的动作。选择往往不是一次性。同时，如果有条件，应把素材拿到组合中先进行检验，看看是否可行有效。通过这两个步骤我们可以初步确定创编中所要的素材动作。随后我们可以把这些动作组成一个一个的动作组合，而这些组合应是与音乐的段落相对应的。在做完这些工作后我们就应考虑下一步了。

五、分段创编

分段创编是在整体构思与动作设计的基础上进行的，实际上是把全套动作的创编化整为零。我们以根据音乐结构创编成套动作为例讲解分段创编。通常健美操的 3 个部分为：开始→发展→结束。当根据创编原则建立结构的同时，我们必须考虑音乐对结构的制约。音乐与成套结构紧密联系的有乐句、过渡、乐段及终止等因素。一般音乐会在开始的部分——“序”，结束部分——“终止”，这两部分中音乐的节奏与配器往往是很独特的，具有吸引力。我们应考虑如何在此处尽可能地发挥我们的想象力。

例如，当我们想要创编一套表演性健美操动作时，应首先考虑最熟悉的健美操是哪些项目？最有把握的健美操音乐与动作是哪些？然后就可以根据表演的要求进行初步设想，反复想象一下这套操如何开始——发展——结束，大概的框架是什么样子，如果有了比较清晰的初步设想我们就可以进行具体的操作了。

O 示例 2

开始	发展	结束
造型——扩张	操化——表演	收缩——托举——造型

六、组合成套动作

经过上面的步骤，我们不但获得了喜爱的音乐，而且还有了与音乐段落、风格、节奏相协调的动作组合。我们按段落的先后顺序组装起来，并把特殊的地方（如动效音）的动作加进去。

O 示例 3

我们选用示例 2 的音乐

前奏（2★8）——A 段（8★8）——动效音（0.5★8）——B 段（4★8）——间奏（2★4）——结束（2★8）——动效音（0.5★8）

前后除去两处动效音外（动效音要特殊地处理），我们把成套音乐共分成五段，即：前奏段+A 段+B 段+间奏+结束

我们先可以选择其中任何一段，如：

间奏段

音乐

4/4

★ ★ 0 ★|★ ★ 0 ★|## ★ ## ★|★ 0 ★ −|

动作：

踏步——弓步——踏步——弓步——恰恰步——恰恰步——提膝——开合

经过上面的步骤我们获得了一个动作组合，其他段落依此类推。

当基本动作组合完成之后，我们可以按结构框架把动作组合排列起来，审视其中连接是否顺畅，如有空缺应用动作或组合来填充。

七、评价与修改

当一套动作初步完成之后，先要进行初步的实践，然后再进行评价与修改，从而使成套动作更趋于合理与完善。

评价工作可以是创编者独立完成，也可以请有关专家进行。

健身健美操的评定可参考创编原则，对锻炼价值进行评定，评定通过生理指标，如心率、耗氧、肌肉与关节的活动量等；另一方面是否可能造成损伤，前后动作是否顺畅，最后应对其娱乐性、趣味性、艺术性进行评价。

竞技健美操要根据规则及创编原则进行评定。

如果成套动作有不足，则应参考创编原则进行修改。修改工作通常要在成套动作创编完成之后进行，但有时修改工作在创编的同时同步进行，边创编边修改，应注意不要过多地在细节问题上纠缠，成套动作创编完成之后进行修改，整体、全面地分析可以有比较，使成套动作更趋合理。

推荐网站

1. 中国健美操竞赛网 http：//www.caa-gym.org/
2. 中国健美操联盟网 http：//www.61tt.com/
3. 中国期刊网 http：//www.chinaqking.com/

思考题

1. 你认为健美操创编是一种什么过程？
2. 你认为影响健美操创编的因素有哪些？
3. 在设计和创编健美操时应主要遵循哪方面的美学原理？
4. 健美操创编的原则是什么？
5. 健美操创编过程中的基本要求包括哪些？
6. 如何培养学生健美操创编能力？

参考文献

[1] 马鸿韬. 健美操运动教程 [M]. 北京：北京体育大学出版社，2007.
[2] 马鸿韬. 健美操创编理论与实践 [M]. 北京：高等教育出版社，2004.
[3] 匡晓红. 新编健美操运动教程 [M]. 北京：高等教育出版社，2011.
[4] 孟宪君. 大众流行健身项目理论与实践 [M]. 北京：高等教育出版社，2003.
[5] 雷丰华，吴丽晶. 现代健美操的美学因素分析 [J]. 咸宁学院学报，2011.
[6] 孙萍. 试论健美操的美学价值 [J]. 河北体育学院学报，2005.
[7] 夏美燕. 论健美操的美学欣赏与创造 [D]. 芜湖：安徽师范大学，2007.
[8] 邝丽. 艺术体操编排理论与方法 [M]. 北京：北京体育大学出版社，1995.

第六章
竞技健美操训练法

章前导言

1. 竞技健美操训练在运动的强度、技术技巧的复杂性和观赏性上都有别于健身健美操。

2. 通过学习了解竞技健美操训练的因素、特点、原则。学习一般身体素质训练与专项身体素质训练方法。

3. 掌握专项技术难度练习方法。在循序渐进的练习中，可以尽量避免损伤的情况下完成技术动作的学习。

第一节 竞技健美操训练的目的与任务

竞技健美操训练的根本目的与任务是通过教练员专门计划和指导，使运动员逐步提高竞技健美操专项素质、技术、技能、心理水平，使其竞技能力达到理想的状态，从而在各种赛事上取得优异成绩。

一、发展专项身体素质

竞技健美操的专项身体素质是建立在一般身体素质之上的，它只是在各项身体素质之上提出了更高的要求，由竞技健美操发展的要求所决定，在心肺功能（有氧及无氧代谢）、力量、柔韧、协调、平衡等方面提出了相当高的标准。

竞技健美操的专项素质主要包括有氧状态下及无氧状态下的代谢能力，肌体的力量与爆发力、各关节的的柔韧性、身体的平衡与控制能力、肢体动作的协调能力及灵敏性、对空间位置和运动方向的敏感性、适应外界环境变化的能力。

专项身体素质是完成竞技健美操成套动作的基础，只有在扎实的高水平的专项身体素质的铺垫下，才能为高质量地完成动作提供基本条件。

二、提高专项技术水平

竞技健美操的专项技术归根到底是对各种技术、技能的控制能力，这种能力一方面是对专项技术的控制，而更重要的是运动员对自己身体的控制。

竞技健美操专项技术包括弹动技术、身体姿态、重心的转换、高空落地、转体技术、配合技术。（图 6–1）

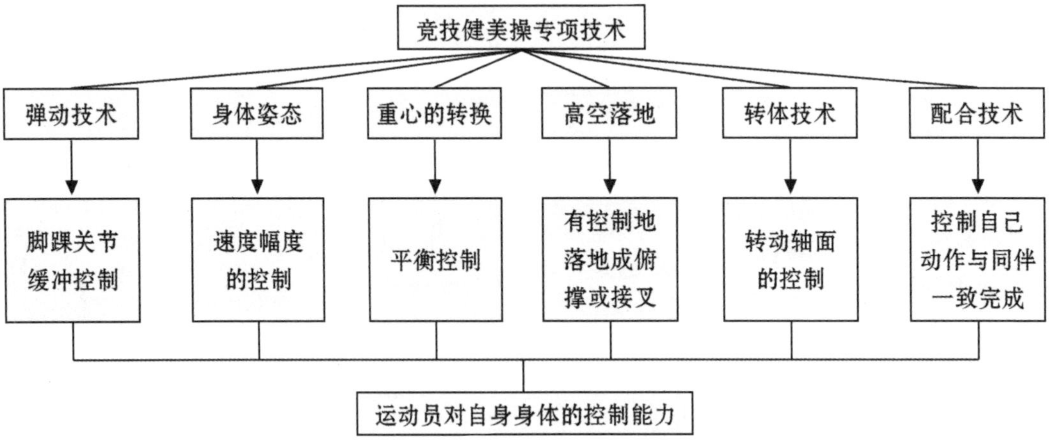

图 6–1 竞技健美操专项技术一览表

竞技健美操专项技术是掌握和形成竞技健美操正确身体形态的有效途径与方法，它主要是根据健美操的基本原理，在长期实践中建立起来的，是形成竞技健美操项目外在特征与内在价值的基本保证。健美操虽然种类繁多，但其基本的规律与原则是一致的，因此，从普遍的意义上来讲，只要掌握了这些基本技术，就基本地、较好地掌握了健美操。值得注意的是，健美操的技术是要靠认真反复地实践与总结才能掌握的。

三、培养和提高运动员的心理素质与智力水平

由于健美操项目特点所决定，健美操运动员的性格应是外向并极具表现力的，他们能在复杂的情况之下，很好地控制自己，使自己完成的成套动作富有动感与朝气、健康且具有现代感。

竞技健美操运动员的心理素质应包括：健康的人格、良好的道德、稳定的情绪、灵敏的感知能力及富有逻辑的思维与表达能力。

竞技健美操运动员的智力水平表现在成套动作的组织与编排、完成与表现、个人的素养与气质、对周围事物的适应力与处理能力。

上述这些心理素质与智力水平不是运动员与生俱来的，必须通过教练员对运动员的日常训练、生活的指导与培养来提高，所以培养和提高运动员的心理素质与智力水平也是竞技健美操训练的重要任务之一。

四、在竞技健美操赛事中取得优异成绩

运动员的竞技水准是以运动员的竞技能力的高低进行衡量的。竞技健美操训练的重要任务之一就是在教练员科学训练的指导下，使运动员在最佳时间区域内有效提高专项技术水平，发展身体素质，从而提高竞技能力，在各项赛事中取得优异成绩。

第二节　竞技健美操训练的特点

一、训练内容专门性与多样性的对立统一

竞技健美操属于难美技能类项目，提高专项技术和技能是训练的重点，提高运动员的竞技能力是训练的最终目的，训练时必须进行专项技术和身体素质的训练。同时，竞技健美操是一项综合性的运动项目，它涉及体育与艺术两大领域，这就决定了训练内容的多样性。它是以体育为核心，同时带有强烈艺术性的体育运动项目，在训练过程中包括健身健美操、表演、音乐、舞蹈、健美等训练。这就体现了竞技健美操训练内容专门性和多样性的对立统一。

专项技术与身体素质的内容是依据竞技健美操竞赛规则中成套动作的设计与完成而制定的，竞技健美操的操化动作，专项素质与技术动作、难度动作是竞技健美操训练的核心内容。

竞技健美操源于健身健美操，保持了健身健美操的基本特性，弹动性与身体姿态的控制是衡量是否具有健美操项目特点的重要标志之一。不同于健身健美操的是，从观赏角度而言，竞技性健美操动作的幅度与力度，特别是对四肢动作线条的要求是相当高的。

竞技健美操是以人体动作作为表情达意的艺术，它以具体可视感的形象高度显示人的灵巧、力量、智慧，显示人对自然的征服和支配的创造能力，同时也表现了人的思想感情和精神风貌。在竞技健美操比赛中，他们内在精神气质和外在动作表现的统一，是表演艺术水平的体现，运动员通过面部表情，融合音乐更好地体现动作的艺术内涵和动作意境，感染观众，体现艺术表现美。因此，提高运动员表现力，要求运动员不仅对情感变换有着极强的表达能力，同时对周围的事物有着超常的感知能力与表达能力，这就需要有专门的表演训练内容。

音乐被称为竞技健美操的灵魂，音乐运用得完美与否直接影响着成套动作的整体效果，竞技健美操的音乐不同于一般性音乐，它具有自己特有的形式。音乐的主要作用是用来烘托成套动作的效果与气氛的，音乐与动作是紧密结合的，动作既是对音乐情绪的一种表现，同时也是通过音乐的气氛对动作本身进行情绪上与力度上的烘托与渲染，任何一个动作的艺术性都存在于一种音乐情绪的表现之中。音乐作为竞技健美操的重要组成部分之一，了解必要的音乐知识，有利于运动员对音乐的理解与表达。

在动作连接上，竞技健美操要求更富有韵律感与流畅性，同时有相当多的动作是与舞蹈动作有着密切的联系，或是从舞蹈动作演变而来。舞蹈内容的训练作为培养运动员的良好姿态与肌肉控制能力辅助内容是必不可少的。

健美操运动员由于项目特点要求，他的体形应是具有强健的肌肉、匀称的比例、优美的线条。同时成套难度动作要求运动员的肌肉抗阻能力是超出常人的，因此，肌肉健美训练就显得十分重要了。

二、高体能与技术环节的紧密结合

由竞技健美操快速发展和竞技健美操竞赛规则所决定，通常运动员要在大于 24 次/秒的音乐状态下完成成套动作，即使是静力性动作也需要动用大量的体能来支持动作的完成。有人对 20 名平均年龄 21.5 岁的竞技健美操运动员在完成 1 分 45 秒左右的成套动作（采用 FIG 规则）进行即时平均心率测定为 190（正负 5）次/每分钟，接近运动员的最大心率值，有个别甚至超出最大值。这就证明竞技健美操成套动作的强度是非常大的，需要运动员具有超出常人的速度、力量、能量代谢作为完成成套动作的坚实基础。因此，在训练过程中，运动员体能的训练是不容忽视的重点。

同时，要想准确地完成成套动作，除了需要体能基础外，在整套动作过程中，竞技健美操动作自始至终应保持明确的节奏感，这种节奏主要体现在动作过程中，重心位置沿身体重心垂线上下移动起伏，贯穿全身的动作节奏与音乐节奏相结合，通过髋、膝、踝的自然弹动，将身体与地面的反作用力柔顺地以步伐形式表现出来。而且，无论动作怎样复杂多变，整个身体要求始终控制在标准姿态位置，即便在长时间的复杂多变的步伐组合过程中或动作中，整个身体的标准姿态不被破坏。这要求运动员掌握良好的竞技健美操专项技术。在竞技健美操训练中必须将体能训练和技能训练紧密结合才能达到训练目的，这也是竞技健美操训练的突出特点。

三、高体能与智能的紧密结合

国际体联健美操委员会（FIG）的健美操规则在第四章中指出，成套动作的艺术性应包括如下方面：动作设计、表现、音乐、配合和创造性。例如，教练员在为一名运动员设计成套动作的过程中，首先应考虑该名运动员的性格特点和气质。从运动心理学的角度看，气质上的差异是运动员在运动竞赛中的一个本质特征，它影响着个人情感的表现。而表现力是健美操运动员精神气质和外在动作的统一。那么了解运动员的性格特点和气质，掌握运动员的表现风格，专门设计适合于该运动员表现的动作，是完美完成竞技健美操单人项目的前提，也是教练员首先要做的工作。成套动作的风格特色必须与运动员的性格、表现特长相一致。性格开朗、外向型的运动员可以选择较为奔放热烈的动作。性格较为内向的运动员可以选择一些较为小巧、细腻的动作。同时设计一套竞技健美操还必须注意整套操风格特色的统一性。因为一套操的时间太短，风格特色展现太多，难免给裁判、观众以目不暇接的忙乱感觉，而且重点不突出，风格特色动作就不称其为特定动作了。所以，既然是风格特色动作就应始终贯一，前后呼应，淋漓尽致地将运动员的风采展现出来。再次，在动作的编排上更应突出动作的独特性。随着竞技健美操的不断发展，我们想在比赛中取胜必须不断突出动作编排的独特性。成套动作设计上要独具匠心，表现上要有强烈的自信、丰富的表现和无可抗拒的吸引力。独特的设计要有高超的创造能力，而创造是靠灵感与知识素养作为铺垫的；自信是需要熟练的技术动作支持的；表现是靠理解力与表达力而进行烘托的，综合这些而产生吸引力。如此这些没有教练员和运动员的聪明才智是不可能做到的。同样，在成套动作中，体能是支持这些方面的基础。我们不难在赛事中看到，有些运动员前半部分表现丰富精彩，而后半部分则心有余而力不足，这都是运动员体能不足的表现。因此，竞技健美操的训练过程是高体能和高智能的紧密结合。

第三节　竞技健美操训练原则

竞技健美操训练原则是指根据人体活动的客观规律，根据教育学和训练学原理对竞技健美操运动实践经验的科学地总结和概括。它是竞技健美操运动训练一般规律的反应，对训练工作起着非常重要的控制和指导作用。训练原则在一定的时期内具有相对的稳定性，但随着运动实践的发展其内容又会得到不断的充实和完善。

一、理解规则进行训练原则

《竞技健美操竞赛规则》是衡量与评价运动员在赛场上表现的唯一准则，是裁判执法的唯一准绳。只有很好地理解并遵循规则，才有可能在比赛中不出现偏差，从而接近自己所要达到的理想成绩。目前我国所进行的竞技健美操赛事执行的是国际体操联合会下属的国际健美操委员会所制定的《2013—2016竞技健美操比赛规则》。

规则规定对竞技健美操成套动作的艺术性、完成情况、难度3方面进行评分，这要求教练员完全了解规则，根据规则对艺术性的要求进行成套动作的创编，只有在规则规定的基础上进行创新，才能创编出既符合规则规定又独特新颖的成套动作。同时也要求运动员了解竞赛规则，根据规则选择自己擅长的难度动作，按照规则规定的完成扣分标准，力求完美完成每一个动作。只有这样，才会出现符合比赛规则的优秀成套动作。因此，我们必须在理解规则的基础上进行竞技健美操训练，遵循理解规则进行训练原则。

二、一般性训练与专项训练结合的原则

《运动训练学》告诉我们一般训练是指在运动训练过程中，以多种身体练习，训练方法和手段，全面提高运动员各器官的机能，发展运动素质，改善身体形态和心理品质，掌握一些有利于提高专项的其他项目的运动技术与理论知识。

专项训练是指在运动训练的过程中，以专项运动本身的动作，以及与专项运动动作相似的练习，提高专项运动水平所需要的各器官系统的机能，发展专项运动素质，掌握专项运动的技术、战术、理论知识。

竞技健美操的一般性训练包括常规练习内容，如跑步、力量练习、柔韧练习、念动训练等。

专项训练包括：针对专项强度的专项耐力练习、针对操化动作的健身健美操练习；针对难度动作的辅助速度、力量、控制练习；针对表现的激情、表演练习；针对比赛的模拟测验等。

一般性训练是为专项训练打好基础，高度发展的一般性训练水平，只有在竞技健美操专项技术和战术中充分体现和发挥，才具有真正的意义。竞技健美操训练中的一般性训练和专项训练各有自己的目的任务和相应的训练方法手段，它们既不能相互替代，也不能孤立进行，在训练中必须注意这两者的结合与合理安排。

三、合理安排运动负荷原则

运动训练的合理运动负荷直接关系到运动员的竞技能力的提高。因此，在整个竞技健美操训练过程中如何掌握运动量与运动强度，设计竞技健美操特有的训练内容，使运动员能够尽可能地提高训练强度就显得至关重要了。健身健美操是要在绝对有氧的前提下进行训练，而竞技健美操则处在无氧与混合供氧的状态下进行。另一方面竞技健美操技术环节多，因此，在承担高强度负荷的同时，更要求运动员对身体各部分的支配与控制能力。在条件允许的情况下，尽可能地形成系统的训练，并在整个训练周期中建立不同的适应期——上升期——缓冲期——冲刺期——调整期，形成有规律的运动强度曲线，是提高运动员专项耐力与承受负荷的最佳手段。

四、系统性训练原则

竞技健美操所包含的技术内容特别是难度动作对人的各方面的要求日益提高，这就要求训练要有计划、有规律地进行，必须在完整的训练体系下进行，才能保证在竞赛中取得理想的成绩。其中训练的周期、周期中的任务与目的、周期中的不同内容的安排、合理地安排运动负荷，以及不间断训练等原则是保证系统训练的基础。

周期是根据运动员的培养目标而建立的，要使运动员按计划逐步提高竞技水平，首先要建立不同的大型训练周期。我们也可称之为发展期。在不同的发展期（大周期）中存在着若干个相关周期。

最初的发展期称之为入门期，训练当中要有目的地安排培养运动员良好体能、基本姿态、基本技术、稳定的心理状态、坚定的信念等相关内容。可以参加小规模的比赛或是在大赛中设立不同的目标。在发展期中动作的规范与完成质量是第一位的。这就需要教练员不仅仅是在一旁语言指导，而且要不断示范、讲解，严格要求，要以鼓励为主，建立运动员的自信心，同时提出希望纠正他们的错误习惯与动作，特别是建立吃苦耐劳与团队合作的精神。在训练上要注意健美操规范性（弹动、姿态）与健美操规律、特性（动作连接与控制）的建立，打好坚实的体能基础（专项耐力与力量）。在这一时期教练员应尽可能多地让运动员进行观摩，并有意识地讲解，提高运动员的认识能力。

适应期除了进一步安排体能、技术、心理的训练内容外，还应增加表现、动作变化规律、难度动作的发展等相关内容。尽量为运动员安排一般性比赛及表演活动，教练员除了示范、讲解外还应适当地给运动员自由发挥的空间，注意运动员的个体差异，扬长抑短，逐渐形成运动员的个性与风格。在操化训练上注意强调动作的变化与不对称性，在完成普遍采用的难度动作的同时，有意识地发展难度动作，并指明难度发展的一般性规律。在表现方面除了进一步加强运动员的自信心外，还应阐述动作表现与表情表现的一般性规律。教练员还应培养运动员的互帮互学的习惯，注意培养他们的观察力，经常性地对动作、套路、比赛进行分析，从而培养运动员的逻辑思维能力。

成熟期主要任务是，发展超强的健美操竞技体能，新颖的难度动作，正确无误的动作完成能力，强烈的吸引力与表现力，鲜明独特的成套风格，成熟健康的心理承受能力。这一时期创新意识是至关重要的。教练员在这一时期应与运动员进行频繁的思想交流，使他们建立比较广泛的兴趣，坚定的信念。在平时的体能训练中有目的地合理安排超强度的体能训练内容，除了健美操组合动作之外，有目的地安排其他项目的内容，如舞蹈、技巧等。要有意识地发挥运动员自身的创造能力，教练员把握方向由运动员参与一般性的训练、难度动作的发展与创编、成套动作的编排、社会活动等。

在上述这些发展期中，每个发展期之中应存在着若干个周期，这些周期应和整个发展期有着紧密的联系。而这些周期又是有秩序地、循序渐进相连的。在制定各个周期的任务时要有目的地安排运动员力所能及的目标，并在目标明确的前提下安排训练内容与运动量。

第四节 竞技健美操的训练方法与内容

竞技健美操是一项难、美、高强度的竞技体育运动项目，包含的内容复杂繁多，不仅在一般身体素质（力量、耐力、柔韧、协调、灵敏）上有极高的要求，同时在心理、韵律感、表现、审美、思维等方面也有着很高的要求。因此，它的训练内容涵盖广泛，训练方法繁多，包含着一般性训练内容与方法及健美操项目所特有的训练内容与方法。

一、一般身体素质训练

竞技体育是以人体的基本运动能力为基础的，这些运动能力即是我们通常所说的身体素质。这些素质内容应包括柔韧、力量、耐力、速度、灵敏等。

（一）柔韧素质训练

首先做好准备活动，其量和强度不应过大，以身体微微出汗及自己感到身体机能已充分调动起来为度，活动全身大小关节，目的是促进关节及周围的血液流动和关节内滑液的分泌，使关节更加灵活，防止关节损伤。重复拉伸对抗肌、协调肌及周围的韧带。

1. 发展上肢柔韧性

（1）各种徒手体操中活动肩、肘、髋关节的动作。

（2）双手握肋木直臂压肩韧带。

（3）双手下后握肋木向前探肩。

（4）双手向后握肋木向前探肩。

（5）与同伴互扶俯身正侧压肩。

2. 发展下肢柔韧性

（1）正压腿：支撑腿脚尖朝正前方，膝关节伸直，髋关节摆正，抬头挺胸屈上体。

（2）后压腿：髋关节摆正，屈支撑腿，抬头挺胸上体后仰压胯。

（3）侧压腿：支撑腿脚尖膝盖所朝方向与被压腿方向呈 90°，膝关节伸直，髋关节充分展开，抬头挺胸侧屈上体。

（4）劈叉控腿：左腿在前或右腿在前以劈叉的姿势保持不动，控制 5 分钟，练习水平高者可架高劈叉控腿。

3. 发展躯干柔韧性

（1）体侧屈：双脚并拢或开立与肩同宽，双手举起于头顶上互撑，由手带动躯干侧屈直到最大极限，保持该拉伸状态 10 秒。

（2）体侧转：两脚并拢或开立与肩同宽，两肩侧平举，向左转动时以左肩带动躯干左转到最大限度控制 10 秒，向右转动时以右肩带动躯干右转到最大限度保持 10 秒。

（3）体后屈：两手握肋木，两腿并拢或开立与肩同宽，抬头挺胸上体后仰到最大限度位置保持 10 秒。

在进行柔韧性训练时不要用蛮力，要循序渐进，伸展动作要慢慢地做，切忌匆忙。训练前后都要做伸展运动，训练前做伸展练习是为了热身，防止受伤，训练后做伸展练习是为了放松，消除疲劳。练习时要使被拉伸的肌肉有轻微不适感，每个拉伸练习要保持姿势10秒以上，然后完全放松，重复几次。

（二）力量素质训练

竞技健美操运动对运动员的力量素质也有着较高的要求，体现在《2009—2012竞技健美操竞赛规则》规定，运动员必须从已列入表中的A~D类各种难度动作中选择12个难度动作，裁判员对达到最低技术要求的动作进行评分。如跳与跃类动作的最低要求是：俯撑着地除手脚外任何部位不得触地。这要求运动员具有良好的上肢力量和腰腹力量等。另外，运动员在移动中完成创造性的各种托举、支撑配合动作不仅需要具有较强的身体控制能力，而且对运动员的绝对力量也提出了较高的要求。

1. 上肢力量

一般力量练习——横握铃直臂屈伸（肱二头肌）、上举铃臂屈伸（肱三头肌）、负重屈腕（前臂）、杠铃上举（三角肌）、双杠双臂屈伸（肱三头肌）等。

专项力量练习——基础训练阶段：俯卧撑、俯撑击掌、双杠支撑摆动、双杠支撑移动、双杠曲臂撑、倒立推、倒立爬行等。

专项提高阶段：计时的单臂俯卧撑、负重俯卧撑、自由倒地成俯撑等各种跳起成俯撑的动作练习。

2. 下肢力量

一般力量练习——负重蹲跳（股四头肌）、负重提踵（腓肠肌、比目鱼肌）、立定跳远、跳绳等。

专项力量练习——基础训练阶段：原地连续纵跳、连续团身跳、10~20米的单脚或双脚连续跳、原地屈体分腿跳等。

专项提高阶段：原地连续屈体分腿跳，负重屈体分腿跳，扶肋木前、侧、后方向快速踢腿，连续科萨克跳或连续吸腿跳等。

3. 躯干力量

一般力量练习——单杠引体向上（斜方肌、背阔肌、菱形肌）、体前屈提铃（背阔肌、前锯肌）、仰卧两头起、悬垂举腿、仰卧起坐等。

专项力量练习——基础训练阶段：专门性控腹练习、分腿支撑、直角支撑等。

专项提高阶段：分腿支撑和直角支撑转体等。

4. 手腕关节的力量训练

在竞技健美操成套动作中，有许多高难度的动作要求运动员从空中直接落到地面上，落地时直接用双手、单手或用以手脚并用的方式接触地面，这就增加了腕部损伤的可能。据统计，在竞技健美操训练中腕部受伤是最严重的，占86.7%。因此，加强手腕关节的力量训练是一个不容忽视的问题。常用的方法有：推小车、控倒立、倒立爬行、连续俯卧推跳及负重手腕屈伸练习等。

（三）耐力素质训练

竞技健美操以无氧代谢为基础，机体在缺氧或氧供应不足的情况下，是由磷酸原系统供能和糖原酵解供能的代谢形式。在运动刚开始时，肌肉的所有能量由 ATP、CP 分解供给，这一时期将持续十几秒，随着运动时间的持续，肌糖原分解为乳酸释放出能量，进入糖原酵解供能阶段，此供能系统是持续进行 2~3 分钟大强度运动的主要供能系统。竞技性健美操是在 1 分 45 秒左右完成的大强度运动，因此，竞技性健美操是以无氧代谢为主的。针对竞技健美操的成套动作要求在 1 分 45 秒内完成这一特点，从运动生理学角度分析属于乳酸供能系统提供能量，训练时，我们采用 80%~90%的训练强度，将心率控制在 180~190 次/分，一次练习持续 1~2 秒之间的计时跑，连续踢腿跳或连续完成成套动作的方式进行肌肉耐力的训练。

（四）速度素质训练

在竞技健美操成套动作中速度素质的体现主要在于动作速度的快慢，动作速度是指人体或人体某一部分快速完成某一动作的能力。在竞技健美操成套动作中要求运动员高速完成复杂变化的各种动作，但是在进行动作速度训练时，我们必须注意，提高动作速度应与掌握和保持正确的技术动作紧密地结合在一起。在技术动作正确的前提下提高动作速度，其训练方法主要有：

1. 专门性动作速度训练

连续 4 个 8 拍快速大踢腿，连续快速屈体分腿跳等。

2. 反复完成某一操化动作

要求肢体在技术动作正确的情况下尽可能快地到达动作结束位置，练习肢体的爆发力及控制能力。

3. 利用外界助力提高运动员的动作速度

在训练中，教练员常常可以利用助力让运动员体会快速完成动作的感觉。

4. 负重训练

在训练中可以要求运动员四肢负重进行训练，一段时间后，运动员的动作速度将有明显的提高。

5. 加快音乐节奏训练法

首先在较慢的速度下完成一段操化动作，随着动作的熟练加快音乐节奏完成动作。这是竞技健美操操化动作训练的特色内容。

（五）灵敏素质训练

灵敏素质在竞技健美操中主要表现为身体的协调能力。协调能力是指运动员在运动时，机体各器官系统、各运动部位配合一致完成练习的本领。健美操是对人体协调能力要求极高的运动项目，我们在训练中以各关节的灵活运动为基础。

1. 步伐训练

首先学习比较简单的步伐，逐渐加大难度，增加更为丰富的步伐动作，训练腿部的运动协调性，然后配合音乐进行步伐训练。

2. 手臂训练

首先进行臂屈伸，臂内收和外展，臂旋转和环动，臂旋内和旋外，臂上回旋和下回旋，掌心向上和向下，拳与掌的变化等基本手臂单个动作的练习，把手臂基本动作加以编排，连续进行整套手臂组合动作训练，最后通过音乐完成手臂组合动作。

3. 上下肢配合练习训练

将步伐组合动作与手臂组合动作结合起来，通过上下肢协调配合完成动作，其练习方式可采用逐步提高其协调性的方式。首先，步伐动作保持不变配合手臂动作，然后两拍一动完成步伐与手臂的配合，熟练之后再一拍一动完成上下肢的配合动作。

4. 躯干及肩、髋关节的协调性训练

首先做左右依次提肩，同时提双肩，左右依次前后绕肩和双肩同时绕等肩关节运动，然后做顶髋、绕髋和移髋等髋关节运动，再做躯干前后左右的移动练习。3 个部位的协调性先分别进行训练，然后编成组合动作同时训练，以提高躯干、肩、髋关节的灵活性。

二、基本步伐

基本步伐是健美操最重要的技术之一，它体现健美操的最基本的特征，是用以区别其他运动项目的重要特征之一。健美操的基本步法主要是踝关节、膝关节、髋关节的屈伸缓冲而产生的弹动技术。它的主要作用为减少运动对关节的冲力，从而减少运动对人体造成的损伤。值得注意的是，在屈伸的过程中，腿部的肌肉要协调用力控制使步伐流畅缓冲，才能有效地防止损伤。在完成各关节原地的弹动训练后，我们再配合健美操的基本步伐进行弹动训练。训练要求如下：

（一）踏步训练

首先进行一般性踏步训练。上体立直，脚尖过渡到全脚掌落地，支撑腿落地时膝关节伸直，两臂屈肘体侧自然前后摆动。再进行弹动性踏步训练，脚尖接触地面后踝关节有控制地过渡到全脚掌，支撑腿落地时膝关节微屈，使两腿有同时屈膝的过程，两臂屈肘体侧自然前后摆动。

（二）弹踢训练

弹踢时，弹踢腿无屈膝，支撑腿膝踝关节弹动的同时弹踢腿发力弹踢，膝踝关节有控制地伸展，按其动作要领单腿不间断地弹踢，然后两条腿交替练习。在两条腿交替弹踢的过程中，支撑腿踝关节始终保持不落地的状态，原地动作练得熟练且有一定弹性时，我们可以进行行进间的弹踢训练。

（三）吸腿跳和跳踢腿训练

此训练方法主要是训练支撑腿的膝踝关节弹动性，支撑腿膝踝关节发力弹动的同时另一条腿提膝或大踢腿，支撑腿踝关节始终不完全落地，有控制地弹动，膝关节也没有完全伸直的过程，始终保持微屈的弹动状态。首先连续吸或踢一条腿，练习一条腿的弹动性，之后再进行交换腿吸腿跳和跳踢腿。

（四）开合跳训练

开合跳两腿的弹动性体现在两腿分开与两腿并拢的两处弹动上。先做两腿分开位置上的弹动训练，再做两腿并拢位置上的弹动训练，最后再做一开一合的连续开合跳练习。

以上4种髋、膝、踝关节的弹动性训练，都存在脚尖完全离开地面的状态，所以我们在训练时也应注意脚落地时的缓冲训练，以提高整体动作的弹动性。

（五）原地髋、膝、踝关节弹动性训练

两脚并拢，脚尖随着音乐节奏抬起落下，同时膝关节伸直弯曲，脚跟始终不离开地面，两臂屈肘于体侧自然前后摆动做踝关节屈的练习。

（六）原地连续小纵跳训练

两脚并拢，脚尖始终不离开地面，脚跟随音乐节奏抬起落下，两臂屈肘于体侧前后自然摆动，做踝关节伸的练习。

三、难度动作训练

（一）提臀起

1. 练习动作A（图6–2）

（1）练习方法

身体保持俯卧撑姿态，手支撑于20厘米高的垫子上，屈臂身体下沉推起的同时，提臀、收腹、踢腿，然后手臂弯曲身体回到俯撑的位置，连续重复。脚尖能踢到手撑的垫子为合格。

（2）练习目的

加强上肢俯撑和躯干收腹的能力，固定身体姿态和节奏，培养学生的空间感。

（3）练习要点

屈臂身体下沉时身体姿态的位置与准确性，身体保持一条直线，收腹时膝盖伸直。

2. 练习动作B

（1）练习方法

两人一组相互帮助，练习的人身体保持俯卧撑姿态，帮助的人两脚分开站于练习者的身体两侧，双手抱住练习者的胯的两侧，练习者双手屈臂身体下沉，推起腾空后双手摸脚尖，帮助的人同时提起练习者臀部，练习者双手摸到脚尖后打开身体回到俯撑位置。这一练习方法需要两个人配合好发力的时间和顺序。

（2）练习目的

培养练习者整体动作的完整感觉，让身体在做这个难度动作时所需要运用的肌肉能够充分屈伸的情况下练习。

(3) 练习要点

俯卧撑屈臂推起时胸离地面的距离要控制在10厘米以内，腾空后膝盖伸直，手一定要碰到脚背，落地后屈臂缓冲胸离地面的距离要控制在10厘米以内。

图6-2 提臂起

(二) 直升飞机接纵叉

1. 练习动作A

(1) 练习方法

练习者双腿分开坐于地面，身体后躺，右腿贴于地面摆动超过左腿至双腿开度在180°的位置后，右腿继续摆动左腿跟上，右腿摆至前方时左腿加速超过右腿至身体正后方，右腿屈膝位于身体左侧，然后反方向。左右重复练习。

(2) 练习目的

练习摆动腿的协调性和正确轨迹，要把腰上的力量转换到腿上。

(3) 练习要点

摆动腿的膝盖一定要伸直，腿尽量贴近于面部。

2. 练习动作 B（图 6-3）

(1) 练习方法

练习者双腿分开坐于地面，身体后躺向左旋转 180°右腿贴于地面摆动超过左腿至双腿开度在 180°的位置后，双腿继续摆动左腿至头上、身体腾空转体 180°，左腿找地面，右腿加速摆动至纵叉的位置。

(2) 练习目的

利用摆动腿的速度把人在适合的时候用肩膀顶起腾空。

(3) 练习要点

摆动腿的膝盖一定要伸直，腿尽量贴近于面部。腾空后要快速摆腿成纵叉。

图 6-3　直升飞机接纵叉

（三）直升飞机接文森

1. 练习动作 A（图 6–4）

（1）练习方法

练习者双腿分开坐于地面，身体后躺向左旋转 180°右腿贴于地面摆动超过左腿至双腿开度在 180°的位置后，双腿继续摆动左腿至头上、身体腾空转体 180°，左脚踩地，右腿加速摆动至架于右臂上方，成文森俯卧撑姿态。

（2）练习目的

利用摆动腿的速度把人在适合的时候用肩膀顶起腾空。在正确的轨迹上完成文森。

（3）练习要点

身体后躺向左旋转 180°时要快速躺于地面，摆动腿的膝盖一定要伸直，腿尽量贴近于面部。腾空后要快速摆腿成文森。

图 6–4　直升飞机接文森

（四）直角支撑转体 720°

1. 练习动作 A（图 6–5）

（1）练习方法

双腿伸直屈体坐于地面，双脚放于 30 厘米高的垫子上，双手伸直位于大腿两侧，手指向前，收腹、圆背支撑使臀部完全腾空，转体 720°。根据个人能力尽量 1 分钟为一组。

（2）练习目的

培养学生支撑的能力和正确的身体形态，让学生习惯支撑的高度。

（3）练习要点

支撑时双手要在大腿两侧、臀部的前面。抬头、圆背、提臀，膝盖和手关节伸直。

2. 练习动作 B

（1）练习方法

双腿伸直屈体坐于地面，双手伸直位于大腿两侧，手指向前，收腹、圆背支撑使双腿完全腾空，转体 720°。根据个人能力尽量 30 秒为一组。

（2）练习目的

尽量保持直角支撑转体 720°练习动作 A 的身体形态，使其提高学生的能力。

（3）练习要点

膝盖和腕关节伸直，固定正确的身体形态，把整个人的重心控制在双手上。

3. 练习动作 C

（1）练习方法

双腿伸直屈体坐于地面，双手伸直位于大腿两侧，手指向前，收腹、圆背支撑使双腿完全腾空，转体 720°。原地左右手交替抬起。次数根据学生的能力逐步提高。

（2）练习目的

在提高支撑能力的情况下，让学生练习重心如何左右移动。

（3）练习要点

膝盖和手关节伸直，在固定正确的身体形态的情况下左右移动重心。双腿和臀部保持腾空，不能触地。

4. 练习动作 D

（1）练习方法

双腿伸直屈体坐于地面，双手伸直位于大腿两侧，手指向前，收腹、圆背支撑使双腿完全腾空，转体 720°。右手先动向左转体，两手交替反复。

（2）练习目的

在提高支撑能力的情况下，让学生在原地转圈，用手调控重心。

（3）练习要点

膝盖和手关节伸直，在固定正确的身体形态的情况下转体左右移动重心。双腿和臀部保持腾空，不能触地。一定要两只手交替均衡移动。

图 6-5 直角支撑转体 720°

(五)莫多万转体 360°

1. 练习动作 A(图 6-6)

(1)练习方法

双腿伸直屈体分腿坐于地面，双腿开度于 140°~160°之间，双脚放于 30 厘米高的垫子上，双手伸直与肩同宽位于大腿内侧，手指向前，收腹、圆背支撑使臀部完全腾空，转体 360°。根据个人能力尽量 1 分钟为一组。

(2)练习目的

提高学生分腿支撑时所能用到肌肉的能力，培养正确的身体姿态，让学生习惯腰、腹部位肌肉收缩的松紧度。

(3)练习要点

分腿支撑时双手要在大腿内侧。抬头眼睛看前下 45°，膝盖和手关节伸直，圆背、臀部尽量提到与跟脚一样高的位置。

2. 练习动作 B

(1)练习方法

双腿伸直屈体分腿坐于地面，双手伸直位于大腿内侧，手指向前，收腹、圆背支撑使双腿完全腾空，转体 360°。根据个人能力尽量 30 秒为一组。

(2)练习目的

进一步加强学生分腿支撑时所能用到肌肉的能力，培养正确的身体姿态，为转体做好准备。

(3)练习要点

分腿支撑时膝盖和手关节伸直，臀部与脚在一个水平面上，臀部的位置提得越高越好。

3. 练习动作 C

(1)练习方法

双腿伸直屈体分腿坐于地面，双手伸直位于大腿内侧，手指向前，收腹、圆背支撑使双腿完全腾空，转体 360°。原地左右手交替抬起触摸另一只手臂的肘关节处。

(2) 练习目的

提高学生左右手抬起的高度，培养左右重心移动的能力。

(3) 练习要点

学生左右手抬起移动重心时，脚尖、膝盖伸直，不能塌腰。抬起的手臂一定要触碰到支撑臂，而且触碰的位置越高越好。

4. 练习动作 D

(1) 练习方法

双腿伸直屈体分腿坐于地面，双手伸直位于大腿内侧，手指向前，收腹、圆背支撑使双腿完全腾空。左手抬起左腿向左摆动，转体 180°左手放于左腿外侧，右腿跟上摆动与左脚并拢，右手放于右腿外侧，成直角支撑状。再抬起左手左腿向左摆动，转体 180°左手放于左腿内侧，右腿跟上摆动，右手放于右腿内侧，成分腿支撑。

(2) 练习目的

练习提高动作的完整性和控制性，转体的速度和方向的准确性。

(3) 练习要点

学生在做倒手转体时要注意方向，分腿在前、并腿在后。脚尖膝盖伸直，臀部提高倒手时不能蹭地。

图 6-6 莫多万转体 360°

（六）纵跳转体 360°

1. 练习动作 A（图 6–7）

（1）练习方法

双脚站立做好预备姿势，左脚上步双手斜下 45°并拢，重心从右脚过渡到左脚起跳，双脚同时落地，双手经侧之后，双脚同时起跳，使人完全垂直腾空，双手经下、经前至上摆动，转体 360°，双脚落地的同时双手从两侧落下成结束站立姿势。

（2）练习目的

培养学生双脚起跳的概念，起跳腾空的高度，身体在动态的情况下如何控制。

（3）练习要点

起跳时手臂要直臂带起，力量要能直接传到手指尖。髋关节、膝关节和踝关节要同时蹬直。

2. 练习动作 B

（1）练习方法

双脚站立做好预备姿势，左脚上步双手斜下 45°并拢，重心从右脚过渡到左脚，左手经前至上，右手经前至侧，双脚同时起跳，双手同时落下，左手经前、经下至后带起到上举，身体完全垂直腾空转体 360°，落下成结束站立姿势，手臂保持上举。

（2）练习目的

培养学生双脚起跳腾空后再转体的概念，身体在动态转体的情况下如何保持身体重心的平衡。

（3）练习要点

在练习时要求学生一定要先起跳再转体，在转体过程中保持身体绷紧、垂直。

3. 练习动作 C

（1）练习方法

双脚站立做好预备姿势，左脚上步双手斜下 45°并拢，重心从右脚过渡到左脚起跳双脚同时落地，左手经前至上，右手经前至侧，双脚同时起跳，双手同时落下，左手经前、经下至后带起到双手屈臂胸前双手握拳交叉，身体完全垂直腾空转体 360°，落下成结束站立姿势。

（2）练习目的

培养学生起跳后掌握什么时间加速转体，什么时间打开制动转体。

（3）练习要点

在练习时要特别注意身体起跳后是否完全蹬直，转体时躯干保持垂直，不能有抬头、挺胸、屈胯的动作。

图 6-7 纵跳转体 360°

(七) 转体 180° 团身跳再转体 180° 站

1. 练习动作 A（图 6-8）

(1) 练习方法

双脚站立做好预备姿势，左脚上步双手斜下 45°并拢，重心从右脚过渡到左脚起跳，双脚同时落地，双手经侧之后，双脚同时起跳使人完全垂直腾空转体 180°，吸腿成团身姿态再转体 180°，然后踹腿尽量在落地时把身体展开，成结束站立姿势。

(2) 练习目的

练习学生充分起跳后快速团身吸腿，然后放腿站立，为转体做好准备。

(3) 练习要点

起跳后吸腿团身和踹腿的动作要快，肩膀始终保持垂直。

2. 转体 180°团身跳再转体 180°练习动作 B

(1) 练习方法

双脚站立做好预备姿势，左脚上步双手斜下 45°并拢，重心从右脚过渡到左脚起跳，双脚同时落地，左手经前至上，右手经前至侧，双脚同时起跳，双手同时落下，左手经前、经下至后带起到上举，身体完全垂直腾空转体 180°，吸腿成团身姿态再转体 180°，然后踹腿尽量在落地时把身体展开，落下成结束站立姿势。

(2) 练习目的

培养学生充分起跳后吸腿的时间和速度，吸腿后放腿的同时要能够控制好肩膀的方向。

(3) 练习要点

身体躯干的重心一定要垂直，起跳时能够找到手臂带动转体的速度和起跳的高度。

3. 练习动作 C

(1) 练习方法

双脚站立做好预备姿势，左脚上步双手斜下 45°并拢，重心从右脚过渡到左脚起跳，双脚同时落地，左手经前至上，右手经前至侧，双脚同时起跳，双手同时落下，左手经前、经下至后带起到上举，身体完全垂直腾空转体 180°，吸腿成团身姿态，再转体 180°，然后踹腿尽量在落地时把身体展开，落下成结束站立姿势。

(2) 练习目的

练习时主要强调团身后踹腿的时间，还有踹腿的方向，必须是 180°+180°。

(3) 练习要点

上步后左手落下时手臂带动躯干转体，手臂的路线尽量垂直贴于身体，第二个 180°转体时手臂要早点打开固定。

图 6-8　转体 180°团身跳再转体 180°站

（八）转体 180° 科萨克跳再转体 180° 成纵叉

1. 练习动作 A（图 6-9）

（1）练习方法

双脚站立做好预备姿势，左脚上步双手斜下 45°并拢，重心从右脚过渡到左脚起跳，双脚同时落地，双手经侧之后，双脚同时起跳使人完全垂直腾空转体 180°，踢腿在空中成科萨克姿态，再转体 180°，然后压腿尽量在落地时把身体展开，成结束站立姿势。

（2）练习目的

练习主要是培养学生在空中的身体形态，注意后背躯干的姿态和头的形态。

（3）练习要点

起跳后踢腿的速度要快，尤其是伸直的那条腿，双脚同时落地。

2. 练习动作 B

（1）练习方法

双脚站立做好预备姿势，左脚上步双手斜下 45°并拢，重心从右脚过渡到左脚起跳，双脚同时落地，左手经前至上，右手经前至侧，双脚同时起跳，双手同时落下，左手经前、经下至后带起到上举，身体完全垂直腾空转体 180°，踢腿成科萨克姿态，再转体 180°成落地姿势站立。

（2）练习目的

练习过程中要加强两条腿和躯干的控制能力，无论怎么转体都不要影响躯干的重心轴。

（3）练习要点

起跳后转体 180°后踢腿和压腿要有两次明显的发力点。

3. 练习动作 C

（1）练习方法

双脚站立做好预备姿势，左脚上步双手斜下 45°并拢，重心从右脚过渡到左脚起跳，双脚同时落地，左手经前至上，右手经前至侧，双脚同时起跳，双手同时落下，左手经前、经下至后带起到上举，身体完全垂直腾空转体 180°，踢腿成科萨克姿态，再转体 180°同时左腿下压，沿着纵轴线打开成纵叉姿态落地。

（2）练习目的

练习是为了巩固提高学生对动作完整性的理解，培养学生对纵叉落地系列动作的认识。

（3）练习要点

起跳转体 180°踢腿后要在第二个转体 180°前下压伸直的那条腿，并且尽量保持腿的路线在纵轴线上。

图 6-9　转体 180°科萨克跳再转体 180°成纵叉

（九）屈体分腿跳

1. 练习动作 A

（1）练习方法

双腿伸直屈体分腿坐于地面，双腿开度在 140°~160°之间，双手伸直位于大腿内侧手指向前，收腹、举腿，双腿抬至离开地面 45°以上。反复 20~30 次，根据学生的具体能力增减练习次数。

（2）练习目的

练习是为了提高学生髂腰肌部位的运动能力，为屈体分腿跳做好准备。

（3）练习要点

练习过程中特别注意双腿膝盖伸直，上下抬腿时的速度和节奏，在双腿运动的过程中不要改变躯干的形态。

2. 练习动作 B（图 6-10）

（1）练习方法

双脚站立做好预备姿势，左脚上步双手斜下 45°并拢，重心从右脚过渡到左脚起跳，双脚同时落地，左手经前至上，右手经前至侧，双脚同时起跳，双手同时落下，左手经前、经下至后带起到上举，身体完全垂直腾空同时踢腿在空中成屈体分腿姿态，然后双腿下压尽量在落地前把身体展开，落下成结束站立姿势。

(2) 练习目的

练习提高学生起跳踢腿时的速度，固定空中的身体形态，分腿的开度最好不要小于130°。

(3) 练习要点

在空中起腿时膝盖伸直，躯干尽量保持直立，手臂打开放在脚上。腿一定要踢过水平面，越高越好。

图 6-10　屈体分腿跳

（十）交换腿跳

1. 练习动作 A（图 6–11）

（1）练习方法

双脚站立做好预备姿势，左脚上步双手斜下 45°并拢，重心从右脚过渡到左脚起跳双脚同时落地，双手经侧之后，双脚同时起跳使人完全垂直腾空，左腿在前，右腿在后成纵劈叉姿态，然后双腿下压尽量在落地时把腿并拢成结束站立姿势。

（2）练习目的

培养学生双脚起跳分腿时髋关节的运动能力，髋关节的发力方向和时间。

（3）练习要点

起跳后分腿，分腿的速度要快，最好在跳到最高点时分腿的动作已经做完，然后夹腿落地。

图 6–11　交换腿跳

2. 练习动作B

(1) 练习方法

双脚站立做好预备姿势，两手侧平举右脚并步跳，左脚上前一步单脚起跳，右脚前摆90°~45°之间然后回摆，同时左脚前摆，双腿在空中成纵劈叉的姿态，双腿回收左脚先落地。

(2) 练习目的

练习巩固学生完整动作的概念，尽量找到双脚起跳时分腿的感觉。

(3) 练习要点

特别注意单腿回摆的时间，在身体下落前髋关节做一个前后开胯的发力动作，双腿分到最大开度。

(十一) 立转720°

1. 练习动作A (图6–12)

(1) 练习方法

双脚站立做好预备姿势，右腿弓步双手平举，左手向前，右手向后，双手保持平举姿态向左带开旋转至侧平举，双手成胸前平屈，左腿膝盖抬起吸腿，右脚起重心保持平衡转体360°，双脚站立姿势结束。

(2) 练习目的

学生在练习单足转体时，支撑脚的踝关节起重保持平衡的能力。

(3) 练习要点

在立起踝关节转体时，起重的速度要快，踝关节周围的肌肉要固定，转体结束时重心还能保持在支撑脚上。

2. 练习动作B

(1) 练习方法

双脚站立做好预备姿势，右腿弓步双手平举，左手冲前，右手冲后，双手保持平举姿态向左带开旋转至侧平举，双手成胸前平屈，左腿膝盖抬起吸腿，右脚起重心保持平衡转体720°，双脚站立姿势结束。

(2) 练习目的

学生在练习单足转体时，头、胸、肩、胯立直。在保持平衡的情况下能够有加速的能力。

(3) 练习要点

要特别注意转体时第一圈两个肩膀的平衡，各躯干和下肢关节在转体时向上立直。

图 6–12　立转 720°

（十二）依柳辛接垂地

1. 练习动作 A（图 6–13）

（1）练习方法

把动作分解放慢练习。双脚站立做好预备姿势，左脚单脚支撑，右脚抬起 30°~40°之间，双手直臂上举并掌夹住耳朵，重心前移右脚支撑，左脚后摆至垂直劈腿的位置，双手扶地帮助右脚向左转体 180°，到反方向的垂直劈腿的位置，双手推地起上身的同时再转体 180°，双手上举站立到结束姿势。

（2）练习目的

练习时分解依柳辛让学生对这个动作有一个初步的身体认识。

（3）练习要点

做这个动作时一定要在垂地的位置上做转体，可以把动作放慢，但是动作的轨迹一定要清晰。

2. 练习动作 B

（1）练习方法

把练习 A 的动作加快连起来，双脚站立做好预备姿势，左脚单脚支撑，右脚抬起 30°~40°之间，双手直臂上举并掌夹住耳朵，重心前移右脚支撑，左脚后摆至垂直劈腿的位置，右手单手扶地右脚向左转体 180°，到反方向的垂直劈腿的位置，右手推地起上身的同时再转体 180°，站立到结束姿势。

(2) 练习目的

学生在练习依柳辛整体动作过程中感受摆动腿的速度和摆腿的方向轨迹。

(3) 练习要点

依柳辛在重心移动时支撑腿的膝盖要伸直，摆动腿尽量到垂直线后再转体，起身时不能有背弓塌腰的动作。

3. 练习动作C

(1) 练习方法

双脚站立做好预备姿势，左脚单脚支撑，右脚抬起30°~40°之间，双手直臂上举并掌夹住耳朵，重心前移右脚支撑，左脚后摆至垂直劈腿的位置，右手单手扶地右脚向左转体180°，到反方向的垂直劈腿的位置，右手推地起上身的同时再转体180°，站立到结束姿势双手上举，右脚单脚站立左脚抬起30°~40°之间，左脚后摆做垂直劈腿，双手推地立起回到结束姿势。

(2) 练习目的

学生在练习依柳辛起身时应控制重心平衡，重心点应放在右脚的前脚掌。

(3) 练习要点

学生在练习时要特别注意摆动腿的两个360°的圆，左右臂放的位置固定。

图6-13 依柳辛接垂地

四、过渡与连接动作的训练

竞技健美操成套动作中，必须通过过渡与连接动作灵活流畅地展示空中、站立、地面的相互转换。过渡与连接必须体现成套动作的整体连续性。具体训练方法如下：

1. 简单的空间地面过渡训练，注意身体重心转换的控制。进行跳跃类难度动作的特殊过渡动作训练；并步跳接一步，跑两步，一步接双脚起跳。

2. 进行体现爆发力及力量与柔韧的过渡动作训练。起跳时注意两手臂动作的不同训练。

3. 难度动作的起跳逐渐向无准备过渡。

4. 过渡动作体现身体平面变化的训练。

五、集体项目的一致性训练

集体项目成套动作的训练首先要突出集体项目的一致性训练。

（一）口令训练法

1. 目光的一致性训练

首先可以要求运动员同时盯住一个目标不动，进行目光定位的一致性训练，要求运动员用同样的眼神，表达同样的感情，教练员注意观察运动员目光是否一致，眼神表达内容是否统一。然后再进行目光移动的一致性训练，教练员首先要求运动员盯住同一个目标不动，然后运用口令要求运动员移动目光同时盯住另一个目标，提高运动员目光移动速度的一致性。

2. 动作幅度和角度的一致性训练

首先根据教练员口令指示，在镜子前，几名运动员同时开始做动作，先一拍一停顿，固定每一拍的动作，包括从起始位置身体各部位的形态，到结束位置身体各部位的形态。每拍动作都进行定位的训练，使运动员形成良好的动作空间感。然后加快口令速度，四拍一停顿，要求每位运动员的动作与每拍口令相吻合，训练运动员动作幅度和动作速度的一致性。然后离开镜子，只听教练员的口令做动作。最后再配合音乐完成动作。

3. 动作速度的一致性训练

首先可以通过教练员的口令提高运动员的反应能力，要求运动员听到口令后同时开始做动作，即训练动作开始的一致性。如教练员喊“1”时，运动员同时快速双臂前平举，教练员喊“2”时，运动员同时双臂快速侧平举等练习形式。然后加强运动员的控制能力训练，即动作结束的一致性。控制能力的提高以身体素质的加强为基础，运动员应多进行四肢的力量训练。通过训练动作开始的一致性和动作结束的一致性来提高动作速度的一致性。

4. 位置的一致性训练

在集体项目中，身体位置的一致性指的是在进行成套动作训练时运动员之间的身体距离的一致性。其训练方法是，首先进行一些简单的步伐移动，训练运动员之间的身体距离一致性，规定运动员之间的间隔距离，要求运动员始终保持这一距离做动作。如规定运动员之间间隔一臂距离进行身体位置的一致性训练，在做动作前测量好运动员之间的相对位置，在运动员做完步伐组合动作后再进行运动员之间相对位置的测量，看运动员之间的距离是否仍保持着一臂距离。反复进行练习直到运动员能有效控制与其他队员的相对位置时再进行复杂的步伐移动训练，最后完成竞技健美操集体项目的动作组合。

5. 手型和脚位的一致性训练

竞技健美操动作包括许多手型和脚位的变化，集体项目的一致性同时也表现在运动员手型和脚位的一致性上，训练其手型和脚位的一致性时，首先进行单个动作的姿态训练，将在成套组合动作中出现的手型和脚位单独提取出来进行训练，直到每位运动员都能准确完成，再结合成套动作进行训练。

6. 腾空高度的一致性训练

腾空高度的一致性是体现运动员难度动作完成的一致性中最重要的一点。首先应进行起跳动作的训练，统一哪一条腿上步，哪一条腿跟步起跳，保证一致的发力方式。教练员运用口令“1”“跳”，做上步起跳的练习。然后进行原地纵跳训练，要求运动员同时尽力向上跳，寻找几名运动员的弹跳能力差异，要求弹跳能力强的运动员稍有控制地起跳，弹跳能力差的运动员尽力向上起跳，减少几名运动员腾起的高度差，保证腾空高度的一致性。最后再完成有腾空高度的难度动作训练。

7. 转体速度的一致性训练

难度动作中有许多体现运动员转体能力的动作，在进行转体速度训练时，首先要注意起动及转体频率的一致性训练，以支撑转体的训练为例，首先进行运动员从地面上做起支撑动作一致性训练，要求运动员同时撑离地面。然后进行运动员原地支撑倒换手移重心的频率训练。当运动员能同时同步完成倒换手练习时，再进行支撑转体训练，开始训练时规定转体360°倒换手 4 次，每转 90°倒换手一次。随着运动员训练水平的提高可减少倒换手的次数。

六、成套动作训练方法

以上谈的是竞技健美操技术的训练法，成套动作编排出来后，我们要进行成套动作的训练。

（一）先分解后完整训练法

首先将成套动作的难度动作和操化动作分开进行训练，然后再进行完整的成套动作训练。以首先进行难度动作再进行操化训练为例。

1. 难度动作训练

一般采取由难到易的原则，即在一堂训练课上先训练运动员能熟练完成的难度动作，让运动员能够巩固已掌握的难度动作技术要领，再进行运动员还不能完全熟练完成的难度动作，这是难度动作训练的重点，应花大量的时间进行这些难度动作的技术要领和身体素质训练，直到运动员能够独立完成成套动作中的所有 10 个难度动作。

2. 操化动作训练

教练员根据运动员自身特点及表现风格编排适合该运动员的操化动作，在训练时首先训练运动员对操化动作的熟练性和动作规格的标准性，然后进行对该套操化动作内涵风格的理解的训练，使运动员能够更好地表现操化动作的风格特点。

3. 难度动作与操化动作结合训练

进行竞技健美操成套动作训练。首先进行 12 个难度动作与 12 个 8 拍操化动作结合的训练，即做 1 个 8 拍操化动作接 1 个难度动作。将这种结合训练完成后进行整个成套动作的训练。

4. 配合音乐完整训练

首先可以配合一般的健美操音乐进行成套动作的训练，可以选择速度适中的音乐，主要训练运动员动作的熟练性，运动员动作熟练性提高后再配合竞技健美操音乐进行训练。

（二）先分节后成套训练法

即首先将竞技健美操成套动作分成若干节进行训练，然后再进行完整的成套动作训练。

1. 4×8 小节训练

首先可将成套动作划分为 4 个 8 拍一小节，运动员在教练员的口令指挥下只做 4 个 8 拍动作，第一个 4 个 8 拍动作熟练完成后再进行第二个 4 个 8 拍动作的训练，依此类推直到整套组合动作全部完成。

2. 8×8 小节训练

当运动员完成 4×8 小节训练，能够将整套组合动作完整做下来后，再将成套动作划分为 8 个 8 拍一小节进行训练。运动员在教练员的口令指挥下只作 8 个 8 拍动作，第一个 8 个 8 拍动作熟练完成后再进行第二个 8 个 8 拍动作的训练，依此类推直到整套组合动作全部完成。

3. 16×8 小节训练

当运动员完成 8×8 小节训练，能够将整套组合动作完整做下来后，再将成套动作划分为 16 个 8 拍一小节进行训练。运动员在教练员的口令指挥下只做 16 个 8 拍动作，第一个 16 个 8 拍动作熟练完成后再进行第二个 16 个 8 拍动作的训练，依此类推直到整套组合动作全部完成。

4. 依此类推进行再成套训练

动作划分为 32 个 8 拍一小节进行训练，直到一次性完成整个成套动作的训练。

（三）间歇训练法

竞技健美操的成套动作训练采用间歇训练法来提高运动员的动作熟练性和肌肉及身体各器官系统的耐受力。首先运动员在教练员口令的指挥下完成整套成套动作，此时教练员的口令速度可适当慢一点，在运动员完成全套动作后，给该运动员 2 分钟的休息时间马上进行第二遍的成套动作训练，第二遍成套动作完成后，给该运动员 5 分钟的休息时间马上进行第三遍的成套动作训练。当运动员适应了此练习的强度时以一般性健美操的音乐用同样的间歇时间进行训练，以提高练习的强度。最后再配合竞技健美操音乐以同样的间歇时间进行成套动作训练。

训练要求及注意事项：用此方法进行成套动作训练时要求运动员尽全力完成所有难度动作以及操化动作，不能比划动作，应尽力地表现动作就如同在进行比赛一样。同时也要求教练员准确把握间歇时间，如间歇时间太长则达不到体能训练的效果。

（四）念动训练法

1. 首先在运动员完成成套动作前，在教练员的示范引导下，集中注意力在大脑中形成所学操化动作的动作形象和动作顺序、难度动作的动作技术要领、动作结构、发力顺序和方法。描绘自己在完成成套动作训练比赛中的合理技术动作和注意力的分配。然后把自己想象的内容与实际训练结合起来，在完成成套动作训练时，根据训练前想象的内容做动作。

2. 想象在完成成套动作时，精力充沛，动作幅度大，到位准确能控制，姿态优美，动作干脆利索有力度，感染力强，自始至终的状态良好，周围的观众全被你的表现所吸引，全场的对手被你所超越，场外观众全为你“加油”，自己充满必胜的信心。

训练要求及注意事项：

（1）在进行念动训练时要求运动员必须集中注意力，在大脑中形成一定的动作形象，能够对大脑进行一定的刺激才能产生训练效果。

（2）同时在进行完念动训练后，运动员要注意充分的放松，做几次深呼吸，充分放松你的思想，不对大脑形成太大的压力。

（五）模拟比赛训练法

采用模拟比赛训练，应有意识地制造一些模拟比赛场喧闹的气氛，如击物声、鼓掌、呼叫、吹哨等，或模拟正式比赛的裁判评分，组织观众参观等环境气氛，而且在模拟评分时有意识地压低评分，克服运动员自满情绪。在模拟比赛中如果运动员出现因紧张而造成遗忘动作时，必须训练运动员主动地以其他动作做弥补和随机应变的能力。

训练要求及注意事项：在进行模拟比赛训练时，教练员应尽可能地想到真正的比赛场上可能出现的问题，提高模拟的真实性及有效性。同时教练员应掌握好运用此训练方法的时间，一般在参加比赛前两周进行，如运动员心理素质特别不好可适当多进行几次模拟比赛训练。运动员也应抓住机会进行锻炼，在模拟比赛上就充分表现自己的能力，仿佛自己就在真实的比赛现场一样。

（六）信息反馈训练法

在进行成套动作训练时，运动员将自己的训练感受主动向教练员报告，包括训练的情绪状态、身体健康情况、受伤情况等影响运动员进行成套动作训练的信息都应向教练员报告，教练员听取运动员的报告后对实际情况进行分析，再制订适合该运动员此阶段的训练计划。例如，某运动员因为生活上的某些事情而导致训练情绪不高，教练员了解后，首先可对运动员进行开导教育，并改用更有感染力、更激烈的音乐配合该运动员的成套动作进行训练以提高运动员的训练情绪。再如，某一运动员的腕关节受伤，但是是教练员看不出来的内伤，此时运动员应主动向教练员报告伤病，不能自己克服伤病训练，否则容易受重伤。教练员知道情况后，可要求运动员在进行成套训练时不做腕关节用力的难度动作。

训练要求及注意事项：此训练方法要求运动员和教练员积极配合，运动员将自身的真实情况告诉教练员，不可隐瞒真实的情况或编造谎言欺骗教练员。教练员也应相信运动员的反应情况，不可一意孤行地强迫运动员进行不科学的训练。教练员应掌握具体问题具体分析的原则，了解运动员的具体情况，用科学的训练方法进行训练。

七、心理与表现力的培养与训练

健美操带有极强的时代气息，个性的表现与团队精神、主流化与多元化、适应与挑战相互交融。同时竞技健美操要求非常高的艺术性与感染力，这就需要运动员有着外向型的性格、百折不挠的精神及丰富的表现力。

这方面的训练内容目前还很不完善与系统，我们大致可分为几个方面。第一，培养善于表现与迎接挑战的性格；第二，提高自信稳定的心理状态；第三，提高吸引能力与表现力。

（一）心理训练

自信是表现与提高稳定心理状态的前提。学生在做任何事情时先提出要求，要以鼓励为主，批评为辅，提出批评时要使他们感受到善意。要及时鼓励及时提出新要求。可以把学生所具有的优势尽可能地展示在众人面前，用于建立自信心。改变环境用于提高适应力，提出口号用于建立自信与稳定心理状态。采用集体练习使他们具有安全感与依托感，个人单独练习培养挑战心理与适应能力，请专家评审、打分、参加表演用于心理稳定值的提高。

（二）表现力培养

通过朗诵、小品、哑剧、舞蹈，组合、套路来培养运动员的表现力。表现主要有肢体表现与表情表现两类。

1. 肢体表现

成套动作是表现力的载体与基础，没有竞技健美操肢体动作就谈不上表现力，专门性长期基本功训练能使竞技健美操动作达到一定的力度、规范、协调。关键要训练运动员的专业技术和身体素质，扎实动作基础。

2. 表情的训练

表情是表现力不可缺少的部分，一名优秀运动员的临场表现是精心训练的结果。人的表情分布在面部的眼、耳、鼻、口周围，表情肌的运动变化构成了喜、怒、哀、乐。其训练方法有：

(1) 多观看舞蹈、艺术体操等相关项目的表演，吸取一些有利于自身的技巧和方法。

(2) 进行专门表情肌的训练，通过听音乐，理解音乐，将其想表达的内容表现于面部。

思考题

1. 如何进行竞技健美操入门训练?
2. 如何判断竞技健美操难度动作开展的最佳时机?
3. 竞技健美操训练过程中如何练习选手的表现力?
4. 怎样开展竞技健美操中的柔韧技术训练?
5. 怎样提高集体项目的一致性?

参考文献

[1] 肖光来. 健美操 [M]. 北京:人民体育出版社,2003.
[2] 马鸿韬. 竞技健美操 [M]. 北京:高等教育出版社,2005.
[3] 匡晓红. 新编健美操运动教程 [M]. 西安:陕西人民出版社,2010.
[4] 匡晓红. 健美操 [M]. 北京:高等教育出版社,2011.

第七章 健美操竞赛组织与裁判

章前导言

1. 通过学习掌握和理解健美操竞赛的种类、内容和意义。

2. 通过学习掌握健美操竞赛组织与管理及各部门的职责。

3. 通过学习掌握健美操竞赛组织与管理及竞赛从前期准备到赛后整个过程中的主要内容和工作流程。

4. 通过学习提高竞赛组织、管理的能力，以达到辅助完成相关的各项工作。

5. 通过学习牢固掌握健美操竞赛评分规则，学会裁判评分方法。

第一节　健美操竞赛的组织与机构

一、健美操竞赛种类和内容

（一）健美操竞赛种类（图 7-1）

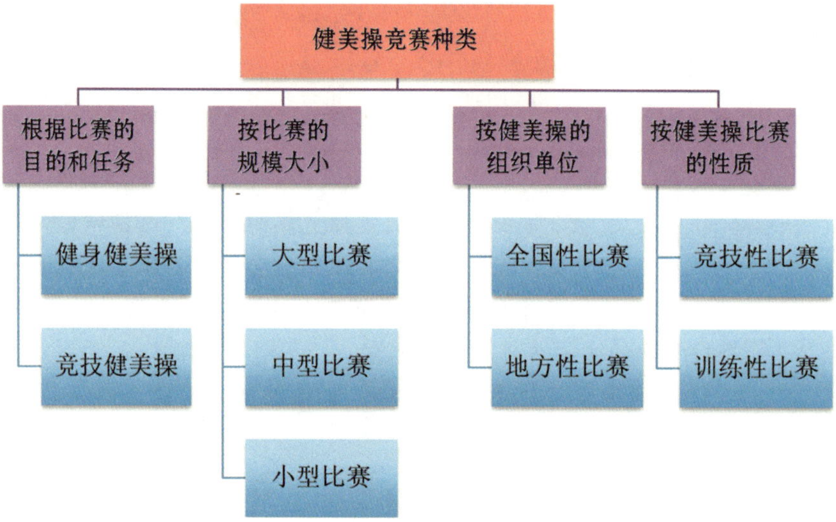

图 7-1　健美操竞赛分类图

（二）健美操竞赛内容

健美操竞赛的内容分为健身健美操比赛、竞技健美操运动员等级规定动作比赛、竞技健美操规定难度动作自编成套动作比赛以及自编成套动作比赛。

1. 健身健美操比赛

目前我国健身健美操比赛主要以大众等级锻炼标准比赛为主，现行的全国第三套大众锻炼标准分 1~6 级，标准是针对我国大众健身人群设计的，共 4 个层次 6 个级别。经过多年的推广和努力，并连续多年成功地进行了大众锻炼标准的年度分区赛和年度总决赛，目前达标人数已超过百万。

2. 竞技健美操运动员等级规定动作比赛

根据竞技健美操竞赛规则要求，创编出不同等级的成套动作，赛前由主办单位确定将已编排好的成套动作，作为各参赛单位共同完成的内容来进行比赛。目前，我国已完成了成人各级别组的规定动作和青少年不同年龄组别的规定动作的创编。国家体育总局已下发了健美操运动员等级标准。

3. 竞技健美操规定难度动作自编成套动作比赛

在竞技健美操赛前下发规程时，对运动员选用的难度动作做具体的规定和限制，但需要自编操化、过渡连接，形成完整的成套动作，这种形式目前在国际青少年比赛中采用。国际规则对国际年龄二组（15~17 岁）、国际年龄一组（12~14 岁）及国家预备组难度动作提出了不同的要求。

4. 自编动作比赛

由各参赛单位按照竞赛规程及规则的要求，创编一套不同形式的健美操成套动作参加比赛，健身健美操和竞技健美操都常采用这种自编成套动作竞赛形式。

二、健美操竞赛的组织机构

健美操竞赛组织管理是一项复杂而具体的工作，尤其是国家级的健美操比赛，比赛的项目多、评分系统复杂、运动员年龄差距大、所涉及的部门和人员众多、组织工作纷繁复杂。所以为了使整个比赛的各项工作在严密的组织下顺利进行，须根据比赛规模的大小成立相应的组织机构。根据比赛规模可分为以下几个部门（图 7–2）：

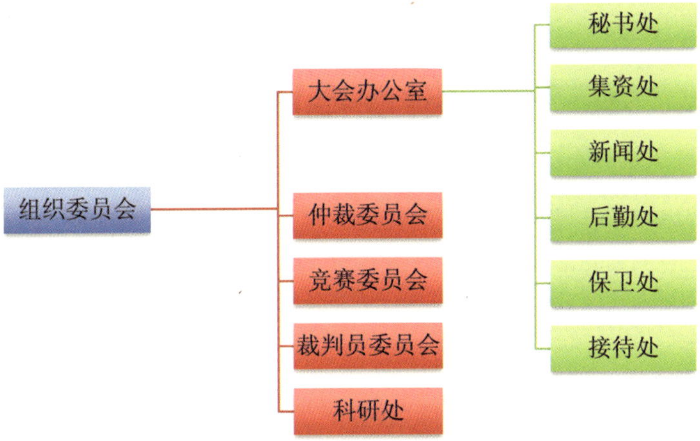

图 7–2　竞赛组织机构图

（一）大会办公室

大会办公室是大会组织委员会的权力执行机构，具体领导大会的工作。包括大会活动日程，经费预算，拟定开、闭幕式方案，筹划奖品，邀请、组织发奖，召开领队、教练员会议，负责对外联络等。办公室下设秘书处、集资处、新闻处、后勤处、保卫处、接待处等。

（二）仲裁委员会

大会仲裁委员会是直属组委会的机构。他对竞赛工作中出现的难以解决的问题，尤其是竞赛评分进行最后判决。多由有关专家和权威人士组成。

（三）竞赛委员会

竞赛委员会是管理竞赛业务的专门机构，主要任务是负责健美操比赛方案的制定和实施。竞赛委员会由主任、文秘、竞赛管理和行政内勤等人员组成，负责整个大会的竞赛组织工作。另外，竞赛委员会下设编排记录组负责竞赛日程、排定场地、出场顺序、组织抽签、分发号码、编排秩序册以及负责计算成绩，提供名次名单等重要工作。场地器材组主要负责比赛的场地及所需器材的准备。

（四）裁判委员会

裁判委员会由高级裁判组和裁判长组成，专门领导组织裁判工作。裁判队伍一般由裁判长 1 人、裁判员 4~5 人、记录员 1~2 人、计时员 1 人、视线员 2 人、检录员 1~2 人、放音员 1~2 人组成。可根据比赛规模大小适当增减裁判员的人数。大会裁判工作应由裁判长全权负责，副裁判长协助。

（五）科研处

负责为科学研究采集数据和资料，促进健美操理论的发展，以便更好地指导实践。

第二节　健美操比赛的组织

健美操比赛的组织工作是顺利进行健美操比赛的重要保障。竞赛组织工作的效率及组织能力直接影响到比赛的质量和成效，影响参赛选手成绩的发挥。竞赛组织工作主要分为：赛前准备、赛中组织和赛后工作 3 个阶段。

一、赛前准备

（一）召开主办单位、承办单位筹备联席会议

由主办单位或主要负责人召集有关单位及部门的相关人员出席会议。会议的主要内容是协商并落实有关竞赛的具体事宜，包括确定承办单位和协办单位、经费来源、比赛日期、地点、规模等。成立竞赛筹备委员会，确定办公室成员，将任务分工落实到具体的人。

（二）制定竞赛规程

竞赛规程是举办健美操比赛重要的指导性文件，是比赛筹备工作的依据，也是参赛单位、运动员、教练员及裁判员共同遵守的准则。竞赛规则一般由主办单位根据比赛的目的、任务和具体条件来制定，规程应简明、具体、准确，经主管部门审批，尽快下发竞赛规程，全国性的比赛一般至少应提前半年，中小型比赛不得少于 3 个月，以便参赛单位有充分的时间准备并安排好各项事宜，否则将影响比赛筹备工作的顺利进行。竞赛规程一般应包括以下

内容：

1. 比赛名称

包括年度（届次）、性质、规模、名称（比赛总杯名和分杯名）。如××××年“×××”杯全国×××健美操冠军赛。

2. 比赛的目的

简述举行本次比赛的目的。

3. 比赛的时间和地点

要详细、清楚地写明比赛的年、月、日和地点。若具体的比赛地点在下发规程前还不确定，则要将比赛所在的城市写清楚。

4. 参加单位的条件

限定参赛者的范围，要具体、明确。

5. 竞赛的项目

对本次比赛参加项目、内容和时间的规定。如比赛只进行男单、女单、混合双人、三人及集体五人的比赛。

6. 参赛的办法

说明采取什么样的竞赛种类、一次性还是分预赛和决赛、是否按技术水平及年龄分组、是单项赛还是团体赛或单项、团体赛均有。有何特殊规定也要说明。

7. 参加人数及年龄

规定每个单位的参赛人数、参赛运动员的年龄要求。

8. 评分办法

说明采用什么评分规则和记分办法，团体赛和单项赛的录取办法。

9. 录取名次及奖励办法

根据比赛的规模说明评几个奖项，每个奖项设几名，是否有奖品或奖金。

10. 报名和报到

说明报名要求、报名方式、截止日期。比赛报到的时间、地点、乘车路线、联系电话等都要很清楚、详细。

11. 其　他

凡不包括上述内容的所有事宜均可列入此项中。如有关参赛队的食宿是否自理，大会是否给予补助，是否提前预订返程车票，报到时参赛单位向大会缴纳保证金等。

（三）建立竞赛的组织机构

为了使整个比赛的各项工作在严密的组织下顺利进行，须根据比赛规模的大小成立相应的组织机构。

（四）领队和教练员会议

领队和教练员会议是竞赛中的一项重要内容，是参赛队与大会裁判员沟通的主要途径之一，一般由组委会主持，各处负责人及裁判长参加。通常在赛前、赛后各安排一次。

赛前领队、教练员会议主要内容包括：

1. 介绍比赛的准备情况。

2. 介绍大会主要部门的负责人和主要工作人员。

3. 宣布大会竞赛日程及有关规定。

4. 解答和解决参赛队提出的有关问题。如比赛安排、生活、规程及规则等方面。如果在规则和技术方面的问题较多，还应单独召开领队、教练员技术会议，由裁判长详细解答。

5. 抽签排定比赛出场顺序。如果时间允许应采取公开抽签的办法由各队代表自己抽签较好。但是若时间不允许，可提前抽签但是必须要有组织委员会及大会负责人到场监督进行，由指定代理抽签，并应在领队、教练员会议上专门有所交代，以免引起误会。

赛后领队、教练员会议主要是安排例会的善后事宜和专门召开技术研究会，总结此次竞赛工作，相互交流比赛出现的特殊情况，为下届比赛提前做好预防措施，促进健美操竞赛组织工作的不断完善。另外，也为各领队、教练员提供相互交流的机会，为交流比赛和训练的经验，了解健美操最新发展信息提供了空间。该会在比赛结束之前召开效果会更好。

（五）编排秩序册

秩序册是比赛安排的主要文件，自比赛日程和出场顺序确定之后，应在赛前编制完并在裁判员及各运动队报到时分发。秩序册的内容一般包括运动员、教练员及裁判员守则，本次竞赛的规程，组织委员会、大会办事机构、仲裁委员会、高级裁判组、裁判委员会、各代表队的名单，大会活动日程表、比赛补充通知、竞赛日程表、各场比赛出场顺序等。

（六）组织裁判员学习

赛前由高级裁判组对裁判员进行分工，组织裁判员学习竞赛规程和规则，通过学习对规则进一步熟悉，利于统一评分标准，达到客观、准确、公正、公平。

（七）场地器材检查

由场地设备处负责准备比赛和练习的场地，准备音响及照明装置，准备裁判工作用具，如计时表、计算器、示分牌、红绿旗等。并按运动员出场顺序准备好评分单和笔。

二、赛中组织（图 7–3）

（一）检录工作

检录员按照规程所指明的比赛场次、项目、比赛顺序进行点名检录。此工作在比赛开始前进行，一般提前 10 分钟左右开始检录前几组上场的运动员，保证比赛的顺利进行。

（二）评分工作

裁判员根据规则评分要求对运动员完成的动作进行现场独立的评分，并将评分填在评分表上或示分牌上。转交裁判长并由裁判长作其他扣分。

（三）宣告工作

负责宣告每场比赛的开始和结束、介绍仲裁委员及裁判长，宣布每场比赛的裁判员入、退场，宣布出场比赛队的名称、比赛项目及上一参赛队得分情况。另外，可以借助比赛空隙时间对本赛事具体情况进行介绍，做好宣传工作。

（四）记录工作

记录员将项目、参赛队名称，每名裁判评分、裁判长扣分记录在单项成绩评分表上，并计算各队的最后得分。由总记录员负责核对、登记、计算和判定名次，每场比赛结束张贴成绩公告，并在整个比赛结束后各队离会前印发成绩册。

（五）放音工作

负责接收、保存、交还各队录音带或光盘，按比赛顺序准确无误放音，保证比赛顺利进行。

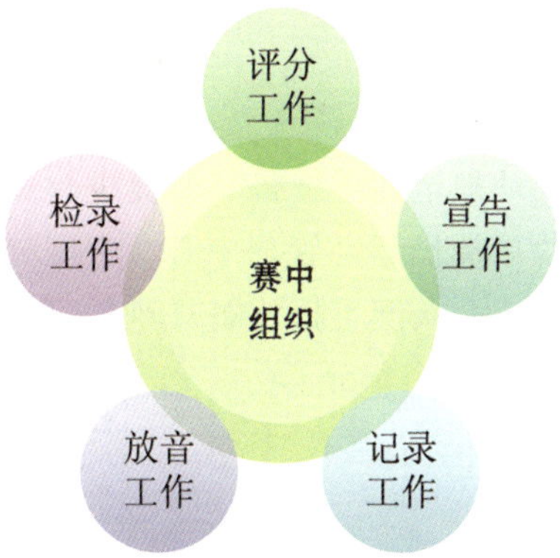

图 7–3　赛中组织分工图

三、赛后工作

1. 宣布成绩举行颁奖仪式。
2. 编印成绩册，并分发至各参赛队、裁判员等有关部门。
3. 大会各部门进行总结工作会议。
4. 接待处安排运动员离会。

第三节 健美操竞赛规则

我国最早使用的健美操规则是1986年由北京体育大学拟定的《健美操规则》，1988年国家体委审定颁布了《健美操规则》，自此，我国健美操比赛得以规范。1994年国际体联成立了健美操委员会，将健美操列为正式的比赛项目，并于1995年颁布了《国际体联健美操规则》。随后，为了促进健美操更好地发展，规则不断地进行了修改。从国际体联颁布的1995年版到现在执行的2013—2016年版，规则发生了较大的变化，总的趋势是评分因素上更加细化、完善、合理。注重健美操项目自身特点的发展，并突出对健康、安全方面的要求，使健美操发展更具自身特点和发展前途。

规则不仅是裁判员执行评分的重要依据，而且是教练员进行训练安排、动作创编、把握健美操发展方向的重要文件。随着健美操赛事的增加及竞赛组织的不断开展，我国使用的健美操规则发生了很大的变化，但其目的是不断促进健美操的向前发展。

一、健身健美操比赛规则

健身健美操规则目的是更好地规范比赛，进一步促进健美操运动的开展。目前我国健身健美操比赛采用的是国家体育总局体操运动管理中心、中国健美操协会制定的《全国大众健美操比赛评分规则》，它又包括《大众健美操比赛规则》《全国健美操形象大使比赛规则》《全国健身健美操教练员比赛规则》3个部分。

（一）目 的

大众健美操比赛规则、全国健美操形象大使比赛规则、全国健身健美操教练员比赛规则制定的目标是保证比赛评分的客观性、规范性和公正性。

（二）比赛项目及内容

大众健美操比赛含规定动作比赛——《全国健美操大众锻炼标准》和自选动作比赛两项；全国健美操形象大使比赛包括模仿操、形象与形体展示、才艺表演、知识问答4项；全国健身健美操教练员比赛含模仿操、指定领操、自选领操、知识问答。

（三）比赛场地与设备

赛台高80~100厘米，赛台为不小于14米×14米的地板或地毯，有背景遮挡，有专业的放音设备和舞台灯光。裁判席设在比赛场地的正前方。在全国健美操形象大使比赛和全国健身健美操教练员比赛中赛台背景还必须有比赛名称和中国健美操协会会徽。

（四）参赛年龄

大众健美操比赛对参赛年龄的规定比较细致。首先它按年龄分组，包括：儿童组（小学生），年龄在12岁以下；少年组（中学生），年龄在13~17岁；青年组，年龄在18~34岁；中年组，年龄在35~49岁；老年组，年龄在50岁以上。另外，在参赛人数上也有规定：规定动作要求每队5人，性别不限或按规程执行；自选动作可分为个人、双人和集体项目等，性别按规程执行。全国健美操形象大使比赛参赛年龄要求为年满16~30岁的男女青年；全国健身健美操教练员比赛无特殊规定。

（五）比赛办法

大众健美操比赛办法根据各比赛具体情况而定，规则无特殊要求。

全国健美操形象大使比赛分为两个部分，即分区赛和总决赛。各分赛区可根据总决赛竞赛办法组织分赛区的比赛。总决赛又分为预赛、复赛与决赛3个阶段。预赛要求所有参赛选手参加，比赛项目为模仿操和形象与形体展示。复赛内容为形象与形体展示和才艺表演；进入决赛比赛项目包括：形象与形体展示、才艺表演和知识问答。每阶段比赛后会根据参赛选手人数按比例录取进入下一赛段的人数，具体按竞赛规程执行。决赛后产生男女“全国健美操形象大使”各一名、各单项奖若干名（按比赛规程执行）。

全国健身健美操教练员比赛进行预赛、复赛和决赛。预赛中所有参赛选手必须参加模仿操和指定领操；复赛选手参加内容为指定领操和自选领操；决赛包括指定领操（或自选领操）和知识问答。比赛根据规程产生若干健身健美操明星教练员和若干健身健美操优秀教练员。

（六）音乐伴奏

大众健美操比赛规定动作音乐由主办单位提供《全国健美操大众锻炼标准》规定动作音乐并统一播放。全国健美操形象大使比赛模仿操和形象形体展示及全国健身健美操教练员比赛模仿操和指定操由大会提供不间断的音乐，音乐速度为140~150拍/分钟。大众健美操自选动作音乐、全国健美操形象大使比赛才艺表演音乐、全国健身健美操教练员比赛自选领操音乐自备，音乐必须录在磁带A面或光盘的开头，须备2份，其中1份报到后交大会放音组。自备音乐允许有2×8拍的前奏，音乐的速度不限，比赛音乐必须是高质量的。

（七）比赛服饰

大众健美操比赛着健身服或运动式休闲服和运动鞋（旅游式鞋，不可穿球鞋、体操鞋等），服装上可有亮片等装饰物，女选手可化淡妆；比赛时选手不得佩戴饰物。

全国健美操形象大使比赛根据比赛项目确定服饰。模仿操比赛中有氧健身操必须着健美操专用服和运动鞋，不得佩戴首饰等饰物，服装上可有亮片等装饰物，女选手着三角裤式健美操服饰必须着肉色连裤袜；健身街舞可着宽松长裤和宽松短袖衫或长袖衫；有氧拉丁健身舞可穿着衬衫、短裙等具有拉丁风格的服饰，但必须着运动鞋；有氧搏击操可戴无指手套及发带等配饰；女选手可化淡妆。

形象与形体展示须着健身服和礼服。健身服规定为一件套或分截式健身操服和运动鞋，服装上可有亮片等装饰物；女选手下装必须是三角裤形，不可是平角短裤；男女选手均不得佩戴首饰等饰物。服装需着正装、时装或礼服，女选手可穿高跟鞋。才艺表演可根据比赛内容自定服装、化妆和饰物。知识问答可着正装或礼服、发型与饰物自定。颁奖时必须着礼服。

全国健身健美操教练员比赛中比赛和颁奖时必须着健美操专用服和运动鞋，服装上可有亮片等装饰物，女选手着三角裤式健美操服饰必须着肉色连裤袜。知识问答时着正装或礼服。比赛时不得佩戴首饰等任何饰物，女选手可化淡妆。

（八）裁判组及评分办法

1. 裁判组组成

裁判组由 1 名裁判长、5~7 名裁判员、1 名总记录长、2~3 名记录员、1 名计时员（自选动作比赛）、1~2 名放音员、2~3 名检录员、1 名宣告员组成，也可根据比赛规模的大小适当增减裁判人员。

2. 评分方法

大众健美操比赛评分采取公开示分的方法，成套动作满分为 10 分制，裁判员的评分精确到 0.1 分。裁判员的评分去掉 1~2 个最高分和最低分，中间 3 个分数的平均分即为得分，再减去裁判长减分即为最后得分。

全国健美操形象大使比赛与全国健身健美操教练员比赛评分方法相似。预赛采用淘汰制评选，裁判员根据选项后的总体表现对入选的选手打“√”，如有并列，全国健美操形象大使比赛以形象与形体展示入选“√”多者列前，全国健身健美操教练员比赛以指定领操入选“√”多者列前，再并列均进入复赛；进入复赛名单在预赛后公布。复赛和决赛采用 10 分制评分并公开示分，裁判员的最小评分单位为 0.1 分；复赛和决赛裁判员的评分去掉 1~2 个最高分和最低分，中间 3 个分数的平均分为该项得分；再扣除裁判长减分为最后得分。对比赛成绩和结果不接受申述。

3. 比赛成绩与奖励

各比赛的奖项设置与奖励办法均按比赛规程执行。全国健美操形象大使比赛和全国健身健美操教练员比赛在决赛结束要进行颁奖仪式。

4. 成绩计算

大众健美操比赛的比赛成绩按比赛规程执行。全国健美操形象大使比赛和全国健身健美操教练员比赛成绩计算方法相似。规定复赛成绩为二项成绩之和，若成绩相等，以形象与形体得分高者名次列前，再相等均进入决赛。复赛成绩不带入决赛。决赛成绩为选手的最后成绩，最后成绩为决赛所有项目得分之和，得分高者名次列前，若得分相等，全国健美操形象大使比赛名次将依次取决于下列因素：形象与形体展示、才艺表演、知识问答、复赛得分高者。全国健身健美操教练员比赛名次将依次取决于下列因素：决赛领操得分、复赛自选领操得分、复赛指定领操得分、预赛指定领操得分。

5. 评　分

竞赛的评分工作是组织与进行裁判工作的重要组成部分，要求裁判员能够细致准确地完成评分工作，能够按照规则公平、公正地对待每一名参赛者，并在工作中不断培养评判的能力，提高评判的水平。

（1）健身健美操比赛评分

①评分因素及分值

健身健美操比赛分规定动作评分和自选动作评分两部分。规定动作评分因素分为表演与团队精神（4 分）和动作的完成（6 分）两项，总分为 10 分。自选动作评分为 10 分制，评分因素为动作设计（集体 3 分/个人 4 分）、动作完成（集体 4 分/个人 4 分）、表演和团队精神（集体 3 分/个人 2 分）。

②评分内容

A. 表演和团队精神

表演和团队精神的内容包括 3 个方面，即表现力与热情、队形、一致性。表现力与热情上要求动作要展示内心的激情和向上的情绪；队形的要求是队形变化清晰、流畅，体现集体配合的意识；一致性上包括集体动作整齐，每个人在完成动作的时间、空间能力和表现力上一致。

B. 规定动作的动作完成

规定动作动作的完成包括动作的熟练性、身体的协调性、连接动作的流畅性、动作的正确性、动作与音乐 5 个方面。在动作的正确性上要求身体姿态舒展、动作技术正确、动作范围适当。动作的熟练性方面要求动作熟练，无漏做动作：漏做个别动作扣 0.1~0.2 分；漏做 1×8 拍以上动作扣 0.3~0.4 分；漏做 2×8 拍以上动作扣 0.5 分或更多。身体的协调性包含全身的协调性运动，动作轻松、有弹性；动作清晰、无多余动作；避免过分松弛或过分紧张。连接动作的流畅性即动作之间的连接自然、流畅；动作的转换及方向的变化要干净、无多余动作。动作与音乐方面要求动作要充分表现音乐的情绪；动作和音乐节奏配合要准确。如果若干动作不吻合扣 0.1~0.2 分；半套动作不吻合扣 0.3~0.4 分；整套动作不吻合扣 0.5 分或更多。

C. 自选动作的动作完成

自选动作的动作完成要求动作完成轻松、准确、流畅。动作完成能体现所选择主题的风格和特点。动作与音乐须协调一致，包括风格、结构、动效等方面。基本姿态和技术正确，动作优美。

D. 动作设计

动作设计上要求动作具有艺术性和安全性。

艺术性是健美操的一个重要项目特点，离开艺术就无从谈健美操的发展，规则上通过对艺术性提出要求目的是推动健美操不断更新、不断发展。健身健美操规则在艺术上提出以下几点要求，即主题应健康、充满活力、富有激情；表演风格和形式不限，可以是健身街舞、拉丁操、搏击操和啦啦操等不同风格的健身操或舞；也可使用轻器械，如扇子、纱巾、健身球、哑铃、橡皮筋等；风格突出、富有创意；动作类型丰富，动作的转换自然流畅；音乐的选择与动作风格相一致并配合协调，录音质量高、清晰；充分利用场地和空间；服饰选择美观协调。

安全性是健身健美操的重要方面，离开安全就无从谈健身，规则在这方面提出成套动作中不能有对身体造成伤害的动作（不安全动作）。动作的难度适合参赛者的身体能力和运动水平，适合参赛者的年龄特点。其中不安全动作包括：各种竞技体操和技巧运动的翻转和抛接动作；过度背弓；无支撑体前屈；头绕环和过度头后仰；膝转；足尖起；仰卧直腿起坐、仰卧直腿举腿、仰卧两头起；臀部低于膝关节的深蹲；高难度的托举动作。

(2) 全国健美操形象大使及全国健美操健身指导员比赛评分

①评分因素及分值

全国健美操形象大使比赛评分包括模仿操、形象与形体、才艺表演、知识问答 4 个方面的评分因素。全国健美操健身指导员比赛评分因素包括：模仿操、知识问答、领操评分知识问答评分。其中，模仿操的评判无分值的规定，不计入评分范围。形象与形体又分为形象 4 分、形体 4 分、动作 2 分。才艺表演分动作设计、动作完成和艺术性 3 个方面，动作设计 3 分，动作完成 4 分，艺术性 3 分。领操包括领操和自选领操两方面。领操评分包括动作设计 2 分、动作完成 2 分、教法与组织 3 分、配合音乐的能力 1 分、激情与感召力 2 分。知识问答评分为回答问题正确、反映敏捷、知识面广 4 分；着装得体，符合个人特点，表情自然、大方、自信 4 分；语言逻辑性和表达能力强，口齿清晰、语言流畅 2 分。

②评分内容

A. 模仿操评判

模仿操评判依据包括：动作有健美操特点；富有表现、充满激情，能充分地展示自己；动作规范、技术正确；反应敏捷、动作协调。

B. 形象与形体评判

形象指的是五官端正，健康亮丽，气质高雅，富有朝气；化妆及发型协调美观，整洁不怪异，具有时代气息。形体要求身材修长、重心高，身体比例匀称，围度适宜；男性肌肉线条清晰，有阳刚之气；女性肌肉体脂含量合理，身体曲线优美；服装美观协调。动作方面行进步态协调，造型协调，富于表现，体现健康、青春的气质。

C. 才艺表演评分因素与分值

动作设计包括主题健康、新颖，禁止采用色情暴力的主题；风格突出，富有创意；动作类型丰富，动作的转换自然流畅；充分利用场地和空间。动作完成包括动作完成轻松、准确、流畅；动作完成能体现所选择主题的风格和特点；动作与音乐需协调一致（包括风格、结构、动效等方面）；基本姿态和技术正确，动作优美。

艺术性包括：音乐、主题、表现力、服饰 4 个方面。音乐包括音乐的适宜性与录音的质量，音乐选择必须是与主题相一致的，录音质量必须是高质量清晰的；表现力是指参赛者对音乐与动作内涵的体现，包括面部表情与内在感觉；服饰选择美观协调、化妆得体，体现个人特点。

D. 知识问答评分因素为回答问题正确，反映敏捷，知识面广；口齿清晰、语言流畅、语言逻辑性和表达能力强；着装得体，符合个人特点；表情自然、大方、自信。

E. 领操评分

动作设计：动作组合按照 4×8 拍（32 拍）的原理进行编排，有左右脚的转换；动作设计安全、有效、优美、新颖，动作连接流畅，运动强度安排合理，身体两侧负荷平衡；符合健美操特点或所选项目特点。动作完成技术正确、姿态优美，动作富有力度和弹性，符合健美操特点或所选项目特点。

教法与组织示范：恰到好处地运用镜面、背面、侧面示范。

提示：语言与非语言提示运用准确（语言：口令、拍节、方向、要领、术语、鼓励性语言。非语言：手势、表情等）。

教法运用：组合教法的分解过程动作安排合理、连接流畅、节奏清晰，没有多余的过渡动作，不影响整体运动的负荷，易于理解，使大部分学员能够跟上；教学过程清楚、难易程度掌握适中；合理地运用一种或多种教学方法；有激情和感召力。

自信、热情、友善，能够吸引学员的注意力和调动学员的情绪，并能运用语言及非语言的手段与学员交流和沟通。理解并听懂音乐段落和乐句，组合动作的教学过程按照音乐的4×8拍乐段进行，不在乐段的中间换动作，动作符合音乐节奏。

(3) 裁判长减分

裁判长对比赛过程进行组织和监控，并对下列情况进行减分，每项均减0.2分：被叫到后20秒内未出场；成套时间不足或超过；着装不符合规定；参赛年龄不符合规定；比赛时掉物或装束散落。

二、竞技健美操比赛规则

2000年以后国际体操联合会健美操委员会以每四年为一个周期颁布一个新规则。2013年颁布的竞技健美操竞赛规则是2013—2016年周期执行的规则，在此期间还会对出现的新难度、新规定作及时的补充说明。本规则的目的是保证健美操国际比赛评分的客观性。

（一）竞技健美操规则一般规定

1. 世界竞技健美操锦标赛

国际体联的正式官方比赛是健美操世界锦标赛，健美操世界锦标赛每两年举行一次。

2. 我国竞技健美操锦标赛

全国健美操联赛，每年分为4站，前两站举办后由获得其中任意一站联赛的单人项目前16名、小集体项目（混合双人、三人、集体五人）前12名、有氧项目前6名的优胜者参加全国锦标赛。全国锦标赛后再进行两站全国健美操联赛，最后举行全国健美操冠军赛。

3. 比赛项目及参赛人数（图7-4）

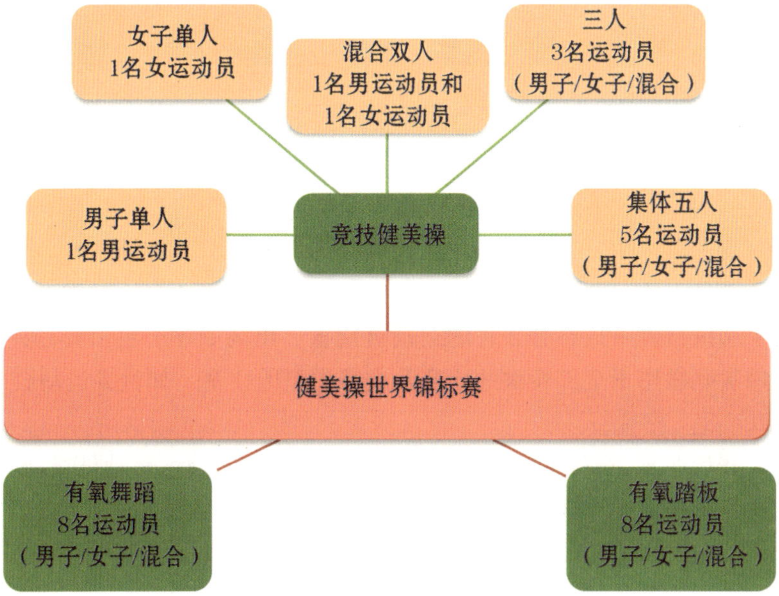

图7-4 竞技健美操比赛项目分类图

4. 注册、参赛报名与更换队员

(1) 凡参加世界健美操锦标赛和全国比赛的运动员都必须在每年的年初进行运动员注册(备案)，否则将无参赛资格。

(2) 凡参加世界锦标赛，需提前3个月报名，并抽签。我国的参赛报名一般需提前一个月进行报名。体联医学委员会的官方代表做出医学诊断。更换运动员必须以英文的书面形式提出，并附带详细的医学报告。

5. 预赛与决赛

(1) 预赛参赛人数

男单、女单、混双和三人每国每项最多两人或两组。

集体五人、有氧舞蹈和有氧踏板每国每项最多一组。

(2) 决赛参赛人数

各项前8名参加决赛。

(3) 同分数判决

在预赛中，任何名次中如果出现得分相等，将依次取决于以下得分：

①最高完成分，②最高艺术分，③最高难度分；如果得分依旧相等，则并列。

在决赛中，任何名次中如果出现得分相等，则并列。

(4) 团体排名

任何名次中如果出现得分相等，则并列。

6. 出场顺序

(1) 抽　签

预赛和决赛的出场顺序由抽签决定。抽签由国际健美操技术委员会主席或指定委员现场监控执行。抽签工作将于截止报名日期后的两周内进行。秘书长将于抽签工作前的一个月将抽签的时间、地点通知各会员国单位。会员国有资格亲临抽签现场行使权力。新闻单位和当地媒体机构将会被邀请派代表到现场。由“中立国”人员或者计算机执行抽签。每名运动员或参赛队的出场顺序将由抽签决定，该决定将在参赛时予以执行。

“十分钟法则”为了保障运动员的健康和安全，国际体联规定运动员参加多个项目决赛时，两项比赛间需有十分钟的恢复时间，时间相当于4个比赛套路的时间。抽签的出场顺序将会依据这个原则调整。若某参赛运动员或参赛队在前一轮比赛中第7个出场，且在下一轮比赛抽签中抽到前3名，那么新的出场顺序将调整为第4名；若在前一轮比赛是最后一位出场，且在下一轮比赛中抽到前4名，那么出场顺序将调整为第5名。若需调整出场顺序，将由高级裁判组主席执行，一旦符合条件的运动员调整了出场顺序，将由赛场评分系统生成新的出场名单。该法则适用于全部轮次的比赛及决赛类型的比赛，如世界运动会。

(2) 弃　权

运动员在开赛后叫到20秒不出场，将由裁判长扣除0.5分。运动员在开赛后叫到60秒不出场，将被视为弃权。宣布弃权后运动员将失去本项比赛的资格。

（二）比赛设施

1. 训练场地

在开赛前两天，运动员可以使用训练场馆，馆内设有相应的音响设备及标准比赛场地。根据组委会制定并经过健美操技术委员会认可的轮换表使用训练场地。

2. 等候场地

与赛台相连的一块特定区域为等候场地，供即将出场的两名或者两组运动员及其教练员使用。

3. 比赛场地（图 7–5）

（1）赛　台

赛台高 80~140 厘米，后面有背景遮挡。赛台不得小于 14×14 平方米。

（2）竞赛地板和竞赛区

竞赛地板必须是 12×12 平方米，并清楚地标出 10×10 平方米的成年组各项目比赛场地(在年龄组某些项目比赛中使用 7×7 平方米。标记带是场地的一部分。所用地板必须符合国际体联的标准，只有经国际体联认可方可用于正式比赛。

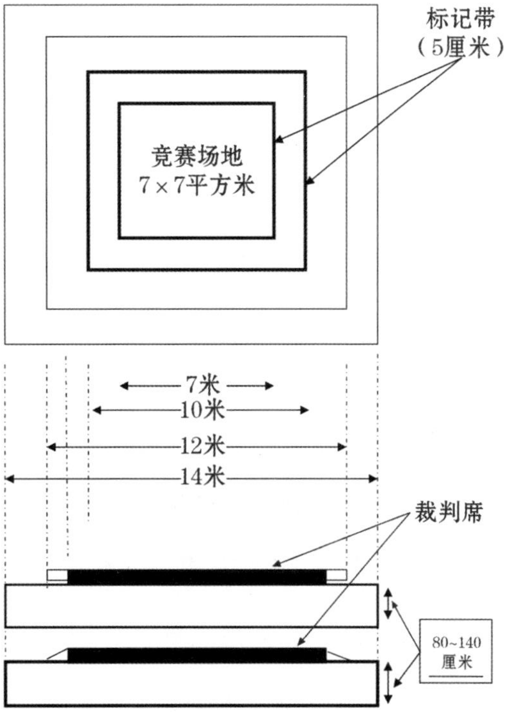

图 7–5　比赛场地示意图

（3）座位区

裁判组坐于赛台的正前方。视线员坐于赛台的斜对角。高级裁判组坐在裁判组正后方的高台上。（表 7–1）

表 7－1　裁判位置表

裁判组 A											
完成	艺术	完成	艺术	计时员	裁判长	难度	难度	完成	艺术	完成	艺术
1	5	2	6			9	10	3	7	4	8

裁判组 B											
完成	艺术	完成	艺术	计时员	裁判长	难度	难度	完成	艺术	完成	艺术
1	5	2	6			9	10	3	7	4	8

高级裁判组及仲裁				
2 技术监督 完成/艺术	2 技术监督 完成/艺术	完成监督/艺术监督/高级裁判组主席/难度监督/ 难度监督/完成监督/艺术监督	2 技术监督 完成/艺术	2 技术监督 完成/艺术

（三）运动员着装

运动员的着装必须符合竞技健美操项目的规定与要求。运动员外表应给人留下整洁、合体的总体印象。不正确着装将由裁判长扣分（每次扣 0.2 分）。

1. 正确着装

（1）头发必须固定。女运动员可化淡妆。

（2）参赛运动员必须穿着让所有裁判员都能清晰辨认的白色健美操鞋和运动袜。

（3）比赛服上禁止使用松散或附加的装饰。

（4）健美操比赛服不含有任何透明的材料。禁止佩戴饰物。

（5）身着运动装。比赛服必须佩有本国的标志或者国徽。

（6）比赛时，不允许穿带有裂口的衣服且不得露出内衣或打底衣。

（7）比赛禁止穿有描绘战争、暴力、宗教信仰为主题的服装。

（8）运动员身体禁止涂抹油彩。

2. 比赛服

（1）女装（图 7-6）

①女运动员必须身着一件带有肉色或者透明裤袜的比赛服或者连体衣（连体衣从颈部到脚踝是一体的），允许有亮片。

②紧身衣前后领口的开口必须得体，前面不得低于胸骨的中部，后面不得低于肩胛骨的下缘。

③腿部上缘的开口必须在腰部以下并且要遮住髂骨。比赛服必须完全遮住臀纹线。

④女装的两袖（1 个或 2 个均可）可有可无，长袖袖口止于手腕处。

⑤长裤袜和连体紧身衣都是允许的。

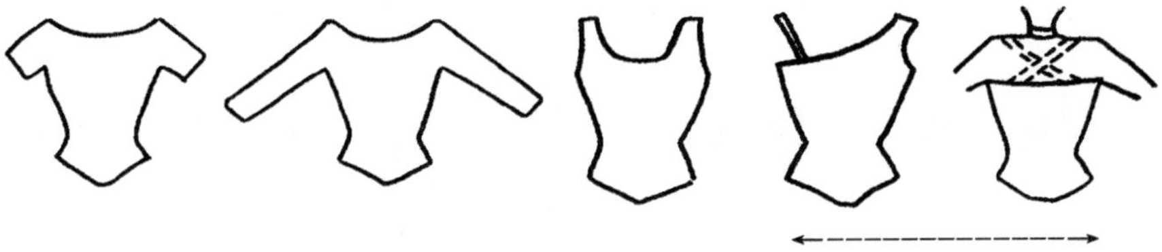

a　b　c　d

样例“a–c”前后开口处相仿。样例“d”前后开口处如图所示。

图 7–6　认可女装式样

(2) 男装 (图 7–7)

①男运动员必须着一件套比赛服或紧身背心、短裤与合体的内衣，以及适于运动的固定物（如护腰）。

②整套服装前后都不能有开口。

③袖口处不得在肩胛骨下有开口（无袖）。

④不允许有任何亮片。

⑤3/4 的裤长是允许的。

⑥只有以下男装样式是允许的。

e　f　g　h　i

样例“e–i”前后开口处相仿。

图 7–7　认可男装式样

(3) 服装减分

不当着装（首饰，装饰物，身体涂闪光物，国家标识，男装有亮片等）每次减 0.2 分。

3. 出场服装

所有运动员必须穿本国官方出场服参加开幕式和闭幕式，领奖时必须身着比赛服。

（四）评分系统

1. 得　分

（1）艺术分

4名艺术裁判，去掉最高分和最低分，所剩分数的平均分为最后艺术分，两个中间分在允许的分差范围。

（2）完成分

4名完成裁判，去掉最高分和最低分，所剩分数的平均分为最后完成分，两个中间分在允许的分差范围。

（3）难度分

2名难度裁判，一致同意的分数为最后得分。

（4）总　分

艺术分、完成分与难度分相加为总分。

（5）减　分

包括：难度裁判减分、视线员减分、裁判长减分。

（6）最后得分

从总分中减去难度裁判、视线员与裁判长减分为最后得分。（若一名裁判未及时评分或根本未打分，则用其他评分的平均数来代替未评分数）。

2. 分　差

（1）有效分差

①艺术分和完成分

比赛中，艺术分和完成分所允许的最大分差见表7–2。

表7－2　艺术分和完成分的分差表

最后得分区间	最大分差
10.00—8.00	0.3
7.99—7.00	0.4
6.99—6.00	0.5
5.99—0	0.6

若有效分的分差多于以上要求，则取全部4个分数的平均分。

②难度分

比赛中要求两名难度裁判一致同意的分数为最后得分。

（2）最大分差

①艺术和完成裁判

如果分差大于或者等于1.0，竞赛后将分析全体裁判的评分，并予以适当处罚。

②难度裁判

如果两名裁判的分歧大于或者等于0.3（在除以2或者1.8之前），竞赛后将分析全体裁判的评分，并予以适当处罚。

3. 成 绩

(1) 同分数判决

在预赛中，任何名次中如果出现得分相等，将依次取决于以下得分：

①最高完成分

②最高艺术分

③最高难度分

如果得分依旧相等，则并列。

在决赛中，任何名次中如果出现得分相等，则并列。

(2) 最后成绩

预赛成绩不带入决赛。最终比赛名次由决赛成绩决定。若决赛成绩相等，名次并列。

(3) 成绩的公布与发放

每场比赛的总分（艺术分、完成分、难度分），裁判长扣分，最后得分以及排名都必须公诸于众。预赛结束后，各参赛国将得到完整的成绩复印件，不包括各裁判员的具体评分。在整个比赛结束后，各参赛国将会得到一份完整的、包括具体评分的成绩册。

(4) 团体名次的决定

任何名次中如果出现得分相等，则并列。

(5) 抗 议

①不接受对评分和结果提出抗议。

②特殊情况

A. 播放错音乐。

B. 由于音响设备而出现的音乐问题。

C. 由于设备问题而出现的干扰——灯光、舞台、会场。

D. 其他任何异物由个人（不包括选手）带入进入比赛场地。

E. 运动员责任外的特殊情况导致的弃权。

运动员在遇到以上任何特殊情况发生时，应立即停止做动作，成套动作结束后提出的抗议将不被接受。根据裁判长的决定，运动员在问题解决后可重做，原先分数无效。上述情况外的问题将由高级裁判组重新审视解决。高级裁判组的决定为最终判决。

4. 奖 励

每个项目获得前 3 名的运动员将被授予奖牌；进入决赛的运动员都将被授予证书。

所有参赛的运动员和官员都将被授予参赛证明。

（五）成套创编

1. 成套内容

成套动作必须表现出健美操操化动作和难度动作的均衡性。手臂和腿部动作要求动作有力、定位清晰。整个成套中，运动员必须均衡、合理地使用场地空间。

2. 成套动作时间

所有成套动作的完成时间都为 1 分 30 秒，有加减 5 秒的宽容度（不包括提示音）。

3. 音　乐

必须配合音乐完整地表演成套动作，任何适合竞技健美操运动的音乐风格均可被采用。

4. 难度动作

（1）成套中的难度动作

成套动作至少要包含以下各组难度动作各一个，最多允许做10个难度动作，可任意选择；但在国际（成人组）赛事中，0.1和0.2分值的难度动作不计。

A组　动力性力量　　　B组　静力性力量

C组　跳与跃　　　　　D组　平衡与柔韧

（2）新难度动作

只有健美操技委会有资格评价新的难度动作，每年将公布一次新评价的难度动作。新难度动作的书面申请及动作录像必须在每年的1月31日前寄至国际体联秘书处。

新申报的难度动作需具备：

①书面的动作描述；

②从两个角度进行拍摄（正面和侧面）；

③达到最低完成标准；

④在比赛场地或不高于15厘米的垫子上完成。

若未达到以上要求，健美操技委会将拒绝对其进行评判。每年的3月30日之前，会员国将收到定级后的新难度动作通知。健美操技委会将每年在信息公告中出版一次新的难度动作表。

5. 音乐伴奏

（1）音响设备

音响设备必须达到专业水准，包括常规设备及以下基本装置：运动员专用音响和CD机。

（2）录　音

可以使用一首或者多首乐曲混合的音乐，原创音乐或加入特殊音响效果的音乐均可使用。

每张CD中只允许录制1首音乐。自备2张比赛盘，并且清楚地标明运动员姓名、国家、参赛项目和音乐时长。

（3）音　质

音乐录制必须达到专业化水准。

（4）音乐版权

国际体联和组委会不能保证运动员选择的成套音乐可以播放。参赛国家必须把所使用音乐的曲目、艺术家和作曲家的名字列单在确认报名时一并交与世锦赛组委会和国际体联秘书处。

6. 技巧动作

以下7种技巧动作在一个成套中只能出现2次，而且不能出现技巧连接。在混双、三人或集体五人中，同时或连续出现2个不同的技巧动作，将被视为2次。技巧动作出现超过2次后，每多一次由裁判长扣0.5分。以下动作由单臂或双臂、单手或双手完成，单脚或双脚开始均可。若用肘完成，完成裁判将扣0.5分。

(1) 侧手翻
(2) 踺子
(3) 前软翻、后软翻
(4) 头手翻
(5) 前手翻
(6) 后手翻
(7) 空翻(360°—向前、向后、向侧)不转体

7. 违例动作

违例动作是指本评分规则所列出的全部禁止动作。违例动作每出现一次将由裁判长扣0.5分。

(1) 展示极限的静力性柔韧(如后搬腿、后桥等)
(2) 结环类的柔韧动作
(3) 倒立时间超过2秒
(4) 鱼跃直体转体360°前滚翻
(5) 旋空翻或两周
(6) 旋空翻
(7) 技巧动作组合

8. 纪律处罚

(1) 警　告

以下几种情况将给予警告:

①出现在禁止场地;
②在赛台上不适当的举止;
③不尊重裁判员和官员;
④非运动员举止;
⑤在开幕式和闭幕式上不着本国出场套服。

运动员第一次违反规定将给予警告,第二次将被取消比赛资格。

(2) 取消资格

比赛中出现严重违反国际体联章程、技术规程或评分规则和弃权这两种情况将取消参赛资格。

(六) 成套内容评分指南

1. 艺术评分指南

在竞技健美操特点的基础上,成套创编所有内容必须完美结合,将健美操这一体育运动转化为一种富有创造性和独特性的艺术体现。混双、三人和五人成套中要求有两次托举,包括开头和结尾。成套中渲染暴力、种族歧视、宗教信仰及性爱等内容,违背了奥林匹克精神和国际体联道德标准。

(1) 职　责

艺术裁判根据下列标准评价成套动作创编(总分10分),评分标准如表7–3所示。

表 7－3 艺术裁判评分层次表

标 准	分 值
优秀	2.0
很好	1.8～1.9
好	1.6～1.7
满意	1.4～1.5
差	1.2～1.3
不可接受	1.0～1.1

(2) 评分标准

①成套动作（复杂性和原创性）

A. 音乐和乐感（最高 2 分）

音乐的选择和运用是成套动作必不可少的部分。一首优质音乐的选择有助于构建成套动作的结构与节奏，同时有利于动作主题的表达。它也将支撑与突出成套动作的表演效果，对成套创编质量、风格及运动员的表现起到促进作用。音乐应反映竞技健美操运动特点。在成套的表演和音乐的选择之间应有强烈的一致性。表演者诠释音乐时，不仅要展示音乐的节奏、速度及与节拍的一致程度，更在于用肢体动作演绎音乐的流畅、风格、强度和激情。

B. 操化内容（最高 2 分）

成套动作中应贯穿清晰可辨的操化动作，这是竞技健美操的特色，也是成套动作重要组成部分。操化动作使用 7 个基本步伐配合适当的手臂动作，同时需要具备高度的身体协调性和强度。

C. 主体内容（最高 2 分）

主体内容包括除操化以外的所有动作：过渡、连接、托举和身体配合。

D. 空间运用（最高 2 分）

艺术裁判将评价竞赛场地的合理运用、行进路线，三个空间维度的运用，完成成套动作的空间位置及在成套中的分配情况。成套动作应均衡分布在每一空间位置。

②表现

艺术性（最高 2 分）

艺术性是运动员通过高水平成套动作的演绎呈现出来的，成套动作需体现运动员性别特点（女子、男子、年龄组）。艺术性既包括细微动作的展示及动作明显的转换，还包括幅度（动作幅度加大）和速度，以此来展现健美操成套动作的特点。针对混双、三人和五人：运动员必须凸显团队协作，展示一个团体不同于个人的优越性，并表现个体之间的配合关系。

2. 完成评分指南

整套动作必须表现最高的准确性且无失误。完成裁判将评价成套动作的技术技巧，包括难度/技巧动作、成套内容（操化、过渡、连接、配合和托举）和一致性。

(1) 职　责

①完成裁判分评分取决于以下各项：

A. 难度/技巧动作

B. 成套内容

C. 混双、三人、五人的一致性

②技术技巧

以完美的技术高度准确地展现成套动作的能力。正确的形态、姿态和关节位置，身体姿态是受身体能力的影响（主动和被动的柔韧、力量、幅度、爆发力及肌肉耐力）。

③形态、姿态和关节位置

形态反映身体位置及直观的外形（如科萨克、团身跳、直角支撑、劈腿、吸腿跳、开合跳等）。

④姿态和关节位置影响运动员正确位置的判断

A. 躯干、腰、髋的位置及稳固性和下腹肌群收缩。

B. 上体的位置、颈、肩、头的姿势与脊柱的关系。

C. 脚的位置与踝关节、膝关节及髋关节的关系。

⑤准确性

A. 每个动作均有一个明确的开始和结束。

B. 每个动作的完成过程均要表现出完美的控制。

C. 在难度动作、过渡动作、起跳与落地及较难的操化动作组合的完成过程中应保持适当的身体平衡。

(2) 评分标准（表 7-4）

表 7-4　完成裁判评分层次表

标　准	分　值
小错误（轻微偏离正确的完成）	每次减 0.1
中错误（明显偏离正确的完成）	每次减 0.2
大错误（严重地偏离正确的完成）	每次减 0.3
不可接受的错误（没有满足正确完成的任何要求或连续多个错误）	每次减 0.5
失误（身体无控制触地）	每次减 0.5

完成分是以扣分的形式评分，如从 10.0 分起评，根据错误程度减分。

①难度/技巧动作（表 7-5）

完成裁判将对运动员比赛时难度动作完成的技术技巧进行评分。一个难度最多减 0.5 分。

表 7-5 完成裁判对难度/技巧动作评分层次表

标　准	分　值
小错误	0.1
中错误	0.2
大错误	0.3
不可接受的错误或失误	0.5

②成套内容

高准确性展示成套中操化动作、过渡与连接、托举与配合（混双、三人、五人）。（表7-6）

表 7-6 完成裁判对成套内容评分层次表

标　准	成套内容减分		
偏离完美程度	小错误	中错误	失误
操化（每个单元）	0.1	0.2	0.5
过渡与连接（每次）	0.1	0.2	0.5
托举与配合（每次）	0.1	0.2	0.5

③一致性

完成所有动作的一致性，无论在混双、三人或五人项目中，全部动作的完成需整齐划一。具有相同的动作幅度，同时开始或结束动作，相同的动作完成质量。同时也包括手臂动作，每个动作必须精确、清晰可辨。完成分是以扣分的形式评分，如从 10.0 分起评，根据错误程度减分。（表 7-7）

表 7-7 完成裁判对一致性减分评分层次表

一致性减分	分　值
每次	0.1
成套动作	最多减 2.0

3. 难度评分指南

难度分以加分的方式评分，从 0 分起评，且精确到小数点后三位。

(1) 职　责

难度裁判的职责是对成套动作中的难度动作进行评定，并给出运动员的难度分。难度裁判需辨别和确认每一难度动作是否达到最低完成标准。在运动员安全完成的前提下，该难度才能被记为有效难度，并且该难度必须具备高度审美标准和技术水平，且能完美完成。难度动作没有达到最低完成要求并且/或者难度动作失误，将得不到该难度分值。难度完成在不可接受的范围内将不被认可且不能得到该分值。它们将由完成裁判严格扣分。若出现疑问，则取向有利于运动员的裁决。两名难度裁判进行评分和减分的比较，若意见相同，给出分数，若意见不同，则交于裁判长评定。

(2) 要 求

①对于所有项目

成套动作中最多允许做 10 个难度动作，必须完成每个难度组别中的至少一个难度，所有难度必须来自不同根命组。地面难度最多不超过 5 个。C 组落地成俯撑的难度最多不超过 2 个。C 组落地成劈腿的难度最多不超过 2 个。

②对于混双和三人

所有运动员必须同时或依次，相同或不同方向完成相同的难度动作。

③对于五人

必须完成每个难度组别中的至少一个难度动作，所有运动员必须同时或依次，相同或不同方向完成相同的难度动作。

(3) 评分标准

①记录难度动作

难度裁判必须根据难度动作评分表用国际体联速记符号记录并计算出全部难度动作的数量，不需考虑该难度动作是否达到规则中“完成和难度指南”的最低完成要求。在国际高水平赛事中，0.1 和 0.2 分值的难度将不被记录和计数。

②难度动作评分

分值的评判将根据难度动作评分表所提供的难度动作，并且达到规则中“完成和难度指南”所述完成动作的最低要求。对于最先出现的 10 个难度动作予以评分。未达到最低完成标准的难度动作和失误的难度动作记为有效难度，但动作分值为 0.0 分。

③两个难度的组合

A. 动力性难度和跳与跃难度的动作可以在没有任何停顿、犹豫和过渡的前提下直接组合。这两个难度可以同组别或者不同组别（A 与 C），但必须是不同根命组。它们将被视为两个难度，但这两个动作不得重复出现在成套中。

B. 若这两个难度均达到了最低完成标准：

C. 该难度组合会得到 0.1 的连接加分。

D. 该难度组合的 2 个难度动作均为组别难度。

E. 要得到 0.1 的连接加分，两个难度动作必须达到最低完成标准。

F. 难度组合中的难度必须在难度表中有编号和分值。

所有运动员（混双、三人、五人）必须同时完成难度组合动作。

④对于集体项目

若运动员同时或依次完成了 2 个不同的难度动作，那么将取分值较低的难度动作给分。若运动员同时或依次完成了 2 个不同的难度动作，且其他成员紧接着重复完成同样的 2 个难度动作，这将不视为难度动作重复，所完成的 2 个难度动作均视为有效难度。

⑤托举和配合中的难度动作

A. 在托举过程中完成难度动作都将不予记写和计算。

B. 在混双、三人和五人项目中，若运动员在与另外运动员有身体接触或相互作用的情况下完成的难度动作，将不被计算。

⑥难度减分（每次–1.0 分）

A. 超过 10 个难度动作

超过 10 个难度的每一个难度动作都将给予减分。所有完成的难度动作，即使是获得了 0.0 的分值，仍将计算在总数内。

B. 超过 5 个地面难度动作

地面难度动作是指在地面完成或落地的所有组别（A、B、C、D）的难度动作（如俯撑、文森、劈腿落地、屈体分腿跳成俯撑）。

C. 超过 2 次成俯撑或劈腿落地动作

成俯撑或劈腿落地动作是指 C 组跳与跃类难度动作落地成俯撑或劈腿的难度动作。.

D. 难度动作重复

所有完成的难度动作必须来自不同的难度根命组。

E. 难度动作缺组

难度动作中，每缺一组将予以减分。仅考虑最先记写的 10 个难度。

⑦难度给分

所得的全部难度分和组合加分相加，然后除以“男单、女单、混双、三人（男子）以及五人（男子）除以 2；三人（女子或者混合）以及五人（女子或者混合）除以 1.8”所得的结果即为难度分。得分保留至小数点后 3 位。

⑧难度减分

全部难度减分将加在一起予以计算。总减分除以 2，所得分即为难度裁判减分。得分保留至小数点后 2 位。

4. 裁判长

(1) 职　责

①同难度裁判一样记录下整套难度动作。

②依据技术规程监督裁判工作。

③根据评分规则针对相关违规情况对总分进行减分。

④当完成裁判和艺术裁判出现较大的打分偏差或当难度分不能协商一致时，为保证评分的公正性，裁判长从逻辑性和打分步骤等方面审核并考虑对分数做出修改。（裁判可以拒绝修改）

⑤公布成绩：在必要时高级裁判组对分数进行干涉之后。（10 秒）

⑥一旦成绩公诸于众，就不可以再修改，除非公布的分数是错误的或者是有质疑的情况。

(2) 减　分

①托举

托举是指一名或者多名运动员被同伴托举离地，同时准确地展示一个身体形态。托举可以是运动员的任意组合形式。托举可以表现出不同的身体形态和队形，但这些都必须是同时或者同一阶段（连续的、一组的）完成的。一名运动员被托举离地时托举开始，所有运动员都在地面时托举结束。若被托举运动员在托举过程中着地，被判为托举失误。仅在托举中，运动员可以使用“违例动作”，手倒立（超过 2 秒）除外。成套中要求 2 次托举。少于或多于2次托举，每次扣0.5分。

违例托举每次扣0.5分

A. 站立托举时，如一个人托两个人，托举的高度不能超过两个人站立头顶的高度。站在底座的运动员，都需伸直手臂（直立）。

B. 抛：定义为当运动员被一个同伴抛至空中并与同伴没有身体接触。

②违例动作

违例动作是指本评分规则所列出的全部禁止动作（见下A~G）。每次扣0.5分。

A. 展示极限的静力性柔韧（如后搬腿、后桥等）。

B. 结环类的柔韧动作。

C. 倒立时间超过2秒。

D. 鱼跃直体转体360°前滚翻。

E. 旋空翻或两周。

F. 旋空翻。

G. 技巧动作组合。

③中断/停止动作

A. 动作中断是指运动员停止动作2~10秒的时间，然后继续做动作。每次扣0.5分。

B. 动作停止是指运动员停止比赛并且在10秒后不继续做动作（适用于所有项目）。依据评分规则，运动员将会得到所有分数。减分：每次扣2.0分。

④时间偏差/错误

计时是从第一个可听见的声音开始（不包括提示音），到最后一个可听见的声音为止。如果成套音乐超过或者短于规则规定，计时员将告知裁判长，裁判长将予以减分。

A. 时间偏差：（可接受的范围内±2秒）减分：0.2分。

B. 时间错误：（可接受的范围内±3秒或者更多）减分：0.5分。

⑤20秒内未出场

运动员被叫到后20秒内未出场。减分：每次扣0.5分。

⑥场上错误表演

当运动员被叫到后，运动员应以清晰的运动形态（没有夸张的表演）示意并直接走到开场位置。减分：每次夸张表演扣0.2分。

⑦不当着装

不当着装是指违反运动员的着装必须符合竞技健美操项目的规定与要求和运动员外表应给人留下整洁、合体的总体印象规定。不当着装每次扣0.2分，未佩戴国徽减0.3分。

(3) 处　罚

①警告

A. 出现在禁止场地。

B. 不当举止/形态。

C. 未穿本国出场服（开/闭幕式）。

D. 颁奖仪式上未穿比赛服。

②取消资格

A. 弃权。

B. 严重违背国际体联章程、技术规程或者评分规则。

③必须干预

A. 裁判组成绩错误或者分数不可理解。

B. 难度裁判难度分不能协商一致。

C. 视线员没发现出界。

表7-8 裁判长负责处罚表

裁判长负责处罚项目	分 值
出场错误	0.2
不当着装（首饰，装饰物，身体涂闪光物，国家标识，男装有亮片等）	每次0.2
未佩戴国徽	0.2
时间偏差（允许范围±1~2秒）	0.5
时间错误（允许范围±3秒或更多）	0.5
20秒内未出场	0.5
多或者少于规定的托举次数	每次0.5
违例托举	每次0.5
违例动作	每次0.5
3次或者超过3次违例动作	每次0.5
动作中断2~10秒	每次0.5
动作停止超过10秒	2.0
违背奥林匹克精神和评分道德	2.0
出现在禁止场地	警告
不当举止/形态	警告
未穿本国出场服	警告
在颁奖仪式上未穿比赛服	警告
弃权	取消资格
严重违反国际体联章程、技术规则或者评分规则	取消资格

思考题

1. 健美操世界锦标赛的正式比赛项目有哪些?
2. 哪些动作在竞技健美操中属于违例动作?每次出现违例动作扣多少分?
3. 全国健美操锦标赛参赛资格是什么?
4. 大众健美操比赛按年龄分为几组?每组分别规定的参赛年龄是多少?

参考文献

[1] 肖光来. 健美操 [M]. 北京:人民体育出版社,2003.

[2] 马鸿韬. 健美操运动教程 [M]. 北京:北京体育大学出版社,2007.

[3] 马鸿韬. 竞技健美操 [M]. 北京:高等教育出版社,2005.

[4] 国际体操联合会. 2013—2016竞技健美操竞赛规则 [S] . 中国健美操协会印制,2013.

[5] 匡晓红. 新编健美操运动教程 [M]. 西安:陕西人民出版社,2010.

[6] 匡晓红. 健美操 [M]. 北京:高等教育出版社,2011.

第八章 健美操教学示范套路

章前导言

1. 本章列举了5套目前流行的健美操示范套路，帮助学习者更深入地认识和了解健美操，为教师的日常教学和学生的拓展练习提供素材。

2. 通过练习，使学生感受健美操运动的魅力和活力，熟悉并掌握不同风格健身套路的动作技术和练习方法，提高专项技术技能。

3. 教学过程中，教师可在本套动作基础上，根据学生实际情况调整动作难易程度，选择风格适宜的音乐进行练习，加快学生对动作的理解和记忆。

一、踏板操

有氧踏板操作为有氧健美操的一种形式，自 1968 年起源于美国后迅速风靡全球。踏板操不仅被视为主流的健身方式之一，更是一种时尚减肥、塑形的方法。有氧踏板操是把台阶训练与健美操基本步伐相结合，在特定的踏板上进行的组合动作练习，这种简单易学、内容丰富的运动，在持续锻炼下能够有效提高心肺功能、肌肉耐力和身体协调性，促使身体机能达到最佳状态。

本套有氧踏板操共 5 个组合，40 个 8 拍。其中组合一为呼吸伸展，4 个 8 拍；组合二至组合五，每个组合 8 个 8 拍，共 36 个 8 拍。整套操内容新颖、动作连贯、强度适中，在充分运用有氧踏板操基本步伐的基础上，融入了转体、跳跃等动作，并结合丰富多样的手臂变化，保证了踏板操的运动强度，增强了学习的娱乐性和趣味性，具有一定的实用价值。

（一）组合一（4 个 8 拍）

第一个 8 拍

预备

1

2

3–4

5

6

7–8

动作说明	下　肢	1 拍立正姿势开始，右腿向右侧迈一步；2–8 拍两腿开立，与肩同宽。
	躯干与手臂	1–4 拍两臂经侧至侧上举；5–8 拍配合呼吸两臂经侧至腰间。
	面　向	1–8 拍面向 1 点。

第二个 8 拍

动作说明	下　肢	1-8 拍两腿开立。
	躯干与手臂	1-4 拍两臂经前至上举；5-8 拍配合呼吸两臂经侧绕腕一周还原至体侧。
	面　向	1-8 拍面向 1 点。

第三个 8 拍

1-4　　5-6　　7-8

动作说明	下　肢	1-8 拍两腿开立。
	躯干与手臂	1-4 拍左臂叉腰，右臂经侧至上举，躯干向左侧屈； 5-6 拍右臂经体前划臂至侧举；7-8 拍两臂还原至体侧。
	面　向	1-8 拍面向 1 点。

第四个 8 拍

1-4　　5-6　　7-8

动作说明	下　肢	1-6 拍两腿开立；7-8 拍右脚向左脚并拢成立正姿势。
	躯干与手臂	1-4 拍右臂叉腰，左臂经侧至上举，躯干向右侧屈； 5-6 拍左臂经体前划臂至侧举；7-8 拍两臂还原至体侧。
	面　向	1-8 拍面向 1 点。

（二）组合二（4 个 8 拍×2）

第一个 8 拍

1 2 3 4

5 6 7 8

动作说明	下　肢	1–4 拍右腿开始依次点板两次；5–8 拍十字步。
	躯干与手臂	1–2 拍两臂向右摆至体前屈并还原；3–4 拍两臂向左摆至体前屈并还原；5–8 拍左臂胸前平屈，右臂侧举，左右交替 3 次，还原至体侧。
	面　向	1–8 拍面向 1 点。

第二个 8 拍

1　2　3　4　5　6　7　8

动作说明	下　肢	1–4 拍右腿向左前方上步吸腿，左脚开始依次落于踏板两侧； 5–6 拍两脚跳于板上并踩板两次；7–8 拍左腿开始下板还原至立正姿势。
	躯干与手臂	1–2 拍前后摆臂；3–4 拍两臂依次前举并交叉，两手立掌； 5–6 拍两臂不动；7–8 拍两臂侧下举，还原至体侧。
	面　向	1–2 拍面向 8 点；3–7 拍面向 7 点；8 拍面向 1 点。

第三个 8 拍

1　2　3　4

5　6　7　8

动作说明	下　肢	1–4 拍左腿上步吸腿；5–6 拍右腿上步前踢转体 180°；7–8 拍下板左转 180°至立正姿势。
	躯干与手臂	1 拍两臂侧举；2–4 拍左臂上举，右臂下举，左右交替两次至立正姿势；5–6 拍两臂前举至上举；7–8 拍手臂侧下举，还原至体侧。
	面　向	1–4 拍面向 1 点；5 拍面向 8 点；6–7 拍面向 5 点；8 拍面向 1 点。

第四个 8 拍

1

2

3

4

5

6

7

8

动作说明	下　肢	1–4 拍左腿一字步；5–6 拍左腿开始依次跳上板； 7–8 拍右腿开始依次跳下板。
	躯干与手臂	1–4 拍左臂体侧屈，右手扶髋，左右交替 3 次，还原至立正姿势； 5–6 拍胸前屈至上举；7–8 拍胸前屈，还原至体侧。
	面　向	1–8 拍面向 1 点。

第五至第八个 8 拍

动作与第一至第四个 8 拍动作相同，但方向相反。

（三）组合三（4 个 8 拍×2）

第一个 8 拍

1　　2　　3　　4

5　　6　　7　　8

动作说明	下　肢	1–4 拍右腿向左前方迈步左腿后屈腿，左腿下板还原至立正姿势；5–8 拍左腿向右前方上步吸右腿，右腿开始下板还原至立正姿势。
	躯干与手臂	1–2 拍两臂由前举拉至腰间；3–4 拍两臂前举，还原至体侧；5–6 拍两臂叉腰至右臂上举；7–8 拍双手叉腰，还原至体侧。
	面　向	1–3 拍面向 8 点；4 拍面向 1 点；5–7 拍面向 2 点；8 拍面向 1 点。

第二个 8 拍

1

2

3

4

5

6

7

8

动作说明	下　肢	1–4 拍右脚向侧并步跳过板转体 180°； 5–8 拍右脚开始交叉过板至立正姿势。
	躯干与手臂	1–4 拍两臂由腰间至上举经体前还原；5–8 拍左手叉腰，右臂由前水平移至侧举，还原至体侧。
	面　向	1–3 拍面向 7 点；4–7 拍面向 3 点；8 拍面向 1 点。

第三个 8 拍

1　2　3　4　5　6　7　8

动作说明	下　肢	1–4 拍右腿开始“L”曼巴步；5–6 拍右腿迈步上板走两步； 7–8 拍下板至立正姿势。
	躯干与手臂	1–4 拍前后自然摆臂；5–8 拍前后直臂摆臂，还原至体侧。
	面　向	1 拍面向 8 点；2 拍面向 1 点；3–4 拍面向 2 点； 5–7 拍面向 3 点；8 拍面向 1 点。

第四个 8 拍

1

2

3

4

5–6

7

8

动作说明	下　肢	1–4 拍右腿“V”字步；5–6 拍右腿跳上板，左腿后举；7–8 拍下板至立正姿势。
	躯干与手臂	1–2 拍两臂依次侧上举；3–4 拍两臂胸前交叉；5–6 拍两臂侧举；7–8 拍两臂还原至体侧。
	面　向	1–8 拍面向 1 点。

第五至第八个 8 拍

动作与第一至第四个 8 拍动作相同，但方向相反。

（四）组合四（4个8拍×2）

第一个8拍

1　2　3　4

5　6　7　8

动作说明	下　肢	1–2拍右腿开始上板；3–6拍两腿依次向后点地； 7–8拍下板至立正姿势。
	躯干与手臂	1–7拍两臂叉腰，3拍右臂前举，5拍左臂前举； 8拍两臂还原至体侧。
	面　向	1–8拍面向1点。

第二个 8 拍

动作说明	下　肢	1–4 拍右腿开始直升飞机；5–8 拍右腿开始过板至立正姿势。
	躯干与手臂	1–4 拍两手交叉前举经上举还原至前举； 5–8 拍两臂前后摆臂还原至体侧。
	面　向	1 拍面向 8 点；2–7 拍面向 3 点；8 拍面向 1 点。

第三个 8 拍

1

2

3

4

5

6

7

8

动作说明	下　肢	1–2 拍右腿开始侧面踩板；3–6 拍恰恰横过板； 7–8 拍左腿侧踢腿跳至左腿侧弓步。
	躯干与手臂	1–2 拍手臂前后摆臂；3–6 拍两臂由腰间经胸前交叉至上举，打开成侧下举；7–8 拍两臂叉腰至侧下举。
	面　向	1 拍面向 8 点；2–8 拍面向 1 点。

第四个 8 拍

1　2　3　4

5　6　7　8

动作说明	下　肢	1–2 拍右腿板前迈步跳至右腿前踢；3–4 拍左腿弓步，下板至立正姿势；5–7 拍右脚开始两脚依次向前、侧、前点地，同时 6–7 拍身体依次左转 90°；8 拍左转 180°还原至立正姿势。
	躯干与手臂	1–3 拍两臂前后自然摆动；4 拍两臂还原至体侧；5–7 拍两臂肩前屈依次上提；8 拍两臂还原至体侧。
	面　向	1–2 拍面向 8 点；3–5 拍面向 1 点；6 拍面向 7 点；7 拍面向 5 点；8 拍面向 1 点。

第五至第八个 8 拍

动作与第一至第四个 8 拍动作相同，但方向相反。

（五）组合五（4 个 8 拍 ×2）

第一个 8 拍

动作说明	下　肢	1–2 拍右腿开始上板至开立；3–8 拍右腿开始后曼巴步 2 次。
	躯干与手臂	1–2 拍两臂前后自然摆动；3–4 拍右臂屈臂上举，左臂前斜下举；5 拍两臂侧下举；6–7 拍左臂屈臂上举，右臂前斜下举；8 拍两臂侧下举。
	面　向	1–2 拍面向 1 点；3–4 拍面向 2 点；5 拍面向 1 点；6–7 拍面向 8 点；8 拍面向 1 点。

第二个 8 拍

1　　2　　3　　4

5　　6　　7　　8

动作说明	下　肢	1–6 拍右腿开始板前曼巴步 2 次；7–8 拍下板至立正姿势。
	躯干与手臂	1–3 拍右手开始由前下举经上举至侧举，1 拍躯干稍前倾；4–6 拍左手开始由前下举经上举至侧举，4 拍躯干稍前倾；7–8 拍两臂还原至体侧。
	面　向	1–2 拍面向 8 点；3 拍面向 1 点；4–5 拍面向 2 点；6–8 拍面向 1 点。

第三个 8 拍

1 2 3 4

5 6 7 8

动作说明	下　肢	1–4 拍右腿开始交叉过板；5–8 拍左腿开始交叉过板。
	躯干与手臂	1–4 拍两臂侧下举，两肩依次上提；5–6 拍击掌 2 次； 7–8 拍两臂还原至体侧。
	面　向	1–7 拍面向 3 点；8 拍面向 1 点。

第四个 8 拍

1

2

3

4

5

6

7

8

动作说明	下　肢	1–4 拍左腿开始“L”曼巴步；5–6 拍迈步上板； 7–8 拍下板至立正姿势。
	躯干与手臂	1–7 拍两臂前后自然摆动；8 拍两臂还原至体侧。
	面　向	1–2 拍面向 1 点；3–4 拍面向 8 点；5–7 拍面向 7 点；8 拍面向 1 点。

第五至第七个 8 拍

动作与第一至第三个 8 拍动作相同，但方向相反。

第八个 8 拍

1　　2　　3–4

5　　6–7　　8

动作说明	下　肢	1–4 拍右腿开始“L”曼巴步；5–8 拍迈步上板至两腿开立。
	躯干与手臂	1–5 拍两臂前后摆动；6–7 拍左臂还原至体侧，右臂扶于脑后；8 拍手臂不动，躯干转体 180°。
	面　向	1 拍面向 8 点；2 拍面向 1 点；3–5 拍面向 2 点；6–7 拍面向 5 点；8 拍面向 1 点。

练习提示

1. 踏板应稳固地放在地面上，以免晃动；
2. 踏板的高度要因人而异，因课而异；教师可根据对学生运动强度的要求调整踏板的高度；
3. 上板时，应将脚踏在板的中央并垂直向下发力，防止板的不稳定，打滑；
4. 下板时由前脚掌着地过渡到全脚掌，缓冲落地，避免踝、膝、腰的损伤；
5. 初学者可双手叉腰先练习下肢动作，待动作熟练后再加上肢配合；
6. 如身体出现明显的疼痛或头晕、心跳过快等情况时，练习者应停止运动。

二、爵士棍操

爵士棍是一种常见的轻器械之一，将轻器械加入健美操中有助于增加健美操的趣味性和时尚性。另外，作为一种比较新颖的有氧健美操形式，爵士化的音乐和动作风格更加突出了本套操的特点，使之颇受学生的喜欢。

本套爵士棍操共 3 个组合，每个组合 8 个 8 拍。虽然成套简短，但是节奏鲜明，动作速度较快，整体风格活泼有趣，丰富的脚下步伐、手臂动作和身体姿态设计能很好地锻炼练习者的协调能力与各关节的灵活性，具有较高的观赏性和表演价值。

（一）组合一（8 个 8 拍）

第一个 8 拍

预备式　1　2　3　4

5　6　7　8

动作说明	步　伐	1 拍以右脚为支撑站立，膝盖微曲，左脚脚尖点地，膝关节外开与脚尖方向一致；2 拍左脚脚跟随节拍外旋，同时髋部左顶，右腿膝盖伸直；3–8 拍重复 1–2 拍动作。
	躯干与手臂	1–8 拍上体保持不变，右手向前伸直扶棍，左手并掌放于臀部，掌心向外。
	面　向	1–8 拍面向 5 点。

第二个 8 拍

1–2　　3–4　　5–6　　7–8

动作说明	步　伐	1–2 拍左脚并右脚；3–4 拍双腿并拢转体 180°； 5–6 拍右脚开始依次打开；7–8 拍双腿自然弯曲，左脚点地。
	躯干与手臂	1–6 拍身体保持正直；7–8 拍低头俯身向下； 1–4 拍双手胸前持拐棍；5–6 拍双手持拐棍上举；7–8 拍下举。
	面　向	1–2 拍面向 5 点；3–8 拍面向 1 点。

第三个 8 拍

1　　2　　3　　4　　5–6　　7–8

动作说明	步　伐	1 拍右腿小跳，左腿微曲抬至水平；2 拍左脚落地与右脚交叉； 3–4 拍右腿斜后方做漫步；5–6 右腿与左腿交叉，双膝微曲转体 360°。
	躯干与手臂	1 拍双手持拐棍上举；2–4 拍右手持拐棍撑地，左手并掌于背后； 5–8 拍双手持拐棍放于颈部。
	面　向	1–2 拍面向 2 点；3–4 拍面向 8 点；5–8 拍面向 1 点。

第四个 8 拍

1–2　　3–4　　5–6　　7–8

动作说明	步　伐	1–8 拍右脚开始依次打开，保持开立姿势。
	躯干与手臂	1–2 拍双手上下持棍；3–4 拍双手扶拐棍立于正前方； 5–8 拍髋部“8”字转动一次。
	面　向	1–8 拍面向 1 点。

第五个 8 拍

1　2　3　4　5　6　7　8

动作说明	步　伐	1–2 拍右脚勾脚小跳后还原；3–4 拍反方向重复。 5–8 拍重复 1–4 拍的动作。
	躯干与手臂	1 拍右手扶拐棍，左手斜上 45°花掌，掌心向下；2–4 拍双手扶拐棍； 5–8 拍重复 1–4 拍动作。
	面　向	1–8 拍面向 1 点。

第六个 8 拍

1

2

3

4

5

6

7–8

动作说明	步 伐	1–2 拍侧并步；3–4 拍踏步；5–6 拍右脚支撑，膝盖微屈，左脚脚尖点地；7–8 拍双脚并拢臀部后翘。
	躯干与手臂	1–2 拍左手空心持拐棍，右手将拐棍从左手抽出；3–4 拍右手拿拐棍垂直于地面，左手放于体侧；5–6 拍右手不变，左手开掌扶头；7–8 拍身体前倾，双手扶拐棍。
	面 向	1–2 拍面向 1 点；3–6 拍面向 5 点；7–8 拍面向 7 点。

第七个 8 拍

1

2

3

4

5

6

7

8

动作说明	步　伐	1 拍右腿弹踢；2 拍右腿支撑，左脚脚尖点地； 3–8 拍重复 1–2 拍动作。
	躯干与手臂	1 拍右手斜下 45°持拐棍，左手斜上 45°剑指；2 拍右手不变，左手屈臂收至面前；3–8 拍重复 1–2 拍动作。
	面　向	1–8 拍面向 7 点。

第八个 8 拍

1　–　2　3

4　5　6　7　8

动作说明	步　伐	1–2 拍左脚开始侧并步；3–4 拍后漫步； 5–6 拍转体 360°；7–8 拍勾脚踹腿两次。
	躯干与手臂	1–4 拍双手持拐棍从身体左侧逆时针绕环； 5–6 拍双臂伸直持拐棍；7–8 拍双手持拐棍提至胸前后再推直两次。
	面　向	1–4 拍面向 1 点；5 拍面向 4 点；6 拍面向 1 点；7–8 拍面向 8 点。

（二）组合二（8个8拍）

第一个8拍

1 – 2 3 – 4

5 – 6 7 – 8

动作说明	步　伐	1–2 拍左脚开始恰恰；3–4 右脚恰恰； 5–8 拍重复 1–4 拍动作。
	躯干与手臂	1–8 拍右手持拐棍放于肩上，左手并掌放于背后。
	面　向	1–8 拍面向 1 点。

第二个 8 拍

1–2　3–4　5　6　7　8

动作说明	步　伐	1–2 拍左脚开始依次打开；3–4 拍左脚开始依次并拢，右脚点地；5–8 拍右脚开始向后退 4 步。
	躯干与手臂	1–2 拍双臂伸直持拐棍上举；3–8 拍俯身向下，双臂伸直持拐棍下举。
	面　向	1–8 拍面向 1 点。

第三个 8 拍

1–4　5–8

动作说明	步　伐	1–4 拍右脚开始依次打开；5–8 拍右腿支撑，左脚点地。
	躯干与手臂	1–4 拍双手上下持拐棍；5–8 拍右手扶拐棍放于地面，左手开掌内扣放于髋关节位置。
	面　向	1–8 拍面向 1 点。

第四个 8 拍

1

2

3

4

5

6

7

8

动作说明	步　伐	1-6 拍右腿支撑，左脚点地，膝关节外开，随节奏由脚跟带动转动髋部；7 拍向前侧勾脚踢左腿；8 拍向后勾脚踹左腿。
	躯干与手臂	1 拍左手开掌由内扣转向外开；2 拍手掌还原内扣；3-6 拍重复 1-2 拍动作；7 拍左手开掌下按于身体左侧；8 拍左手开掌下按于身体右下方。
	面　向	1-8 拍面向 1 点。

第五个 8 拍

1–2

3–4

5

6

7

8

动作说明	步 伐	1–2 拍左脚落地，右脚蹦脚后点；3–4 拍右脚并左脚；5 拍右脚勾脚向前迈步；6 拍左脚并右脚同时屈膝后仰；7–8 拍重复 5–6 拍动作。
	躯干与手臂	1–4 拍右手持拐棍向后绕环至体前； 5–8 拍右手持拐棍，左手叉腰。
	面 向	1–8 拍面向 7 点。

第六个 8 拍

1–2

3

4

5

6

7–8

动作说明	步　伐	1 拍右脚单腿小跳，左脚蹦脚后屈；2 拍双腿并拢； 3 拍右脚踏步；4 拍同 2 拍；5–8 拍同 1–4 拍。
	躯干与手臂	1 拍左手叉腰，右手持拐棍斜上举；2 拍左手不变，右手斜下举；3–4 拍保持 2 拍手臂不变；5 拍左手五指张开屈臂于面前右手不变；6 拍右手持拐棍垂直于地面，左手放于体侧；7–8 拍保持 6 拍手臂不变。
	面　向	1–8 拍面向 1 点。

第七个 8 拍

1–2　　3–4　　5–6　　7–8

动作说明	步　伐	1–8 拍左脚开始 4 次小马跳。
	躯干与手臂	1–2 拍左手叉腰，右手持拐棍放于左肩； 3–4 拍左手不变，右手持拐棍斜上举；5–8 拍重复 1–4 拍的动作。
	面　向	1–8 拍面向 1 点。

第八个 8 拍

1　–　2　3

–　4　5

6　7　8

动作说明	步　伐	1–6 拍左脚开始 3 次恰恰； 7 拍右脚向前迈步；8 拍左脚并右脚同时转体 90°。
	躯干与手臂	1–2 拍右手持拐棍在身体左侧逆时针绕环，左手叉腰； 3–4 拍右手持拐棍在身体右侧逆时针绕环，左手不变； 5–6 拍动作同 1–2 拍动作；7–8 拍右臂夹拐棍，左手叉腰。
	面　向	1–8 拍面向 7 点。

（三）组合三（8 个 8 拍）

第一个 8 拍

1　2　3–4　5

6　7　8

动作说明	步　伐	1–2 拍左腿勾脚踹腿两次；3–4 拍转体 90°双腿并拢； 5–7 拍右腿开始踏步同时转体 360°；8 拍左脚点地，重心放右脚。
	躯干与手臂	1–2 拍保持上一个 8 拍姿势不变；3–4 拍双手持拐棍，身体前倾； 5–7 拍双手斜下 45°，右手持拐棍；8 拍双手胸前持拐棍。
	面　向	1–2 拍面向 5 点；3–4 拍面向 3 点； 5 拍面向 4 点；6 拍面向 8 点；7–8 拍面向 1 点。

第二个 8 拍

1

2

3

4

5

6

7

8

动作说明	步　伐	1–8 拍右脚在后，左脚在前，双腿微曲。
	躯干与手臂	1–8 拍双手持拐棍，髋部呈“8”字转动。
	面　向	1–8 拍面向 1 点。

第三个 8 拍

1 2 3 4

5 6 7 8

动作说明	步 伐	1 拍右腿屈腿侧摆；2 拍右腿落地与左腿交叉；3–4 拍重复 1–2 拍的动作，但方向相反；5–8 拍右腿开始勾脚前踢腿两次。
	躯干与手臂	1–2 拍右手上左手下垂直持拐棍；3–4 拍摆至左手上右手下垂直持拐棍；5 拍双臂伸直水平持拐棍；6 拍屈臂收于胸前；7–8 拍重复 5–6 拍的动作。
	面 向	1–4 拍面向 1 点；5–8 拍面向 2 点。

第四个 8 拍

1　2　3　4

5　6　7　8

动作说明	步　伐	1–2 拍侧并步；3–4 拍后漫步； 5–8 拍重复 1–4 拍动作，但方向相反。
	躯干与手臂	1–4 拍右手持拐棍，双手胸前交叉，由内向外绕环至体侧； 5–8 拍与 1–4 拍动作相同，但方向相反。
	面　向	1–2 拍面向 1 点；3–4 拍面向 8 点； 5–6 拍面向 1 点；7–8 拍面向 2 点。

第五个 8 拍

1　　2　　3　　4

5　　6　　7　　8

动作说明	步　伐	1–4 拍右脚开始踏步 4 次同时转体 360°； 5–8 拍右腿开始小踢腿两次。
	躯干与手臂	1–4 拍右手持拐棍头上环绕至体前； 5–8 拍双手持拐棍垂直于地面。
	面　向	1 拍面向 1 点；2 拍面向 5 点；3–8 拍面向 1 点。

第六个 8 拍

1　2　3　4

5　6　7　8

动作说明	步　伐	1–4 拍右脚支撑左脚点地开始顶髋小跳 4 次；5 拍双腿屈膝并拢；6 拍双腿伸直，同时勾右脚小踢腿；7–8 拍与 5–6 拍动作相同，但方向相反。
	躯干与手臂	1–2 拍双臂伸直持拐棍先右上后左上摆动两次；3–4 拍动作相同摆至右下方和左下方；5–8 拍右手上左手下握拐棍垂直旋转 180°两次。
	面　向	1–8 拍面向 1 点。

第七个 8 拍

1–2　　3–4　　5–6　　7–8

动作说明	步　伐	1–2 拍吸腿；3–4 拍右腿直腿滑下地面至双腿打开呈屈左腿姿态；5–6 拍双腿并拢向后滚之俯撑；7–8 拍继续后滚至并腿屈膝坐姿。
	躯干与手臂	1–2 拍双手持拐棍屈肘提至胸前；3–4 拍右手撑地左手斜后举；5–6 拍双臂伸直呈背屈姿态；7–8 拍双手持拐棍屈臂放于胸前。
	面　向	1–4 拍面向 2 点；5–6 拍面向 7 点；7–8 拍面向 3 点。

第八个 8 拍

1　　2　　3　　4

5　　6　　7　　8

动作说明	步　伐	1–8 拍坐在地面上，双腿并拢重复伸腿、屈腿动作。
	躯干与手臂	1–8 拍双手持拐棍于胸前重复直臂、屈臂动作。
	面　向	1–8 拍面向 3 点。

结束 8 拍

1–2

3–4

5–8

动作说明	步　伐	1–2 拍双腿并拢伸直坐于地面； 3–8 拍左腿不动，右腿屈膝于左腿左侧点地。
	躯干与手臂	1–4 拍双手放于身体两侧，右手将拐棍放于身体右侧地面； 5–8 拍向左转身，左手支撑地面，右手开掌置于额头上方。
	面　向	1–8 拍面向 3 点。

练习提示

1. 学习动作前先掌握爵士棍的使用方法，熟悉器械；

2. 练习过程中，注意相互之间的距离，避免器械使用不当误伤身边同学；

3. 练习者可先徒手学会动作后，再将爵士棍加入进来，降低学习难度；

4. 爵士棍动作难点在于它独特的爵士风格，学习过程中注意小关节协调性和对单个动作细节的把握。

三、搏击操

该套路为搏击操组合，融合了武术、拳击、散打、太极、健美操等动作特点，整套动作具有爆发力。成套动作除拉伸组合外，主体部分共4个组合，每个组合均为4个8拍的对称性组合。动作幅度较大，适合有一定锻炼基础的人练习。通过该套动作的练习可以提高练习者的协调能力、肌肉耐力与爆发力。

（一）组合一（2个8拍）

第一个8拍

预备姿势　1–2　3–4　5–6　7–8

动作说明	下　肢	1–2拍双腿开立，屈膝；3–8拍双腿开立。
	躯干与手臂	1–2拍双臂侧下举，掌心向上；3–4拍双臂侧平举，掌心向上；5–6拍双臂侧上举，掌心向上；7–8拍双臂上举，握拳，拳心相对。
	面　向	1–8拍面向1点。

第二个 8 拍

1–2　　3–4　　5–6　　7–8

动作说明	下　肢	1–8 拍双腿开立。
	躯干与手臂	1–2 拍双臂侧上举，掌心向下；3–4 拍双臂侧平举，掌心向下；5–6 拍双臂侧下举，掌心向下；7–8 拍双臂侧下举，握拳，拳心相对。
	面　向	1–8 拍面向 1 点。

（二）组合二（4 个 8 拍 × 2）

第一个 8 拍

1–2　　3–4　　5–6　　7–8

动作说明	下　肢	1–2 拍双腿开立，屈膝；3–8 拍双腿开立。
	躯干与手臂	1–8 拍双臂由下至上平屈于胸前，掌心向上。
	面　向	1–8 拍面向 1 点。

第二个 8 拍

1-2　3-4　5-6　7-8

动作说明	下　肢	1-4 拍双腿开立；5-8 拍双腿屈膝。
	躯干与手臂	1-8 拍双臂由胸前平屈至前平举，掌心向前。
	面　向	1-8 拍面向 1 点。

第三个 8 拍

1-2　3-4　5-6　7-8

动作说明	下　肢	1-2 拍双腿开立；3-8 拍双腿屈膝。
	躯干与手臂	1-8 拍双臂胸前平屈，由上向下冲拳至双臂前下交叉，握拳，拳心向内。
	面　向	1-8 拍面向 1 点。

第四个 8 拍

1–2 3–4 5–6 7–8

动作说明		
动作说明	下　肢	1–8 拍经双腿屈膝至左腿屈膝，右腿伸直。
	躯干与手臂	1–2 拍左手握拳屈肘置于胸外侧，右臂平屈掌心向下； 3–6 拍左手握拳置于胸外侧，右臂平举掌心向前； 7–8 拍左手握拳置于胸外侧，右臂侧平举掌心向右。
	面　向	1–8 拍面向 1 点。

第五至第八个 8 拍

动作同第一至第四个 8 拍动作，但方向相反（第八个 8 拍的 7—8 拍双腿开立，双臂呈防守位置）。

（三）组合三（4 个 8 拍×2）

第一个 8 拍

1–2 3–4 5–6 7–8

动作说明		
动作说明	下　肢	1 拍双腿前后开立，重心左移；2 拍双腿前后开立；3–4 拍动作同 1–2 拍动作，但方向相反；5–8 拍动作同 1–4 拍动作。
	躯干与手臂	1 拍右手直拳；2 拍双手握拳置于防守位置；3–4 拍动作同 1–2 拍动作，但方向相反；5 拍右手摆拳；6 拍双手握拳置于防守位置；7–8 拍动作同 5–6 拍动作，但方向相反。
	面　向	1–8 拍面向 1 点。

第二个 8 拍

1–2　3–4　5–6　7–8

动作说明	下　肢	1 拍双腿前后开立，重心左移；2 拍双腿前后开立；3–4 拍动作同 1–2 拍动作但方向相反；5–8 拍动作同 1–4 拍动作。
	躯干与手臂	1 拍右手直拳；2 拍双手握拳置于防守位置；3–4 拍动作同 1–2 拍动作，但方向相反；5 拍右手勾拳；6 拍双手握拳置于防守位置；7–8 拍动作同 5–6 拍动作，但方向相反。
	面　向	1–8 拍面向 1 点。

第三个 8 拍

1–2　3–4　5–6　7–8

动作说明	下　肢	1 拍双腿前后开立，重心左移；2 拍双腿前后开立；3–4 拍动作同 1–2 拍动作，但方向相反；5–8 拍动作同 1–4 拍动作。
	躯干与手臂	1 拍右手摆拳；2 拍双手握拳置于防守位置；3–4 拍动作同 1–2 拍动作，但方向相反；5 拍右手勾拳；6 拍双手握拳置于防守位置；7–8 拍动作同 5–6 拍动作，但方向相反。
	面　向	1–8 拍面向 1 点。

第四个 8 拍

1–2　　3–4　　5–6　　7–8

动作说明	下　肢	1 拍双腿屈膝，脚跟右转；2 拍双腿屈膝，脚跟左转； 3–4 拍动作同 1–2 拍动作；5–8 拍动作同 1–4 拍动作。
	躯干与手臂	1–8 拍双手握拳置于防守位置。
	面　向	1–8 拍面向 1 点。

第五至第八个 8 拍

动作同第一至第四个 8 拍动作，但方向相反。

（四）组合四（4 个 8 拍 ×2）

第一个 8 拍

1　　2　　3　　4　　5–6　　7–8

动作说明	下　肢	1–2 拍双腿前后开立，屈膝，向前移动；3–4 拍动作同 1–2 拍动作； 5 拍双腿前后开立，重心左移；6 拍双腿前后开立； 7–8 拍动作同 5–6 拍动作，但方向相反。
	躯干与手臂	1–4 拍双手握拳置于防守位置；5 拍右手直拳；6 拍双手握拳置于防守位置；7 拍左手摆拳；8 拍双手握拳置于防守位置。
	面　向	1–8 拍面向 1 点。

第二个 8 拍

1　2　3　4　5–6　7–8

动作说明	下　肢	1–2 拍双腿前后开立，屈膝，向后移动；3–4 拍动作同 1–2 拍动作；5 拍双腿前后开立，重心左移；6 拍双腿前后开立；7–8 拍动作同 5–6 拍动作，但方向相反。
	躯干与手臂	1–4 拍双手握拳置于防守位置；5 拍右手勾拳；6 拍双手握拳置于防守位置；7 拍左手勾拳；8 拍双手握拳置于防守位置。
	面　向	1–8 拍面向 1 点。

第三个 8 拍

1–2　3–4　5–6　7–8

动作说明	下　肢	1 拍双腿前后开立，屈膝，重心左移；2 拍双腿前后开立；3–4 拍动作同 1–2 拍动作，但方向相反；5–8 拍动作同 1–4 拍动作。
	躯干与手臂	1 拍右手直拳；2 拍双手握拳置于防守位置；3 拍左手摆拳；4 拍双手握拳置于防守位置；5 拍右手勾拳；6 拍双手握拳置于防守位置；7–8 拍动作同 5–6 拍动作，但方向相反。
	面　向	1–8 拍面向 1 点。

第四个 8 拍

1　　2

动作说明	下　肢	1 拍双腿前后开立，屈膝，移动至右腿在前； 2 拍双腿前后开立，屈膝，移动至左腿在前； 3–4 拍动作同 1–2 拍动作；5–8 拍动作同 1–4 拍动作。
	躯干与手臂	1–8 拍双手握拳置于防守位置。
	面　向	1–8 拍面向 1 点。

第五至第八个 8 拍

动作同第一至第四个 8 拍动作，但方向相反。

（五）组合五（4 个 8 拍 ×2）

第一个 8 拍

1　　2　　3　　4　　5　　6　　7　　8

动作说明	下　肢	1 拍右腿吸腿；2 拍右脚向后迈步；3 拍左脚向后迈步； 4 拍右脚向前迈步；5–8 拍动作同 1–4 拍动作，但方向相反。
	躯干与手臂	1 拍双臂由前上举下拉至右侧；2–4 拍双手握拳置于防守位置； 5 拍双臂由前上举下拉至左侧；6–8 拍双手握拳置于防守位置。
	面　向	1–8 拍面向 1 点。

第二个 8 拍

1

2

3

4

5

6

7

8

<table>
<tr><td rowspan="3">动作说明</td><td>下　肢</td><td>1 拍右腿前踢；2 拍右脚向后迈步；3 拍左脚向后迈步；
4 拍右脚向前迈步；5–8 拍动作同 1–4 拍动作，但方向相反。</td></tr>
<tr><td>躯干与手臂</td><td>1 拍右臂屈肘前平举，左手握拳置于防守位置；2–4 拍双手握拳置于防守位置；5 拍左臂屈肘前平举，右手握拳置于防守位置；6–8 拍双手握拳置于防守位置。</td></tr>
<tr><td>面　向</td><td>1–8 拍面向 1 点。</td></tr>
</table>

第三个 8 拍

1　2　3　4

5　6　7　8

动作说明	下　肢	1–3 拍双腿屈膝，向右侧移动；4 拍双腿开立；5 拍左腿向右腿前方迈步至双腿交叉；6 拍右腿侧踹；7 拍右腿屈膝；8 拍双腿开立。
	躯干与手臂	1–3 拍双手握拳置于防守位置；4 拍右手握拳侧平举，左手握拳屈肘置于胸外侧；5–6 拍动作同第 4 拍动作；7–8 拍双手握拳置于防守位置。
	面　向	1–8 拍面向 1 点。

第四个 8 拍

1

2

3

4

5

6

7

8

动作说明	下　肢	1–4 拍双腿屈膝，向左侧移动；5 拍右腿向左腿后方迈步；6 拍左腿后踹；7 拍双腿前后开立；8 拍右腿向前迈步。
	躯干与手臂	1–8 拍双手握拳置于防守位置。
	面　向	1–8 拍面向 1 点。

第五至第八个 8 拍

动作同第一至第四个 8 拍动作，但方向相反。

（六）组合六（4 个 8 拍 ×2）

第一个 8 拍

1

2

3

4

5

6

7

8

动作说明	下　肢	1–4 拍右腿吸腿两次；5–8 拍左腿吸腿两次。
	躯干与手臂	1 拍双臂上举；2 拍双臂由前上举下拉至右侧；3–4 拍动作同 1–2 拍动作；5 拍双臂上举；6 拍双臂由前上举下拉至左侧；7–8 拍动作同 5–6 拍动作。
	面　向	1–8 拍面向 1 点。

第二个 8 拍

1

2

3–4

5

6

7–8

动作说明	下 肢	1–2 拍跳起至双腿吸腿；3–4 拍双腿前后开立； 5–6 拍跳起至双腿吸腿；7–8 拍双腿前后开立。
	躯干与手臂	1 拍双臂上举；2 拍双臂由前上举下拉至右侧；3–4 拍双手握拳置于防守位置；5 拍双臂上举；6 拍双臂由前上举下拉至左侧；7–8 拍动作同 3–4 拍动作。
	面 向	1–8 拍面向 1 点。

第三个 8 拍

1

2

3

4

5

6

7

8

动作说明	下　肢	1 拍右腿前踢；2 拍双腿前后开立；3 拍左腿后踹；4 拍双腿前后开立；5–6 拍动作同 1–2 拍动作；7 拍左腿后踹；8 拍左腿屈膝，右腿伸直。
	躯干与手臂	1 拍右臂屈肘前平举，握拳，左手握拳置于防守位置；2 拍双手握拳置于防守位置；3–4 拍双手握拳置于防守位置；5–6 拍动作同 1–2 拍动作；7 拍双手握拳置于防守位置；8 拍双臂侧上举。
	面　向	1–8 拍面向 1 点。

第四个 8 拍

1　2　3　4　5

6　7　8　结束动作

动作说明	下　肢	1 拍右腿吸腿；2 拍右腿伸直，左腿屈膝；3–4 拍动作同 1–2 拍动作；5 拍右腿吸腿；6 拍右腿侧踹；7 拍右腿吸腿；8 拍双腿开立。
	躯干与手臂	1 拍双臂由侧上举下拉至右侧；2 拍双臂侧上举；3–4 拍动作同 1–2 拍动作；5 拍双臂由侧上举下拉至右侧；6–8 拍双手握拳置于防守位置。
	面　向	1–8 拍面向 1 点。

第五至第八个 8 拍

动作同第一至第四个 8 拍动作，但方向相反。

练习提示

1. 首先完成套路中的基本动作练习，打好基础，有些高冲击动作可先以低冲击形式练习，逐渐加大强度。

2. 该套路动作出拳、踢腿、跳跃等动作比较多，通过出拳、吸腿、踢腿等动作可以加强手臂、腿部等肌肉力量。

四、哑铃操

该套哑铃操为手持轻器械的有氧练习套路，难度级别为初级，是在健美操下肢动作练习的基础上通过手持哑铃来增加上肢的运动负荷，以达到较好的有氧运动和塑造上肢形态为目的的一套轻器械健身操，哑铃重量可根据个人情况选择 1~3 磅重量的哑铃。整套操分为 4 个组合，每个组合均为 32 拍的右脚开始的正反方向动作。

组合一（4×8×2）

第一个 8 拍

预备姿势　　1–2　　3–4　　5–6　　7–8

动作说明	下　肢	1–2 拍向右顶髋，左腿屈膝内扣；3–4 拍动作同 1–2 拍动作相反；5–8 拍动作同 1–4 拍动作。
	躯干与手臂	1–2 拍向右顶髋时右臂外旋，左臂内旋；3–4 拍动作同 1–2 拍动作相反；5–8 拍动作同 1–4 拍动作。
	面　向	1–8 拍面向 1 点。

第二个 8 拍

1　2　3　4

5　6　7　8

动作说明	下　肢	1–4 拍右脚开始向前走 3 步，第 4 拍吸左腿；5–8 拍，左脚开始向后退 3 步，第 4 拍吸右腿。
	躯干与手臂	1–4 拍两臂经前举、下举、肩侧屈至胸前竖屈；5–8 拍动作同 1–4 拍动作。
	面　向	1–8 拍面向 1 点。

第三个 8 拍

1 2 3 4

5 6 7 8

动作说明	下 肢	1–4 拍右脚开始做交叉步接后点地；5–8 拍动作同 1–4 拍动作相反。
	躯干与手臂	1 拍两臂肩侧屈；2 拍胸前竖屈，拳心相对；3 拍右臂握哑铃于腰部，左臂侧上举；4 拍上体向右扭转，同时左臂向右下方冲拳；5–8 拍同 1–4 拍动作相反。
	面 向	1–3 拍面向 1 点；4 拍看右下方；5–8 拍动作同 1–4 拍动作相反。

第四个 8 拍

1　　2　　3　　4

5　　6　　7　　8

动作说明	下　肢	1–8 拍两脚开合跳 4 次，两拍一动。
	躯干与手臂	1–2 拍两臂侧平举；3–4 拍还原至体侧；5–8 拍动作同 1–4 拍动作。
	面　向	1–8 拍面向 1 点。

第五至第八个 8 拍

动作同第一至第四个 8 拍动作相同，但方向相反。

组合二（4×8×2）

第一个 8 拍

1

2

3

4

5

6

7

8

动作说明	下　肢	1–4 拍右脚“V”字步；5–8 拍右脚“A”字步。
	躯干与手臂	1 拍两臂胸前竖屈；2 拍两臂上举；3 拍还原至胸前竖屈；4 拍还原至体侧；5 拍两臂胸前平屈；6 拍两臂侧举；7 拍动作同 5 拍动作；8 拍还原至体侧。
	面　向	1–8 拍面向 1 点。

第二个 8 拍

动作说明	下　肢	1–4 拍右脚向侧并步跳接前 1/2 曼步；5–8 拍动作同 1–4 拍动作相反。
	躯干与手臂	1–2 拍两臂侧平举；3–4 拍左臂摆至胸前平屈，右臂摆至体后屈。
	面　向	1–8 拍面向 1 点。

第三个 8 拍

1

2

3

4

5-6

7-8

动作说明	下　肢	1-4 拍右脚向侧做交叉步 1 次；5-6 拍左右脚依次分开成分腿；7-8 拍再依次还原成并腿成稍屈膝站立。
	躯干与手臂	1-3 拍两臂于体侧屈臂依次外旋、内旋；4 拍还原至体侧；5-6 拍两臂经肩侧屈伸至上举；7-8 拍还原。
	面　向	1-4 拍面向 1 点；5-6 拍抬头；7-8 拍还原。

第四个 8 拍

动作说明	下　肢	1–4 拍左脚向侧做并步跳；5–6 拍跳成分腿半蹲；7–8 拍跳成并腿站立。
	躯干与手臂	1–4 拍两臂经体侧屈臂、上举、侧举绕至体侧；5–6 拍两手置于大腿上；7–8 拍还原至体侧。
	面　向	1–8 拍面向 1 点。

第五至第八个 8 拍

动作同第一至第四个 8 拍动作相同，但方向相反。

组合三（4×8×2）

第一个 8 拍

1　2　3　4、8　5　6　7

动作说明	下　肢	1–4 拍右脚向右前方做上步吸腿 1 次；5–8 拍动作同 1–4 拍动作相反。
	躯干与手臂	1–8 拍两臂屈臂前后依次摆动，第 4、8 拍还原至体侧。
	面　向	1–3 拍面向 2 点；5–7 拍面向 8 点；第 4、8 拍面向 1 点。

第二个 8 拍

1–2　3–4　5–6　7–8

动作说明	下　肢	1–8 拍右脚开始向前做箭步蹲 2 次，两拍一动。
	躯干与手臂	1–2 拍两臂前摆至胸前竖屈；3–4 拍还原至体侧；5–8 拍动作同 1–4 拍动作。
	面　向	1–8 拍面向 1 点。

第三个 8 拍

1　　2　　3　　4

5　　6　　7　　8

动作说明	下　肢	1–4 拍右脚做“V”字步右转 90°；5 拍站立；6 拍屈膝半蹲；7–8 拍站立。
	躯干与手臂	1–2 拍两臂摆至侧上举；3–4 拍还原至体侧；5 拍两臂前举；6 拍左臂屈臂后摆；7 拍还原至前举；8 拍下落至体侧。
	面　向	1–2 拍面向 1 点；3–5 拍面向 3 点；6 拍面向 1 点；7–8 拍面向 3 点。

第四个 8 拍

1

2

3

4

5–6

7–8

动作说明	下　肢	1–4 拍右脚开始走 4 步，同时右转 270°；5–8 拍左脚向前做箭步蹲 1 次。
	躯干与手臂	1–3 拍两臂侧下举；4 拍至体侧；5–6 拍前摆至胸前竖屈；7–8 拍还原至体侧。
	面　向	1–4 拍头随身体动作右转，最后至面向 1 点。

第五至第八个 8 拍

动作同第一至第四个 8 拍动作相同，但方向相反。

组合四（4×8×2）

第一个 8 拍

– 1 – 2 –

3 4 5 6 7 8

动作说明	下 肢	1–4 拍开合跳 2 次，第 4 拍时跳成左腿后屈；5–8 拍左脚开始向前弹踢腿 2 次，8 拍跳成并腿站立。
	躯干与手臂	1、3 拍两臂摆至侧举；2、4 拍还原至体侧；5–6 拍右臂经肩侧屈伸至上举、还原；7–8 拍左臂经肩侧屈伸至上举、还原。
	面 向	1–8 拍面向 1 点。

第二个 8 拍

–　　1　　–　　2

–　　3　　4　　5

6　　7　　8

动作说明	下　肢	1–3 拍左脚向侧一步呈半蹲，同时提踵 3 次；4 拍左脚并于右腿成站立；5–8 拍右脚开始脚跟前点地 2 次。
	躯干与手臂	1 拍右臂侧平举，左臂前平举；2 拍两臂上举；3 拍右臂前平举，左臂侧举；4 拍还原至体侧；5 拍右臂侧平举，左臂胸前平屈；6 拍还原至体侧；7–8 拍动作同 5–6 拍动作相反。
	面　向	1–8 拍面向 1 点。

第三个 8 拍

1−2

3−4

5

6

7

8

动作说明	下　肢	1–2 拍右脚向侧一步、屈膝，同时重心右移、顶髋；3–4 拍左腿并于右腿、稍屈膝；5–8 拍右腿开始后踢腿跑 4 步。
	躯干与手臂	1–2 拍右臂经前向后大绕环；3–4 拍还原至体侧；5–8 拍两臂侧下举。
	面　向	1 拍头随手臂动作右转面向 2 点；3–8 拍面向 1 点。

第四个 8 拍

1　2　3　4

5　6　7　8

动作说明	下　肢	1–4 拍右脚开始踏 4 步；5–8 拍半蹲 2 次。
	躯干与手臂	1–4 拍两臂屈肘前后依次摆动；5–6 拍两臂摆至前举、还原；7–8 拍两臂摆至侧举、还原。
	面　向	1–8 拍面向 1 点。

第五至第八个 8 拍

动作同第一至第四个 8 拍动作相同，但方向相反。

练习提示

1. 注意正确的握持哑铃的方法，用拇指和另外 4 个手指均匀用力握住哑铃中部，确保哑铃在练习中不会从手中脱出，手背始终与前臂保持在一条直线上且手腕始终没有动作。

2. 手持哑铃操练习时，注意根据个人上肢力量情况正确选择适合自己的哑铃重量，保证在整套动作过程中尽可能使动作到位，使肌肉得到有效地锻炼。

3. 由于哑铃重量的原因，在手臂外展动作时注意肩部要放松，不要耸肩；在伸展手臂或向下还原动作时始终通过肌肉收缩来完成动作。

五、健身球操

本套操是结合大众健美操的组合特点，科学运用大众健美操的基本步伐及健身球的特殊性能进行创编。在本套健身大球操中，每组组合动作都具有它的锻炼价值。如上肢力量、核心力量、腰腹及肌肉群等，都进行了针对性、中等强度的有效锻炼。

（一）组合一（4×8×2）

第一个 8 拍

预备姿势　　1–2　　3–4　　5–6　　7–8

动作说明	下　肢	1–2 拍双膝微蹲；3–4 拍双膝伸直； 5–6 拍双膝微蹲；7–8 拍双膝伸直。
	躯干与手臂	1–2 拍双手直臂持球至胸前；3–4 拍俯身双手持球放于地面；5–6 拍双手经前举至上举；7–8 拍左臂稍向右转，将球收至腹前。
	面　向	1–8 拍面向 2 点。

第二个 8 拍

–　　1–2　　3　　4　　5–6　　7–8

动作说明	下　肢	1–2 拍右脚向前屈膝迈步；3–4 拍右脚重心前移，左脚后点地；5–6 拍右脚收回屈膝半蹲；7–8 拍双膝伸直。
	躯干与手臂	1–4 拍持球弧形移动至左肩；5–6 拍双手持球至胸前；7–8 拍俯身双手扶球。
	面　向	1–4 拍面向 2 点；5–8 拍面向 1 点。

第三个 8 拍

1–2　　3–4　　5–6　　7–8

动作说明	下　肢	1–2 拍右脚向侧迈步成开立；3–4 拍双膝半蹲；5–8 拍双膝伸直两脚开立。
	躯干与手臂	1–2 拍双手经前举至上举持球；3–4 拍屈臂持球于胸前；5–6 拍双手持球至上举；7–8 拍将球放于地面，双手扶球。
	面　向	1–8 拍面向 1 点。

第四个 8 拍

1

2

3

4

5–6

7–8

动作说明	下　肢	1–4 拍两脚开立；5–6 拍双脚重心移动至右弓步； 7–8 拍右脚收回成立正姿势。
动作说明	躯干与手臂	1–4 拍双手持球由右侧开始绕环一周，4 拍将球放于地面，双手扶球； 5–6 拍左手扶球，右手贴于身后；7–8 拍俯身双手扶球。
动作说明	面　向	1–8 拍面向 1 点。

第五至第八个 8 拍

动作同第一至第四个 8 拍动作，但方向相反。

（二）组合二（4×8×2）

第一个 8 拍

1–2　　3　　4

5　　6　　7　　8

动作说明	下　肢	1–2 拍右脚向侧迈步成弓步；3–4 拍双脚开立；5 拍右脚收回；6–8 拍身体向左跳转 3 次；还原成立正姿势。
	躯干与手臂	1–2 拍左臂前举，右臂上举；3 拍身体稍向左转体俯身扶球；4 拍双手抛球；5–8 拍双手胸前持球。
	面　向	1–2 拍面向 1 点；3–6 拍面向 8 点；7 拍面向 5 点；8 拍面向 1 点。

第二个 8 拍

1

2

3

4

5

6

7

8

动作说明	下　肢	1–4 拍左脚左侧上步吸腿 2 次；5–8 拍右脚右侧上步吸腿 2 次。
	躯干与手臂	1 拍双臂持球直臂前举；2 拍持球屈臂收回；3–4 拍同 1–2 拍；5–8 拍同 1–4 拍，但方向相反。
	面　向	1–4 拍面向 8 点；5–8 拍面向 2 点。

第三个 8 拍

1

2

3

4

5

6

7

8

动作说明	下　肢	1–4 拍原地踏步（左脚开始）4 拍成立正姿势；5–6 拍左脚向侧迈步转体 45°，右脚收回；7 拍右脚向侧迈步成开立；8 拍左脚屈膝后踢贴于主力腿，保持重心稳定。
	躯干与手臂	1–4 拍双手向下拍球至胸前持球；5–6 拍双臂前举至胸前持球；7 拍右手拍球面；8 拍右手直臂伸出成花掌。
	面　向	1–4 拍面向 1 点；5–8 拍面向 7 点。

第四个 8 拍

1　2　3　4

5　6　7　8

动作说明	下　肢	1–4 拍左脚向左转体一周，4 拍收脚；5–6 拍左脚向侧并步一次；7 拍右脚向侧迈步成开立；8 拍两脚开立保持不动。
	躯干与手臂	1–4 拍双手持球转体一周，5 拍双臂持球前举，6 拍屈臂收回；7 拍双臂持球前举；8 拍俯身双手扶球。
	面　向	1–4 拍转体一周；5–8 拍面向 1 点。

第五至第八个 8 拍

动作同第一至第四个 8 拍动作，但方向相反。

(三) 组合三 (4×8×2)

第一个 8 拍

1

2

3

4

5

6

7

8

动作说明	下　肢	1–4 拍右脚向右侧交叉步移动，4 拍后点地； 5–8 拍左脚向左侧交叉步移动成两脚开立。
	躯干与手臂	1–4 拍双臂持球绕环一周半，4 拍双手屈臂持球落于左肩； 5–7 拍绕球一周半，8 拍将球放于地面，俯身扶球。
	面　向	1–8 拍面向 1 点。

第二个 8 拍

1-2

3-4

5-6

7

8

动作说明	下　肢	1-2 拍重心向右移动成弓步；3-4 拍重心向左移动成弓步； 5-8 拍动作同 1-4 拍动作。
	躯干与手臂	1-2 拍左手扶球，右手贴于后背；3-4 拍右手扶球，左手贴于后背； 5-6 拍左手扶球右手上举，头看右手； 7 拍右手扶球左手上举，头看左手；8 拍将球放于地面，俯身扶球。
	面　向	1-4 拍面向 1 点；5-7 拍随身体转动面向 3 点同 7 点，8 拍面向 1 点。

第三个 8 拍

预备姿势

1

2

3

4

5–6

7–8

动作说明	下　肢	1 拍全蹲；2 拍两腿伸直向侧打开；3–4 拍屈膝收腿同时重心后移；5–6 拍右脚迈步成弓步；7–8 拍重心收回成两脚开立。
	躯干与手臂	1–3 拍将身体贴于球面，重心前移双手撑地；4 拍双手扶球；5–6 拍左手扶球，右臂上举；7–8 拍右臂收回俯身双手扶球。
	面　向	1–8 拍面向 1 点。

第四个 8 拍

预备姿势

1

2

3

4

5–6

7–8

动作说明	下　肢	1 拍全蹲；2 拍两腿伸直向侧打开；3–4 拍屈膝收腿同时重心后移；5–6 拍左脚迈步成弓步；7–8 拍重心收回成两脚开立。
	躯干与手臂	1–3 拍将身体贴于球面，重心前移双手撑地；4 拍双手扶球；5–6 拍右手扶球，左臂上举；7–8 拍左臂收回俯身双手扶球。
	面　向	1–8 拍面向 1 点。

第五至第八个 8 拍

动作同第一至第四个 8 拍动作，但方向相反。

（四）组合四（4×8×2）

第一个 8 拍

1–2　3–4　5–6　7–8

动作说明	下　肢	1–2 拍右脚踏球；3–4 拍右脚向前迈步落于地面，跨球坐立；5–8 拍左脚收回。
	躯干与手臂	1–4 拍双手插腰；5–6 拍身体转向左侧，两臂侧平举，掌心朝下；7–8 拍将双手交叉抱肩，含胸低头。
	面　向	1–4 拍面向 1 点；5–8 拍面向 8 点。

第二个 8 拍

1–2　3–4　5–6　7–8

动作说明	下　肢	1–4 拍右脚向侧点地；5–8 拍右脚收回。
	躯干与手臂	1–2 拍双手侧平举；3–4 拍身体向右侧屈，左手抬至上举，右手扶左侧侧腰，芭蕾手型；5–6 拍双手侧平举掌心朝下；7–8 拍双手还原至体侧扶球，保持身体直立。
	面　向	1–8 拍面向 8 点。

第三个 8 拍

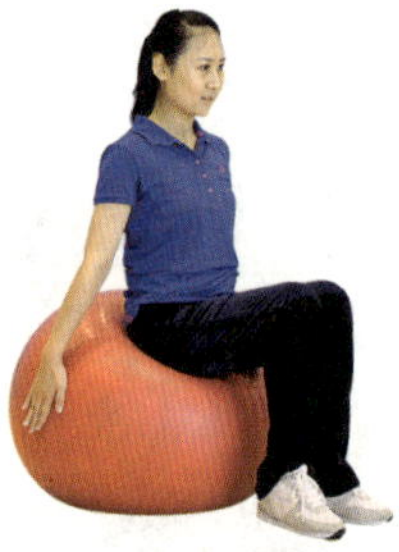

1

2

3

4

5

6

7

8

动作说明	下　肢	1–4 拍双脚并拢；5 拍右腿屈膝抬起；6 拍右腿向上伸直上举；7 拍屈膝；8 拍还原落于地面。
	躯干与手臂	1–8 拍双手扶球至地面，同时将后背平躺在球面上。
	面　向	1–8 拍面向 8 点。

第四个 8 拍

动作说明	下　肢	1-2 拍双腿并拢；3-4 拍左腿伸直右腿屈膝保持； 5-8 拍左脚向右侧迈步转身蹬地伸直。
	躯干与手臂	1-2 拍腹部卷曲，双臂屈臂于胸前；3-4 拍重心稍向后移坐于球面，双臂侧平举；5-8 拍身体向右转体至俯身扶球。
	面　向	1-4 拍身体面向 8 点；5-8 拍随身体转动最后一拍还原至 1 点。

第五至第八个 8 拍

动作同第一至第四个 8 拍动作，但方向相反。

练习提示

1. 成套动作中，应控制身体动作，集中注意力，完成动作时，身体应注意腹部的收缩，保持身体垂直及松弛的状态。

2. 组合三的第三至第四个 8 拍动作中，将球移动时，练习者应伸长腰背，保持平行，不要弓背，保持身体的稳定。

3. 组合四第三个 8 拍动作中身体向后伸展时，应根据练习者的自身情况，量力而行。

参考文献

[1] 马鸿韬. 健美操运动教程 [M] . 北京：北京体育大学出版社，2007.

[2] 肖光来. 健美操 [M] . 北京：人民体育出版社，2009.

[3] 匡晓红. 健美操 [M] . 北京：高等教育出版社，2011.

[4] 张予南，高留红. 体操初级教程 [M] .北京：北京体育大学出版社，2011.

[5] 国际体操联合会. 2013—2016 竞技健美操竞赛规则 [S] . 中国健美操协会，2013.

[6] 普拉提教练（垫上练习）基础证书课程教材.亚洲运动体适能学院，2006.

[7] 张晓莹. 健美操教学文件的制定与范例 [M] . 北京：北京体育大学出版社，2012.

[8] 马鸿韬. 健美操创编理论与实践 [M] . 北京：高等教育出版社，2004.

[9] 匡晓红. 新编健美操运动教程 [M] . 北京：高等教育出版社，2011.

[10] 孟宪君. 大众流行健身项目理论与实践 [M] . 北京：高等教育出版社，2003.

[11] 雷丰华，吴丽晶. 现代健美操的美学因素分析 [J] . 咸宁学院学报，2011（1）.

[12] 孙萍. 试论健美操的美学价值 [J] . 河北体育学院学报，2005（1）.

[13] 夏美燕. 论健美操的美学欣赏与创造 [D] . 芜湖：安徽师范大学，2007.

[14] 邝丽. 艺术体操编排理论与方法 [M] . 北京：北京体育大学出版社，1995.

[15] 马鸿韬. 竞技健美操 [M] . 北京：高等教育出版社，2005.

[16] 匡晓红. 新编健美操运动教程 [M] . 西安：陕西人民出版社，2010.